TANTE ESTHER

Arieh Eckstein

TANTE ESTHER

Traduit de l'hébreu
par Gabriel Roth

Albin Michel

« Présences du judaïsme »
Collection dirigée par Menorah / F.S.J.U.
Conseiller éditorial : Janine Gdalia

22, rue Huyghens, 75014 Paris

ISBN : 2-226-07992-0
ISSN : 0755-169X

1.

DEPUIS les rumeurs sur la fermeture de la soupe populaire Ezra [1] ma mère ne dort pratiquement plus ; et son silence me fait peur. Cette nuit, elle est restée plusieurs heures assise devant la fenêtre, sans bouger. Seuls ses profonds soupirs témoignaient de sa présence. De temps en temps, elle se parlait à haute voix ; elle a même discuté avec Dieu. Certaines phrases de cette discussion — plutôt une dispute — m'ont beaucoup fait réfléchir.

J'avais pas mal de questions sur la langue, mais je n'osais pas parler. Dans ces moments, en effet, mes questions entraînaient une série de baffes. Et ces derniers temps, elles étaient plutôt torchées, les baffes de ma mère ; comme si elle voulait les fignoler.

Avant, j'essuyais une ou deux gifles et l'affaire s'arrêtait là. Mais avec le temps, elle a perfectionné son tour de main. Ainsi, aujourd'hui j'en ai encaissé toute une bordée. En général, ça commence sur la joue droite, et les deux ou trois dernières vont à la joue gauche, qui est pour ainsi dire lésée. Ce matin, je m'en suis payé presque une dizaine.

---

1. Littéralement « Entraide ». Institution philanthropique dans la plupart des communautés juives d'Europe de l'Est (toutes les notes sont du traducteur).

Lorsque j'ai raconté la chose à Godel, il m'en a fait un topo très simple.

— C'est parce que ta mère est gauchère. Moi, j'encaisse généralement sur la joue gauche, puisque ma mère est droitière.

Son explication me parut rassurante.

— Une gifle de ma mère, ajouta Godel sur un ton autoritaire, fait plus mal, à cause des bagues... Encore une chance qu'elle les ait toutes vendues... De toute façon, Avrom Leib, t'es plutôt verni : tu n'as pas de père, toi. Parce qu'avec mon père, ce sont des coups de poing (le papa de Godel est un ancien boxeur). Et un coup de poing de mon père, c'est comme dix torgnoles de ma mère. Tiens, pas plus tard qu'il y a deux jours, j'ai encaissé dix gnons. C'est comme cent baffes de ma mère...

Une chance que je n'aie pas de père. Là-dessus, j'ai été d'accord avec Godel, lorsqu'il m'a dit que Dieu, Il m'a quand même à la bonne. En écoutant les démêlés de ma mère avec Lui, je pensais exactement le contraire. Après ce que m'a dit Godel, il m'est très difficile de m'y retrouver.

Donc, ma mère se tenait près de la fenêtre et brandissait un poing vers le ciel.

« Seigneur, pourquoi T'acharner contre cet enfant ? Que lui veux-Tu ? Ça ne suffit pas que son père, ce fils de pute, ait foutu le camp, il faut encore que Tu le punisses aussi en fermant notre soupe populaire ! Si c'est comme ça, nous sommes mal venus de faire des reproches aux goyim [1]. Réponds-moi donc ! »

Comme Dieu se taisait, ma mère s'écria sur un ton triomphant : « Tu vois, Tu n'as rien à dire. » Passant aux choses plus pratiques, elle ajouta : « Et ses chaussures, hein ? Et ses culottes courtes — qui sont presque en lambeaux... » Je

1. Pluriel de goy : non-Juif, gentil.

voulais lui faire remarquer qu'elle mentait au Bon Dieu, puisqu'une semaine plus tôt, Yona Krug m'avait donné des culottes presque neuves. Mais lorsque ma mère se dispute avec Dieu, j'ai intérêt à la fermer.

« Que veux-Tu que je fasse de cet enfant, que je le jette à la rue ? Il n'a que sept ans ! » Là encore, ma mère essayait de tricher, parce que j'ai presque huit ans. « Et Tu sais très bien que je n'ai pas d'argent pour l'envoyer au *héder*[1]. Que veux-Tu alors ? Qu'il finisse dans la peau d'un voleur ? Ou bien qu'il se débrouille tout seul pour gagner son pain ? Tu ne penses pas que c'est un peu tôt ? »

Je dois dire ici que les reproches de ma mère étaient hors de propos, parce que mon copain Godel, par exemple, il l'était, voleur. Et pas seulement lui : son père, sa mère et même sa sœur. Ils sont tous voleurs dans la famille. Et il n'en avait pas honte ; au contraire, il m'expliquait fièrement : « Nous autres, tout voleurs que nous sommes, nous aidons les pauvres beaucoup plus que tous les *tzadikim*[2] réunis. »

Godel disait vrai. Et en plus, chez eux, on fait bombance tous les jours ; et lui, Godel, est toujours bien chaussé. Mais mes ambitions n'allaient pas jusque-là. Après ce discours, je décidai que plus tard, je serais voleur et que je viendrais en aide aux pauvres.

Là-dessus, je me suis endormi.

Dans mon rêve, je voyais des rangées de chaussures, de toutes les formes et de toutes les couleurs. Les gens du quartier formaient une longue file devant le magasin. Ils étaient tous pieds nus, la plupart couverts de plaies. J'ai reconnu Heinik l'infirme, se balançant entre ses béquilles, et les autres qui l'enviaient.

---

1. Ecole religieuse juive du niveau de l'école primaire.
2. Pluriel de *tzadik* : saint homme, juste et charitable.

— Toi, tu as de la chance, lui disaient-ils, tu n'as qu'une jambe ; une seule chaussure te suffit.

Godel faisait office de vendeur, et il portait l'uniforme de la police.

— Ceux qui n'ont pas d'argent, disait-il, sont priés de quitter les lieux !

Les gens ont commencé à sortir, et moi avec eux.

— Pour toi, Avrom Leib, c'est gratuit. Tu peux choisir celles qui te plaisent.

J'avais repéré une paire de vernies, couleur marron. Mais lorsque j'ai voulu les prendre, elles se sont échappées de mes mains, comme si elles voulaient me fuir. J'ai couru pour les rattraper, mais elles étaient plus rapides que moi. Godel avait également disparu. Essoufflé, je me suis assis sur une pierre. A un moment donné, les chaussures ont quitté le sol et pris de la hauteur, pour finalement disparaître derrière l'horizon.

A l'aube, ma mère m'a réveillé, visiblement en colère.

— Voyez-moi ce fainéant qui se prélasse comme un pacha... Lève-toi. Prends une marmite, la plus grande. Et tâche d'être parmi les premiers. On dit qu'avant de fermer la soupe populaire, il y aura distribution de pain, confiture, harengs salés et oignons.

J'ai voulu lui raconter mon rêve, mais elle m'a coupé la parole.

— Seuls les riches peuvent se permettre de rêver. Pour les pauvres, c'est du luxe. Avant de partir, récite le Modé ani [1].

Elle s'est tue, puis après quelques secondes d'hésitation :

— Et puis non !... je ne vois pas pourquoi tu devrais remercier...

1. Début de l'action de grâces, que l'on récite au réveil : « Je Te remercie, mon Dieu... »

L'entrée de la soupe populaire était barrée par une file de silhouettes grisâtres. Tsachik et Meir jouaient aux billes sur la route. Je me suis assis à côté d'eux.

— On ferme, me devança Meir.

— Ma parole, ils attendent encore le messie... et sont assez naïfs pour croire qu'on leur ouvrira la popote.

Les silhouettes engoncées me faisaient peur. On aurait dit des poupées de chiffons ou des paquets de linge de pauvres séchant sur leurs fils. J'ai voulu me renseigner, poser quelques questions, mais les tas de chiffons sans yeux, sans bouche, sans bras ni jambes ne m'ont pas répondu.

Je suis retourné chez moi. Ma mère m'attendait devant la porte. A son visage, j'ai compris qu'elle était au courant de la fermeture.

— Avrom Leib — sa voix était douce et fatiguée —, je pars pour Vilna. Le boucher Noussen me prendra avec lui. Ici, nous mourrons de faim tous les deux.

— Et moi ? Tu m'emmènes ?

— Non, Avrom Leib, personne n'engagera une bonne avec un enfant. Tu iras chez les gens. Moi, je ne peux plus rien pour toi.

Nous sommes restés silencieux tous les deux un long moment.

— Où sont les gens ?

— Je ne sais pas... Tu trouveras bien.... Mais avant de partir, prends ce paquet.

Elle avait posé sur la table un grand mouchoir rouge à fleurs violettes noué en baluchon, qu'elle me fourra dans les bras.

— Avrom Leib, c'est tout ce que je peux te donner. N'oublie jamais que tu es juif et s'il t'arrive quelque chose d'effrayant, tu n'as qu'à crier : « Chema Israël [1]. »

---

1. Premiers mots du credo juif : « Ecoute Israël, l'Eternel est notre Dieu, l'Eternel est Un. »

Ma mère parla encore longtemps ; puis elle se mit à pleurer. Quant à moi, une seule question me tarabustait : qui sont ces gens chez qui ma mère m'envoyait, et où les trouver ?

Dehors, la pluie tombait dru. J'ai essayé de m'abriter derrière un des portails, mais ils étaient tous fermés. Les murs des maisons, avec leur plâtre écaillé et leurs volets clos, me faisaient penser à des yeux écarquillés par l'effroi, versant des larmes de pluie. Les passants que je rencontrai en route me rappelèrent les poupées de chiffons devant les portes fermées de la soupe populaire. Ils avançaient lentement, comme s'ils hésitaient sur le chemin à prendre. Je pense qu'eux aussi cherchaient les gens — donc, inutile de leur demander ma route.

La pluie était fouettée par un vent glacé. Je tremblais de tout mon corps. Les rafales d'eau et de vent redoublèrent. Mon front était brûlant de fièvre. Un froid perçant qui montait des pieds et grimpait le long de l'échine me pénétrait jusqu'a la moelle. Mille pensées dansaient dans ma tête.

Où est ma mère ? Que lui est-il arrivé ? En imagination, je la voyais se noyer dans la pluie et la boue. A plusieurs reprises, je crus la voir et il me sembla même qu'elle m'appelait. En face de moi, un ivrogne sortit d'une maison, tête et pieds nus. Il s'est arrêté pour me fixer et son regard vitreux exprimait une sorte d'intérêt bizarre à mon sujet. Effrayé, j'ai pris la fuite. Mais le pire, c'était encore les chiffons que j'avais aux pieds en guise de souliers et qui formaient maintenant un informe paquet de boue. Le pain dans le baluchon de ma mère était déjà trempé. Je n'avais plus qu'une seule idée en tête : trouver un abri. Le portail d'une des maisons était ouvert.

Je me suis engouffré dans un couloir obscur, j'ai heurté des marches puis me suis assis. Je ne sentais plus qu'une immense fatigue. Je me suis endormi.

... En rêve, je me retrouvais à la maison. Je haïssais la

maison... je haïssais ma mère... je haïssais la terre entière. Avec quelle volupté j'aurais mis le feu à tout ça... Détruire tout !... Ah si la pluie pouvait ne jamais s'arrêter pour noyer tout le monde !...

Mais ce que je voulais par-dessus tout, c'était tuer Dieu, ce méchant vieillard assis là-haut, dans un fauteuil bien douillet, coiffé d'un képi de gendarme, tenant un bâton à la main. Je L'imaginais la bouche mauvaise, lançant des ordres aux anges : « Allez-y, redoublez la pluie pour qu' Avrom Leib soit trempé jusqu'aux os. » Si j'avais pu, je me serais procuré une très grande échelle pour arriver jusqu'au ciel et griffer Dieu. J'aurais mis des tas de bagues et Lui aurais flanqué des baffes, pour qu'Il sente ce que moi-même j'avais enduré. Ou alors, j'aurais amené le papa de Godel, qui Lui aurait envoyé quelques gnons, pour Lui apprendre à vivre !

C'est le froid qui me réveilla. Je ne comprenais pas comment j'étais arrivé là. Il pleuvait toujours. Où trouver les gens par cette pluie ?

Soudain, j'ai eu l'impression d'entendre des pas. La première pensée qui m'est venue à l'esprit fut de me cacher, pour ne pas être chassé de mon abri. Les pas étaient rapides. Probablement quelqu'un qui cherchait à s'abriter, comme moi. J'avais si froid que j'en étais paralysé ; et surtout, j'étais incapable de maîtriser la chiasse qui me tordait le ventre. Je fermai les yeux : advienne que pourra — j'étais à bout. Les pas s'arrêtèrent devant moi.

— Avrom Leib, que fais-tu là ? demanda une douce voix féminine.

— Qui êtes-vous ?

— Mais je suis tante Esther, voyons...

Son visage était clair, ses cheveux avaient la couleur du lin et ses yeux verts me rappelaient ceux de ma mère, lorsqu'elle est de bonne humeur.

— Mais tu es trempé jusqu'aux os ; comment es-tu arrivé ici ?

— Maman m'a dit d'aller chez les gens et je ne sais pas où ils sont.

Son visage se durcit :

— Tous des fils de putes... Voyez-moi ça... dans quel état ils ont mis cet enfant ! Viens avec moi.

Pour tout le monde, tante Esther était bien plus qu'une brebis galeuse — elle était le Scandale. Combien de fois n'avais-je pas entendu Zelta menacer sa fille Beylé : « Tu finiras comme tante Esther... »

— Je n'irai pas avec toi, ai-je répondu. Maman a dit que tu es une putain ; et pas seulement ma mère : tout le monde le dit.

— Que comptes-tu faire alors ?

— Je ne sais pas.

Tante Esther s'approcha de moi pour s'écarter aussitôt. Il faut croire que je dégageais une puanteur épouvantable.

— Mais faut pas avoir honte. Ce sont les autres, tous autant qu'ils sont, qui devraient mourir de honte. Attends-moi, je vais chercher un fiacre. Tiens, prends mon manteau, tu auras moins froid.

Le manteau sentait les fleurs. Je me suis souvenu qu'un jour, ma mère et moi nous nous promenions hors de la ville. C'était par une belle journée de printemps et la terre entière semblait couverte de tapis de fleurs. Je me suis assis dans l'herbe. Il y avait une sorte de douceur dans l'air. « Remarque, Avrom Leib, combien l'infection dans laquelle nous vivons voisine avec le parfum des fleurs », m'avait-elle dit. Je fermai les yeux pour essayer de me rappeler son visage, mais en vain. Tante Esther était déjà revenue.

— Avrom Leib, le fiacre attend dehors. Viens, nous allons chez moi.

— Tante Esther, j'ai terriblement honte, mais je n'ai pas pu me retenir.

Elle ne répondit pas.

— Où va-t-on ? demanda le cocher.

Un mégot allumé était coincé au coin de ses lèvres et la fumée l'obligeait à fermer un œil. Le deuxième œil n'avait ni cils, ni sourcils. L'homme empestait la vodka à plein nez.

— Chacun sa puanteur, fit remarquer tante Esther. Dépose-nous rue Wolborska.

Je ne saurais dire combien de temps dura le trajet. Je me rappelle seulement du bruit des sabots du cheval sur le pavé et des roues sous la pluie.

Le fiacre s'arrêta devant une maison basse aux petites fenêtres, fermées par des lattes de bois en forme de croix, comme celles qu'on voit dans les cimetières chrétiens. Lorsque le cocher réclama son dû, une dispute éclata qui me fit beaucoup rire. Le cocher criait entre deux hoquets :

— Je veux mon fric !

— Je te paierai avec mon cul. Viens chez moi quand tu voudras, lui répondit tante Esther.

Payer avec son cul ! ? Je ne comprenais pas... J'ai essayé d'imaginer tante Esther coupant ses fesses en petites rondelles pour en verser quelques-unes au cocher. Je me suis demandé aussi combien de pièces elle aurait pu en tirer. J'ai une tante magicienne, me suis-je dit fièrement...

Des marches de bois qui geignaient comme un vieillard menaient à la chambre de tante Esther.

On aurait dit une boutique de coussins : il y en avait des tas de toutes les couleurs et de toutes les formes, tous rangés sur un lit bas. Près du lit, une table basse était couverte de toutes sortes de bouteilles. Des quantités de robes, presque toutes à fleurs, étaient accrochées aux murs. Un clown fait de chiffon, avec une grande bouche qui riait, occupait la niche de la fenêtre.

Mais ce qui me fascinait le plus dans tout ça, c'étaient les saucisses accrochées au-dessus d'une rangée de pots de confitures. J'étais comme hypnotisé. C'est alors que j'ai senti combien j'avais faim.

— Avrom Leib, avant tout, débarrasse-toi de tes habits puants et jette-les dehors. Et fais vite, parce que je vais mourir asphyxiée.

Elle remplit une grande cuvette d'eau.

— Plonge-toi là-dedans que je te lave.

Elle dut changer l'eau à trois reprises. La première fois, l'eau était presque jaune. A la deuxième cuvette, elle tournait au gris. Et ce n'était qu'à la troisième, qu'elle présentait une certaine transparence.

— Pour l'instant, mets-toi sous cette couverture pour ne pas prendre froid.

Le changement était si brusque que j'ai pensé à un coup de baguette magique.

J'étais maintenant couché dans un lit moelleux et tante Esther était assise à côté de moi, le visage éclairé par un bon sourire. De temps en temps, elle me caressait la tête d'une main pleine de bagues. Je n'ai pourtant pu m'empêcher de penser : pourvu que je n'écope pas une beigne avec toutes ces bagues. J'ai horreur qu'on me caresse comme un caniche. Si ce n'avait été tante Esther, je l'aurais déjà mordue, ou lui aurais envoyé un coup de pied. Mais pas à elle. Ou alors je m'en fichais carrément, occupé que j'étais à fixer les saucissons du mur.

Elle ouvrit un des tiroirs de la table basse et en retira une sorte de carré enveloppé dans du papier d'argent. Débarrassé de son enveloppe, le carré était marron.

— Tiens, croque ce morceau de chocolat pendant que je vais préparer quelque chose à manger.

Jamais je n'aurais imaginé qu'une telle chose puisse exister. Tu mets ça sur la langue, et tout devient doux, sucré, et si parfumé... J'avais bien entendu dire que les riches mangeaient du chocolat à volonté, mais en manger soi-même, c'est autre chose !... Et c'est là toute la différence.

— Tante, tu manges autant de chocolat que tu veux ?

— Oui, Avrom Leib, a répondu tante Esther en riant.

J'ai décidé à cet instant même que, plus tard, je n'épouserais qu'une putain.

Mais le miracle ne s'arrêtait pas là. Tante Esther a mis quelque chose à cuire sur un réchaud et quelques minutes plus tard elle m'a tendu avec d'infinies précautions un bol plein d'un liquide brun et fumant.

— Tiens, bois ça. C'est du cacao.

Je crois que c'est la première fois que j'ai vraiment voulu adresser une prière à Dieu pour le remercier. Seigneur, quelles merveilles tu as créées !... C'est chaud et onctueux — un goût de paradis. Cette fois, ma décision était définitive : j'épouserais une putain et toute la journée je boirais du cacao et croquerais du chocolat.

A côté de moi, tante Esther se mit soudain à chanter. Jamais encore je n'avais entendu une femme chanter ainsi. Sa voix remplit la pièce d'une sorte de tristesse. La chanson racontait l'histoire d'un orphelin nommé Avrémélé Mavrikher [1] que la pauvreté et la faim avaient poussé au vol. La chanson se terminait par la mort du gosse dans une cellule de prison.

Tante Esther se tut et je vis que ses yeux étaient pleins de larmes.

— Pourquoi tu pleures ?

— Parce que j'ai connu cet enfant.

Elle pouvait bien me chanter les histoires les plus tristes du monde, ça m'était égal. Ce qui m'importait, c'était d'avoir du cacao et du chocolat autant que je voudrais.

— Et maintenant, tu vas faire un gros dodo pendant que j'irai t'acheter des habits.

---

1. « Avrémélé le contrebandier ».

— Dis-moi, tante, tu paieras encore avec ton cul ?

Je ne comprendrai jamais les adultes. Au lieu d'être contente d'avoir ce trésor dans le cul, elle m'a allongé une calotte sur la joue droite. Il faut croire que dans ma famille, toutes les femmes sont gauchères. Une de ses bagues a failli m'arracher un œil. J'ai essayé de lui expliquer que j'étais très fier d'avoir une tante qui peut tout payer avec son cul. Finalement, elle a éclaté de rire.

— Tais-toi, petit imbécile... Je vais me laver. Tiens, aide-moi à installer le paravent.

Tout en l'aidant, je regardai les photos qui ornaient le mur.

— Celui que tu vois à la droite de la photo, c'est ton père, me lança-t-elle de derrière le paravent. Je crois que c'était l'homme le plus triste du monde. Un loup solitaire. Sache qu'il t'aimait beaucoup.

— Oui, mais ma mère disait qu'il n'avait que les putains en tête, et c'est pour ça qu'il s'est enfui.

— Attends quelques minutes. Je termine ma toilette et je te parlerai de ton père.

J'ai regardé la photo et je me suis senti très triste. Elle montrait papa dans un jardin. Je me suis souvenu qu'un jour ma mère m'avait dit : « Jure-moi que lorsque tu seras grand et que je ne serai plus de ce monde, tu le tueras... » J'avais alors promis, mais aujourd'hui, je ne suis plus tellement sûr que je tiendrai parole.

Sur la photo, papa avait une sorte de sourire coquin, sous une mèche bouclée qui lui tombait sur les yeux. Tante Esther sortit de derrière son paravent et tous les deux nous avons longuement regardé la photo. Une question me tracassait : comment une si petite tête pouvait-elle contenir autant de putains ? Pour me distraire de mes pensées, ma tante se remit à chanter, mais cette fois la chanson finissait bien. Elle racontait l'histoire d'une jeune fille dont un roi était tombé amoureux. Elle alla vivre avec lui dans son palais, mais elle languissait après la petite cour de son humble maisonnette.

Nous avons ensuite joué à cache-cache. Lorsque nous avons été fatigués, elle m'a parlé d'Avrémélé Mavrikher, qui aidait beaucoup les gens pauvres.

Je me sentais merveilleusement bien et j'aurais voulu lui dire combien je l'aimais, mais c'est comme si les mots avaient refusé de sortir de ma bouche.

— Et maintenant, je vais te laisser seul... Je sors pour t'acheter des chaussures.

Tante Esther n'était pas encore dehors que je me suis endormi.

Lorsque j'ai ouvert les yeux, elle était devant moi, tenant à la main une chemise, une culotte, un manteau et des chaussures. La culotte était trop grande pour moi. « Ça ne fait rien, nous retrousserons les jambes. »

Elle fourra du papier journal dans les chaussures. « Comme ça, tu pourras les porter quand tu grandiras. »

Là encore, j'aurais voulu l'embrasser, lui dire de bonnes et belles choses, mais impossible de dire un mot : ma gorge restait bloquée.

J'ai soudain entendu des pas lourds sur les marches grinçantes. Le visage de ma tante devint sérieux. Les pas se rapprochèrent.

— Avrom Leib, me dit-elle, soudain affolée. Je ne peux pas te mettre dehors par cette pluie. Assieds-toi derrière le paravent et ne bouge pas. Il ne faut pas qu'on sache que tu es là. Tu entends, pas un mot ; et surtout, ne regarde pas. Plus vite, il arrive !...

Je n'avais aucune idée de ce qui allait se passer et j'avais peur de poser des questions. Ma tante me poussa brutalement derrière le paravent.

— Tu as bien compris : pas un mot, pas un geste, et ne regarde pas.

Qu'allait-elle donc faire, tante Esther ? Et qu'est-ce que je ne devais pas voir ? Il y avait quelque chose d'effrayant dans l'air. Et si on me trouvait, qu'arriverait-il ? Il valait peut-être mieux que je me sauve... J'ai voulu me lever, mais il était trop tard : on ouvrait la porte. Qui était-ce ? Avec un ongle, j'ai pratiqué une petite fente dans le tissu du paravent et j'y ai collé un œil. L'homme qui venait d'entrer n'était autre que le cocher, avec son œil sans cils et sans sourcils. Mais, cette fois, il portait un bonnet de fourrure, une veste en peau de mouton, des pantalons de velours marron et des chaussures montantes.

— D'abord le fric, dit la tante d'un ton dur.

— Mais tu m'avais dis...

— Rien du tout ! coupa-t-elle.

— Bon, ça va... Comme tu voudras !...

Tante Esther compta méticuleusement l'argent.

— Je suis prête, dit-elle.

Le cocher commença par ôter son bonnet, sa veste...

— Le pantalon suffira...

L'homme s'assit sur le tabouret et se déchaussa. Une odeur de fromage jaune emplit la pièce. Puis il se débarrassa de son pantalon et je le vis à moitié nu. J'ai dû me retenir pour ne pas crier : le cocher tenait son pipi dans la main, un pipi énorme, long et rouge comme le casque d'un pompier. Et en plus, il était couronné d'une épaisse barbe noire comme celle de Reb Yidel.

Pourquoi s'est-il déshabillé ? Que va-t-il faire ? Où est tante Esther ? J'ai tourné la tête. Elle était allongée sur le lit, les jambes écartées. Entre les cuisses, j'ai vu un énorme orifice où brillait une langue rouge. Entre ses seins dressés au-dessus de son ventre, on apercevait ses trous de nez. J'ai soudain ressenti une grande faiblesse. Tout ce mystère me faisait peur. Pourquoi étaient-ils presque nus ? Et qu'allait-il se passer maintenant ?

— Qu'est-ce que tu attends ? Grouille-toi !

Le cocher fourra son pipi entre les cuisses de ma tante. Je

voyais nettement ses fesses couvertes de poils ; elles se soulevaient et se baissaient, et la fente du milieu s'ouvrait et se fermait en cadence. L'homme respirait lourdement. Et soudain, j'ai entendu tante Esther crier. J'ai cru qu'il l'étranglait. Il faut que j'aille à son secours, me suis-je dit, et le plus vite possible.

J'ai encore pensé que s'il étranglait ma tante, adieu chocolat et cacao... Les cris se faisaient de plus en plus aigus ; j'ai senti une peur terrible m'envahir. Je me suis alors souvenu des paroles de ma mère : « Lorsque tu verras ou entendras quelque chose d'effrayant, tu n'as qu'à crier : “ Chema Israël ”. »

Malgré ma peur, j'étais bien décidé à voler à son secours. Dans mon imagination, je voyais déjà tante Esther me serrer dans ses bras, les yeux pleins de larmes et une énorme tablette de chocolat dans la main pour me dire sa reconnaissance. Et comme dans les contes, nous vivions heureux et riches jusqu'à la fin de nos jours.

J'ai ôté mes chaussures sans faire de bruit, pour être plus rapide. J'ai ensuite fermé les yeux : de toutes mes forces j'ai crié « Chema Israël », et d'un bond je me suis jeté sur le dos de l'homme et lui ai mordu les fesses à pleines dents. Il a crié : « Oh Jésus ! » Je me souviens qu'ensuite j'ai senti le sang qui me coulait du nez et une douleur aiguë à l'œil droit... Encore le droit !... Le cocher et tante Esther me tapaient dessus à coups de poing, comme des fous. J'ai eu le temps de voir une porte ouverte et un coup de pied du cocher m'a fait dévaler toutes les marches de l'escalier... Le baluchon de ma mère a suivi quelques secondes après.

Par chance pour moi, la pluie avait cessé. Une douleur à la jambe me rappelait le coup de pied, mais j'ai serré les dents et pris mes jambes à mon cou. La peur d'être rattrapé par le cocher me donnait des ailes.

Je me suis assis près de l'escalier d'une maison. Je serrais fortement le baluchon de ma mère. Où aller maintenant ? Je me posais encore la question, lorsqu'une carriole s'arrêta devant moi. Menachké le charretier en descendit.

— Avrom Leib, que fais-tu ici ?

— Je ne sais pas.

— Monte... On t'a battu ?

— Oui.

— Que veux-tu, c'est la vie, fit-il simplement.

En chemin, il me raconta que ma mère était partie et que des étrangers habitaient maintenant chez nous. Il fixa attentivement mon œil droit tout gonflé et le sang séché sur mon nez.

— Où vas-tu habiter ?

— Je ne sais pas.

Menachké sembla réfléchir pendant quelques minutes, pour me dire enfin :

— Tu peux loger dans mon écurie. Tu y seras au chaud. Et si tu acceptes de soigner Chmelké, mon cheval, tu gagneras aussi ta soupe. D'accord ?

— D'accord.

2.

Il faut que je vous raconte une chose incroyable ; incroyable, parce qu'on ne voudra pas me croire. Mais je jure sur ce que j'ai de plus sacré que c'est la pure vérité — et que je ne boive plus jamais de cacao si je mens : j'ai vu, de mes yeux vu, le cheval Chmelké pleurer, comme vous et moi. Deux grosses larmes coulaient de ses yeux ; c'est vrai, je le jure. Il émettait de drôles de petits sanglots reniflés : okh okh okh. On aurait dit qu'il pleurait en yiddish. A tel point que je me demande comment je l'aurais compris si je n'avais pas été juif...

Lorsque j'ai rapporté la chose à Godel, il s'est moqué de moi. Il est comme ça : il ne croit jamais rien.

— Tant que tu y es, dis-nous que ton Chmelké récite la prière du Modé ani chaque matin.

Je vous le disais : on ne me croira pas. J'ai donc décidé de ne plus rien raconter à personne, c'est-à-dire à aucun humain. Chmelké, c'est autre chose. Tout ce que je lui dis, il l'écoute avec beaucoup d'attention. Il me regarde de ses grands yeux de cheval que l'intelligence fait briller et hoche sa grosse tête d'un air entendu. Oy oy oy, Avrom Leib, me dit-il dans un yiddish à l'accent chantant.

Je lui ai parlé de ma mère, qui n'avait jamais d'argent pour m'envoyer au *héder*, pour m'acheter des souliers ; je lui ai même parlé des gifles que j'encaisse chez les adultes. Quand j'aborde ce chapitre, Chmelké dresse toujours les deux oreilles, parce que les coups, il connaît bien.

J'ai déjà dit qu'il comprenait le yiddish ; la preuve, c'est Menachké lui-même qui me l'a donnée.

— Lorsque je suis tombé du cheval, m'a-t-il raconté, ton copain Chmelké s'est mis a rire à haute voix, et ça sonnait à peu près comme ça : hi hi hi !... Ma parole, il se foutait de moi... L'idée de ne plus travailler le rendait tout joyeux. Eh bien, malgré ma jambe cassée, je lui ai envoyé un coup de pelle sur la tête. »

« Si c'est comme ça, me suis-je dit, qu'il se casse une jambe tous les quinze du mois, au minimum... Ça lui apprendra à battre Chmelké. » Cette chute, quelle aubaine !... une vraie fête... Pour Chmelké, des vacances, et moi, ça me permettait de manger à ma faim.

Quel rapport ? Très simple : lorsque Menachké est malade, il m'envoie faire les achats à l'épicerie de Moyché Berl, qui me refile toujours un gâteau ou une sucrerie. Un jour, il m'a même donné un gâteau entier, et quel gâteau ! au miel avec des raisins secs. Il était bien un peu rassis, mais un goût ! Le paradis sur terre... J'en ai mangé la moitié et j'ai donné l'autre à Chmelké. C'est comme ça entre nous : on partage tout. Et là aussi, je jure que j'ai entendu Chmelké rire à pleine gorge, comme s'il avait voulu dire : Menachké est malade et nous, on s'en fout plein la panse... Et comme le rire est contagieux, on se tordait tous les deux comme des petits fous.

Pour moi, après Godel, Chmelké est le plus grand sage du monde. Il suffit de le connaître pour en être convaincu. Des preuves, j'en ai des tas. Mais je ne peux pas en parler, parce que Chmelké m'en voudrait. Il est comme ça : nos secrets, personne ne doit les connaître.

Mais ce que je peux dire, c'est que Chmelké est très vieux et qu'il en a vu des choses dans sa vie. Son drame, c'est qu'il ne peut pas les raconter. Rapport à la langue. Je crois bien être le seul à le comprendre. Nous avons conclu un pacte.

C'est ni écrit ni signé, puisque Chmelké et moi ne savons pas écrire. C'est comme qui dirait un pacte oral : si quelqu'un essaye de faire du mal à Chmelké, je dois voler à son secours. Et bien entendu, il a promis de faire pareil : il me défendra chaque fois que je serai menacé. Nous avons fait ça dans les règles : face à face, on a heurté nos fronts et prononcé trois fois (ou plutôt j'ai prononcé) la formule consacrée, alors que Chmelké secouait la tête en signe d'assentiment : « Nous sommes frères pour la vie. »

Dès le lendemain, notre pacte était mis à l'épreuve. Ce matin-là, Chmelké était malade. Je l'ai compris au premier coup d'œil. Il tenait à peine sur ses pattes, sa tête pendouillait lamentablement et ses yeux étaient fermés. J'ai essayé de le réconforter en lui fourrant un morceau de pain dans la bouche, mais il n'a pas réagi.

Menachké entra dans l'écurie vers midi, ivre comme Loth [1]. Il n'avait pas sitôt franchi le seuil qu'il se mit à injurier mon Chmelké :

— Ma parole, il se croit en pension chez moi. Ce sale bourrin finira par avoir ma peau... Puis se tournant vers moi : Bon, Avrom Leib, attelle Chmelké. Nous avons une barrique de chaux à livrer...

J'aurais voulu lui dire que Chmelké était malade, mais je n'ai pas osé. Lorsqu'il a bu, Menachké peut être très dangereux.

Durant tout le trajet, il ne cessa de fouailler la croupe du malheureux Chmelké — et il tapait si fort, qu'à plusieurs reprises j'ai pensé le jeter de la charrette. Mais là encore, j'ai rongé mon frein. Chmelké tourna plusieurs fois la tête vers moi, comme pour dire : « Alors, et notre pacte ? » Et la honte m'a fermé les yeux.

Par chance pour nous, la boutique de Reb Pinhas était

1. Le Loth de la Bible, bien sûr, le premier ivrogne de l'humanité.

fermée. Sur le chemin du retour, Chmelké vacilla sur ses pattes et faillit s'étaler. De temps en temps, il se reposait quelques minutes et repartait. Menachké ne cessait de frapper comme un sourd et chaque coup me faisait aussi mal que si je l'avais reçu moi-même. Pendant que nous roulions, je tournais dans ma tête des projets de vengeance, mais aucun n'était valable. Rentrés à l'écurie, j'ai couvert Chmelké d'une couverture, puis je l'ai lavé à l'eau et au savon. Il finit par se calmer un peu, mais moi, j'étais mort de fatigue et je suis allé me coucher.

Avant de m'endormir, j'ai solennellement promis à Chmelké de le venger. Je me suis alors souvenu de la formule d'un poison violent... « Il faut, m'avait expliqué Godel, prendre trois araignées noires (ce qui n'était pas difficile : dans l'écurie, elles pullulent), puis attraper trois crapauds, les vider de leur sang, y mélanger les trois araignées pilées, et servir à minuit tapant. Ensuite, il faut répéter trois fois : crève, crève, crève... » Mais après avoir réfléchi aux détails de mon plan, j'ai fini par y renoncer. D'abord, parce que je n'ai pas de montre. Et puis, Menachké pouvait refuser de boire ma mixture. Qu'aurais-je fait, dans ce cas ? Bref, c'était trop compliqué.

Je suis monté dans la mansarde, et, couché sur ma couverture, j'ai essayé de réfléchir aux mystères du monde. Par le toit ouvert, je pouvais voir notre cour. Elle était en partie couverte de nuages noirs si bas qu'ils touchaient presque le faîte des maisons. Certains nuages rappellent des bêtes, ou des arbres, d'autres encore évoquent des poupées de chiffons, comme le linge de Beylé. Mais les plus beaux sont ceux qui ressemblent à des anges. Comment arrivent-ils jusqu'au ciel ? me suis-je demandé. Que font-ils là-haut ? Godel m'a raconté que les anges sont chargés de monter la garde autour de Dieu. La moitié d'entre eux sont préposés à l'entretien de Sa maison et les autres à la préparation de Ses repas, parce qu'Il est très vieux. Les anges Le gardent jour et nuit, de peur qu'Il ne meure — ce qui serait la fin du monde.

Mais j'ai eu beau fixer le ciel toute la nuit, je n'ai vu aucune marmite où aurait pu mijoter le repas de Dieu. Les nuages me faisaient penser à une couverture brûlée, dont la laine — les taches grises — s'échapperait par endroits. Une autre question me trottait dans la tête : que peut bien faire Dieu toute la sainte journée et toute la nuit ? Pendant la nuit, Il dort, bien sûr. Là aussi Godel m'avait longuement éclairé. Comment Godel faisait-il pour connaître l'emploi du temps de Dieu ? Lorsque je lui ai posé la question, il m'a répondu d'un ton méprisant :

— Tu n'es encore qu'un *kaker*[1]. Plus tard, lorsque tu sauras lire, tu comprendras toi-même.

J'ai bien dû admettre qu'il avait raison.

— Sache, a continué Godel, que Dieu trône dans un fauteuil capitonné, comme celui de Wolf le richard. A Sa droite, Il a des casseroles pleines de bouffe, ce qui se fait de mieux au monde. A Sa gauche, sur une table dressée, des pyramides de chocolat. Et toute la journée, Il boit du cacao. Le chabbat, une marmite de *chaulent*[2] mijote dans un four, comme chez Feldman le boulanger. Mais la marmite de Dieu est aussi grande que la rue Zagreska. Et ce *chaulent* répand un fumet paradisiaque. Parfois, on le sent sur terre...

Et ça, c'est prouvé. Parce que chabbat, je sens partout non seulement l'odeur du *chaulent*, mais aussi celle du *tsimess*[3] et du foie haché aux petits oignons.

— Et pendant qu'Il mange toutes ces bonnes choses, a

---

1. En yiddish, « chieur ». En français, on dirait « morveux ».

2. Prononcer *tcholente.* Plat traditionnel du samedi, fait de haricots et de viande, qui mijote depuis vendredi, du fait de l'interdit d'allumer le feu le chabbat. Le mot serait d'origine française : chaud-lent.

3. Sorte de coulis de carottes et de prunes qui terminait le repas de vendredi soir.

poursuivi Godel, les anges entonnent des cantiques en s'accompagnant de lyres. Mais toute cette bouffe attire les mouches — normal ; et certains anges sont chargés de les chasser, pour qu'elles ne dérangent pas Dieu. Moi, j'ai comme le sentiment qu'ils y vont un peu trop fort et que presque toutes les mouches tombent sur terre.

— Et surtout dans mon écurie !...

— Rien ne se fait sur terre sans l'accord de Dieu, affirma encore Godel, mais bien qu'Il soit au courant de tout, Il a des conseillers et des indics. Chaque ange du ciel est chargé d'un quartier, ou d'une rue. Ainsi, il y a un ange qui ne s'occupe que du 38 de la rue Zagreska. Il descend dans une cour, et mine de rien, il reluque dans tous les coins... Il peut aussi entrer chez les gens, parce qu'il est invisible. Il a l'œil partout, et lorsqu'il voit une maison qui n'a pas été astiquée comme il faut pour le chabbat, il s'envole aussitôt pour faire son rapport à Dieu : « Seigneur, la maison de Yoné empeste comme c'est pas possible. » Dieu réfléchit alors quelques minutes et ordonne à l'ange :

« Descends immédiatement et souffle à l'oreille de Reb Yoné de gratifier sa femme Dvoïré de quelques torgnoles bien senties. » Remarque que Reb Yoné, lui, ne se doute de rien. L'ange, il connaît pas, parce qu'il est ignare. Mais ce qui est sûr, c'est qu'il file une trempe à sa femme, et qu'il y va de bon cœur...

Ça aussi, c'est prouvé. Parce que Dvoïré est connue pour être une souillon et sa maison est la plus sale du quartier. Je l'ai vue moi-même se balader pendant plusieurs semaines avec un œil au beurre noir. Les paupières étaient si enflées qu'on ne le voyait presque pas. Je suis curieux de savoir ce que l'ange peut bien rapporter à Dieu à mon sujet. Il Lui parle de l'écurie ? De la cour ? Moi, à la place de l'ange, je Lui raconterais tout ce que Menachké fait endurer à Chmelké ; et je soufflerais peut-être à Reb Yoné de flanquer aussi une raclée à Menachké. A mon avis, il ne l'aurait pas volée. Il y a peut-être échappé, mais, par contre, il a senti passer le coup de sabot de Chmelké, qui l'a cloué au lit pour deux semaines. C'est pour ça que je crois en Dieu. Et aussi à Chmelké.

Samedi matin, Menachké est revenu de la synagogue des charretiers. Il était soûl, comme d'habitude. Cette fois, c'était pour la Brith-mila [1] du fils d'Elo, le forgeron. L'un des invités, Hayim Velvel, le charretier de la rue Pliszka, s'était moqué de lui.

— Alors, Menachké, combien de temps comptes-tu encore garder ton vieux Chmelké ? Tu ne veux pas qu'on en fasse du cuir à godasses ? Mais dans ce cas, tu dois le bien nourrir. Mon fils aime les cuirs souples. Donne-lui beaucoup d'œufs à manger...

Godel, qui était de la fête, comme d'habitude, m'a raconté que Reb Herschel, l'équarrisseur, avait proposé à Menachké cinquante zlotys.

— Qu'est-ce que tu attends ? lui a-t-il demandé.

Menachké n'a pas répondu. Mais un peu plus tard, il arracha soudain un pied à l'une des tables bancales de la synagogue et le fit tournoyer au-dessus de sa tête.

— Cette fois, criait-il, je vais lui faire la peau à Chmelké, et tout de suite. J'en ai assez...

— Chiche ! le défia un des invités. Voyons si tu en as le courage...

Il semble que ce jour-là, l'ange préposé au 38 de la rue Zagreska ait soufflé quelques mots à l'oreille de Chmelké. Il a dû lui dire : « Dès qu'il entre, tu lui files un coup de sabot, mais un coup carabiné, pour qu'il s'en souvienne pendant quelques semaines. »

Que pouvait faire Chmelké, après un tel conseil, glissé en

1. Circoncision.

douce par un ange ? Je n'étais pas à l'écurie à ce moment-là, mais quand je suis entré, c'est Reb Yoné lui-même qui m'a raconté la chose :

— Eh bien ton Chmelké... il l'a bien arrangé, le Menachké...

— Que s'est-il passé ? ai-je demandé

— Il lui a envoyé un coup de sabot. Il est au lit, à l'heure qui l'est...

— J'étais à la fois content et très fier de Chmelké. Mais, en même temps, j'ai ressenti un sentiment bizarre, qui n'augurait rien de bon — et que j'ai d'ailleurs vite oublié. Jamais je n'avais vu Chmelké aussi heureux

Il m'a accueilli par un hennissement triomphal : i hi, i hi, i hi... ce qui signifie : « Alors, que penses-tu de moi, Avrom Leib ? »

Nous étions si contents tous les deux que nous avons renouvelé notre pacte front contre front. « Dans la tristesse comme dans la joie, nous sommes ensemble », ai-je dit tout haut.

J'ignore ce que ce magouilleur d'ange a bien pu souffler à Menachké, mais dès qu'il fut rétabli, il entra à l'écurie, et là, campé sur ses jambes, il nous fixa à tour de rôle, d'un air mauvais.

— Bon, Avrom Leib, prépare-toi à faire tes adieux à ton copain.

Je ne comprenais pas. Que signifiait : faire mes adieux à Chmelké ?

— Dans trois jours on viendra le prendre.

— Qui ? Où ?

— Reb Herschel, l'équarrisseur

Je ne saisissais toujours pas. Qu'est-ce que Reb Herschel l'équarrisseur avait à voir avec Chmelké ?

— Tu es bouché, ou quoi ? On va l'abattre.

— Qui ?

— Mais Chmelké, répondit-il en gloussant. On l'abattra pour le dépecer. Et avec sa peau on fabriquera des chaussures.

Et Chmelké qui entendait tout ça ! Il y eut un silence lourd dans l'air. Menachké s'assit confortablement sur une caisse, content de son effet. Puis il se frotta les mains avec une satisfaction visible.

— Qu'est-ce tu crois, que je vais le nourrir à rien faire ? Ça fait un bout de temps qu'il est plus bon a rien... il me coûte les yeux de la tête et les choses ne changeront plus. Il ne rajeunit pas. Il est vieux et malade. Reb Herschel m'en donne cinquante zlotys.

J'ai d'abord senti comme une paralysie dans les jambes. Puis une grande faiblesse et un creux dans le ventre. J'ai regardé Menachké, puis j'ai remarqué sa chemise. Elle était imprimée de croix noires, ce qui m'effraya encore plus. La croix est symbole de mort, c'est pour ça qu'elle est l'emblème des chrétiens. Godel m'a raconté un jour qu'il avait eu un ami chrétien — Bolek, il s'appelait. Bolek mourut parce que Godel et Simha avaient pissé sur une croix. La croix annonce toujours la mort et les pogromes, c'est ce que m'a expliqué maman.

« Méfie-toi d'eux, m'a-t-elle dit un jour, à voix basse pour que personne n'entende. Un chrétien, s'il est méchant, que la malemort l'emporte. Et s'il est gentil, que la mort lui soit douce. Mais si tu trouves un chrétien gentil, coupe-le en deux, pour en faire deux bons chrétiens... »

Les croix de la chemise de Menachké annonçaient aussi la fin de Chmelké. Dieu, comme je le haïssais ! Je me haïssais moi-même parce que je n'étais encore qu'un enfant, donc incapable d'aider Chmelké. Je haïssais les croix de la chemise de Menachké. Je haïssais l'ange qui avait suggéré à Menachké de vendre Chmelké. Je haïssais l'équarrisseur Herschel, je haïssais le monde entier.

Menachké se leva, cracha un long jet en forme d'arc, avant d'ajouter avec un sourire : « T'en fais pas, Avrom Leib, je t'achèterai des chaussures en peau de Chmelké... » Puis il sortit.

Je restai seul avec Chmelké, mais ce n'était plus le cheval que je connaissais si bien. Il avait la tête baissée et cette fois encore je vis des larmes dans ses yeux. Ses pattes tremblaient. Il avait tout entendu, tout compris. Moi aussi j'avais changé en ces quelques minutes.

Je suis sorti en courant pour rattraper Menachké. La cour était vide. Je me suis souvenu que j'avais ressenti la même chose avec Velvel, le garçon le plus fort de la cour. Son père, Yossel-Hayim, était boucher, un des hommes les plus riches de la rue. J'étais là lorsque Velvel a battu Malkélé, la petite poitrinaire. Tous les autres étaient autour, regardant Velvel taper sur la malade ; et personne n'osait intervenir. Malkélé ne pleurait pas. Mais tout comme Chmelké, ses yeux étaient pleins de larmes qui coulaient sur ses joues.

Je ne sais pas ce qui m'a pris — c'est comme si un autre avait agi à ma place. Je me suis jeté sur lui et j'ai mordu à pleines dents une de ses oreilles. Velvel s'attendait si peu à cette attaque qu'il tomba à terre. J'avais la bouche pleine de sang et j'ai voulu lâcher, mais j'en étais incapable. Je me souviens seulement des cris autour de moi, des hurlements de terreur de Velvel. Quand maman a appris la chose, elle a seulement dit : « Le sang maudit de ton père bouillonne dans tes veines. »

Tout en cherchant Menachké, je grommelais entre mes dents : « S'il arrive quelque chose à Chmelké, je mettrai le feu à la maison de Menachké. » C'était une baraque en bois, donc pas de problème de ce côté-là : elle aurait flambé comme une allumette. L'ennui, c'est que cette même baraque abritait aussi Bourek le tisserand et la veuve Zelta avec ses six enfants. J'ai donc renoncé à mon projet.

Que faire, alors ?

D'abord, rassurer Chmelké en lui jurant que notre pacte tenait toujours — son sort était entre mes mains. J'étouffais et je dus sortir pour respirer. Des nuages noirs grimpaient aux toits, traînant derrière eux des petits moutons blancs, comme pour les mener à l'abattoir.

Soudain, j'ai entendu un air de clarinette. Il rappelait les sanglots du *hazan* [1] Guétzel, pendant l'office de Yom Kippour. On aurait dit que la clarinette pleurait en accompagnant les brebis dans leur dernier voyage, et ses notes me pénétraient comme un vent d'hiver.

Perché sur un bac à ordures, Pinhas le Fou, ou, comme on l'appelait, « Pinhas le Messie », pleurait dans son instrument. J'avais toujours eu peur de lui, mais cette fois j'ai pris mon courage à deux mains et je me suis approché. Comme d'habitude, Pinhas était pieds nus, les jambes de son pantalon retroussées jusqu'aux genoux. Des *tzitzit* [2] pendaient sur sa poitrine dénudée. J'avais l'impression qu'il m'attendait. Mais Pinhas continuait à souffler dans sa clarinette. Je pense que seul un Juif est capable d'arracher de tels sanglots à un instrument de musique. Pinhas est peut-être chargé de hâter la venue du Messie !... Chmelké aussi semblait sentir toute la douleur exprimée par ces notes.

I hi, i hi, implorait Chmelké dans la nuit.

J'enviais terriblement les enfants qui peuvent pleurer. Moi, j'en étais incapable : quelque chose me serrait à la gorge.

— Que faire, Pinhas, lui ai-je demandé à voix basse, peut-être plus à moi-même qu'à lui.

Pinhas cessa de jouer et s'assit sur la caisse. A travers les mèches de cheveux qui lui tombaient sur le front luisaient deux yeux noirs démentiels.

1. Chantre officiant.
2. Franges rituelles que l'on porte sur la chemise (*tzitzioth* au pluriel).

— Qu'y a-t-il, Avrom Leib ? me demanda-t-il avec une douceur surprenante.

Je lui racontai mon histoire : Chmelké, Menachké, l'offre de l'équarrisseur....

— Pinhas... ils veulent le tuer.

— Je vais jouer quelque chose. Et je jouerai de façon à ce que les anges réveillent Dieu, pour qu'Il conjure le mauvais sort.

Cette fois, les notes semblaient monter très haut, pour courir ensuite avec les nuages.

— Arrête ta musique ! cria quelqu'un dans les chiottes.

C'était une petite baraque basse dont les deux portes défoncées pendaient sur un seul gond. Dressée au milieu de la cour, elle servait de tinettes à tous les locataires.

Je reconnus la voix du vieux Leiser. « Ta musique me constipe, criait-il. Elle m'empêche de chier... »

Pinhas dut s'arrêter de jouer. Tout ça, parce que ce vieux con de Leiser n'arrivait pas à chier. Sans lui, Dieu aurait sûrement entendu l'air de clarinette et serait intervenu en faveur de Chmelké.

Pinhas regarda autour de lui, pris de panique ; il sauta de sa caisse et s'approcha de moi — si près, qu'il me touchait presque. Il puait horriblement.

— Tu vois, Avrom Leib, il arrive parfois que le sort d'une créature dépende du cul du vieux Leiser. (Et en disant cela, il fit un signe de la tête vers le ciel.)

— Mais que faire, Pinhas !...

— Sauve-toi avec lui.

Je voulais encore lui poser quelques questions, mais Pinhas disparut dans la pénombre. Revenu à l'écurie, j'ai rapporté à Chmelké mon entretien avec Pinhas et son conseil.

— Qu'est-ce que tu en penses ?

Il secoua la tête ; il était d'accord.

Cette nuit-là, je ne pus trouver le sommeil. J'avais encore deux jours devant moi. En pensée, je voyais déjà Reb Herschel s'emparer d'un couteau, égorger Chmelké et le dépecer pour en faire des souliers, sous prétexte qu'il était vieux. Plût au ciel qu'on fasse des souliers avec la peau de Menachké, lorsqu'il sera vieux.

— Tu comprends, Chmelké, lui ai-je expliqué, il faut partir. Parce qu'ici, les gens sont ingrats... Ils ont des cœurs de goyim.

A ce propos, je me suis toujours demandé pourquoi Dieu avait créé des goyim. Qui a besoin d'eux ? Godel lui-même n'a pas su me répondre, lorsque je lui ai posé la question.

— Nous chercherons un bon coin, ai-je encore dit, où il n'y a que des Juifs qui ont un cœur juif.

Chmelké me sembla un peu dubitatif, car il fit entendre une série de sons : Oy oy oy oy oy oy...

Traduit dans la langue des hommes, ça donne à peu près : Et si on ne le trouve pas ce coin ?

Mais j'ai coupé court à cette objection en faisant la grosse voix :

— Nous avons le choix, dis ?...

Chmelké sembla convaincu, puisqu'il secoua la tête de bas en haut.

— Chmelké, lui ai-je encore dit, tu dois admettre que tu n'es qu'un cheval, après tout... il y a des tas de choses que tu ne comprends pas et tu dois me faire confiance.

Chmelké acquiesça d'un nouveau mouvement de tête.

— Et d'abord, il faut penser aux provisions.

J'ai rempli deux sacs de pain sec, que j'ai noués et chargés sur son dos. Chmelké s'est couché sur le ventre pour m'aider. Sans ça, j'aurais été incapable de les charger. Ensuite, j'ai pris trois couvertures. Elles étaient déchirées, mais c'est tout ce que nous avions. Avant de sortir de l'écurie, on a répété notre serment : nous avons heurté nos fronts en nous promettant d'être toujours ensemble, pour le meilleur et pour le pire. Chmelké était très ému.

— Et maintenant, pas un mot jusqu'à ce que nous soyons sortis de la cour.

La chance était avec nous, car au même moment la pluie s'est mise à tomber. La cour disparaissait sous la brume. Je suis allé voir s'il n'y avait personne dans les parages. Les maisons semblaient flotter dans le brouillard. Le plus difficile était de passer devant la synagogue ; plusieurs bougies en éclairaient la fenêtre. J'ai jeté un coup d'œil à l'intérieur : Simhah le *chamache*[1] sommeillait sur un banc. A côté de lui, Guétzel le *gabay*[2] était plongé dans l'étude du Talmud et se dandinait en cadence, d'avant en arrière. Au mur, le Arone Kodèche[3] surmonté de deux lions. L'un était amputé des deux pattes de devant et le second dressait une tête à demi amputée, l'autre moitié était inclinée vers le sol, comme si elle cherchait sa partie manquante.

Une prière m'est montée aux lèvres :

— Mon Dieu, ai-je murmuré, Tu es vieux, Toi aussi. Imagine qu'on veuille Te dépecer pour faire des chaussures de Ta peau. Que dirais-Tu ? Protège Chmelké contre les méchants. C'est un bon cheval. Il n'a jamais fait de mal à personne. A part le coup de sabot qu'il a envoyé à Menachké... mais il faut que Tu comprennes... Si Menachké T'avait traité comme il l'a fait, Tu n'aurais pas réagi autrement. Il n'a jamais mordu personne, comme certains autres chevaux. Si Tu lui sauves la vie, mon Dieu, je Te jure...

Je ne savais que jurer, et j'avais peur de m'engager à la légère. Par contre, j'ai promis à Dieu de partager une tablette de chocolat avec le premier enfant que je rencontrerais. Par

1. Bedeau.
2. L'administrateur de la synagogue.
3. L'Arche sainte contenant les Rouleaux de la Thora.

la suite, je l'ai un peu regretté. Perdre bêtement une demi-tablette de chocolat à cause d'une promesse !...

Je suis revenu à l'écurie pour en ressortir aussitôt sans faire de bruit. Le brouillard était encore plus épais. Un énorme chien, noir comme le diable, se jeta sur moi dans la rue Zagreska. Chmelké lui envoya un formidable coup de sabot qui le fit rouler à terre. Il prit la fuite en hurlant. J'étais très fier de Chmelké.

Nous avons ainsi marché toute la nuit dans les rues désertes de la ville. Les couvertures et le pain étaient trempés. A deux reprises, nous avons croisé des agents de police. J'étais glacé de peur, mais ils ne nous prêtèrent aucune attention. Chmelké était si fatigué qu'il s'arrêta plusieurs fois. Il m'a fallu le réconforter et lui expliquer combien ces arrêts étaient dangereux.

— Chmelké, il veulent faire des chaussures de ta peau... Tu comprends ce que ça veut dire ? !...

Nous avons continué à marcher et sommes sortis de la ville. Les maisons se firent plus rares, puis disparurent. Chaque fois que nous apercevions — ou pensions apercevoir — une forme humaine, nous nous arrêtions pour nous cacher entre les arbres. Ces silhouettes n'avaient pas de jambes — on ne voyait que les têtes qui semblaient flotter dans la brume. Certaines planaient, comme si elles ne touchaient pas le sol. Chmelké avançait péniblement et son ventre émettait des bruits qui rappelaient les gémissements d'un homme malade : oy, oy, oy.

Nous nous sommes arrêtés dans le premier bois. J'ai étalé les couvertures et les sacs ; j'ai senti alors combien j'étais fatigué. Chmelké se coucha sur le ventre et moi à côté de lui. Je me suis endormi et ne me suis réveillé qu'à l'aube.

Chmelké s'était déjà servi et mâchait tranquillement quelques morceaux de pain. Une grande flaque d'eau s'étendait devant nous. J'y ai fait ma toilette, puis j'ai lavé Chmelké.

Il soupirait d'aise, comme un vieux buvant un thé brûlant : aye ha, aye ha...

Le brouillard s'était dissipé aux premiers rayons du soleil. J'ai mis les couvertures à sécher. Dans le sac, le pain n'était plus qu'une bouillie. De gros nuages formaient une sorte de plafond au-dessus de nos têtes. Je vis tout autour des ronces couvertes de mûres, ainsi que des petits poiriers et pommiers sauvages. J'en ai cueilli quelques dizaines... Nous nous sentions libres et le ventre plein. Je voulais courir, sauter et rire tout mon sôul. De son côté, Chmelké hennissait de joie face au soleil en découvrant ses dents jaunes : hi hi hi hi. Au loin, un oiseau lui répondit en piaillant exactement comme Tzipké, la vieille folle de la rue Pliszka. J'ai répondu sur le même ton, ce qui provoqua un véritable concert de dizaines d'oiseaux. Je peux jurer avoir clairement entendu mon nom : Avrom Leib, Avrom Leib... Nous sommes restés à folâtrer toute la journée dans la forêt.

Mais la nuit venue, on entendit des bruits effrayants. Au loin, des chiens aboyaient lugubrement : Hououou... Je pense qu'ils étaient enchaînés. Seule une bête attachée peut hurler avec de tels accents. Lorsque Malkélé est morte, le chien Bourek avait hurlé de la même façon, avec des intonations aussi poignantes. J'étais le seul à savoir quand Malkélé mourrait.

— Avrom Leib, m'avait-elle dit un jour avant sa mort, touche ma main... la chaleur s'en va...

Je ne sais pas pourquoi, mais j'éprouvai une sorte de dégoût au contact de sa peau. Malka était assise sur une pierre, habillée d'une robe bleue comme le ciel. Son visage était presque transparent. Mais ses grands yeux noirs brillaient comme les étoiles filantes avant de tomber. Godel m'a dit que seules les âmes pures ont de tels yeux.

Sa voix semblait venir de loin :

— Chaque jour, je suis un peu plus légère. J'ai cessé de manger.

J'en avais honte, mais j'étais content d'entendre que Malkélé ne mangeait plus. Car à côté d'elle il y avait un plat de tranches de pain trempées dans de la graisse d'oie. Et j'avais très faim, comme d'habitude.

— Je peux les manger, alors ? ai-je demandé.

Malkélé fit un signe de tête : elle permettait.

J'ai vidé l'assiette, très vite... et je me suis enfui. J'avais eu peur de rester à côté d'elle. Et si l'ange de la mort était venu la prendre et m'avait trouvé là ? Allez savoir ! Cet ange est peut-être distrait et sans faire exprès, il aurait pu me prendre aussi, tant qu'il y était... Bref, j'avais intérêt à ne pas me trouver dans les parages.

Le lendemain, j'ai entendu des cris qui venaient de chez les Gold. Lorsque je suis arrivé chez eux, il y avait déjà du monde devant la porte. « Elle agonise », dit quelqu'un à voix basse. « Non, elle est déjà morte », dit un autre. Ils étaient silencieux et apeurés. J'ai regardé le toit de la maison. Un nuage bleu comme sa robe venait de disparaître dans le ciel. Mayerké était mort de la même façon. Lui aussi était tuberculeux. Il travaillait dans une manufacture de textile. Il avait huit ans, l'âge où la loi autorise l'emploi d'un enfant en usine. Au bout de quelques jours, son sourire disparut. Puis son visage tourna au gris. Ses yeux s'enfoncèrent dans leurs orbites et perdirent leur éclat. On y lisait la fatigue et l'indifférence. Lorsque je l'ai vu la dernière fois, il s'était comme ratatiné. Mayerké avait une belle voix et je lui ai demandé de chanter, histoire de lui remonter un peu le moral.

— Non, Avrom Leib, je suis fatigué..., m'a-t-il répondu.

Mayerké jouait aussi du violon — un instrument qu'il avait construit lui-même. Toute sa famille travaillait dans cette manufacture, mais seul Mayerké est mort. Lorsque j'en ai demandé la raison à Bourek le tisserand, il me répondit d'une voix douce :

— Certaines bêtes ne supportent pas de vivre en cage. Ce

sont des âmes qui, dans leur précédent *guilgoul*[1] étaient des oiseaux du paradis. Ils habitaient là-haut, parmi les arbres et les fleurs.

— Alors pourquoi Dieu a-t-il réincarné son âme plus bas que terre, comme qui dirait dans une cave ?

— Oye, tu poses trop de questions, Avrom Leib.

Par contre, Godel m'expliqua d'un ton grave et désabusé :

— Laisse tomber... Dieu, il est déjà gâteux.

J'étais tout triste de savoir qu'on ne pouvait même plus compter sur Dieu. Et puisqu'on en parle, je me suis demandé ce que Chmelké avait pu bien être dans sa dernière incarnation. Si j'en juge par son odeur, il devait être employé dans le *mikvé*[2] de la rue Zagreska, à côté du hangar des pompiers.

Durant trois jours et trois nuits, nous nous sommes cachés dans la forêt. La bonne nourriture transforma profondément Chmelké. Certaines plaies tenaces de son dos disparurent. Sa peau se lustra et son humeur grimpa au beau fixe. Il ne pouvait désirer mieux : de l'herbe grasse, des pommes et des poires sauvages à volonté et plus de fardeaux à traîner. Il aurait certainement voulu vivre ainsi jusqu'à la fin de ses jours. Mais pour ma part, c'était tout autre chose. Le pain de l'écurie n'était plus qu'un souvenir. Les poires sauvages m'avaient fichu une courante qui ne me laissait pas de répit. Bref, je n'avais pas le choix ; il fallait repartir. J'ai expliqué la situation à Chmelké — qui se rangea à mon avis d'un mouvement de tête. Mais où aller ? C'était toute la question. J'avais des moments de désespoir ; j'ai même envisagé de revenir à l'écurie et d'abandonner Chmelké à son sort. Après tout, ce n'est pas à ma peau qu'on en voulait. Chmelké ne fut pas long à

1. Incarnation, transmigration de l'âme.
2. Bain rituel.

deviner mon débat de conscience : il baissa la tête, comme s'il en avait pris son parti. Je savais bien ce qu'il m'aurait dit, s'il avait pu parler : « Je suis entre tes mains, fais comme tu l'entends. Et tant pis si l'on me débite en empeignes... je ne veux pas être un fardeau pour toi. » Mais je me souvenais de notre serment : « Toi et moi sommes frères, pour le meilleur et pour le pire... » J'ai senti alors monter le rouge de la honte et demandé pardon à Chmelké en lui caressant la croupe.

A la tombée de la nuit, je suis allé inspecter le terrain. Tout était calme. Des nuages noirs effleuraient les cimes des arbres. Nous nous sommes mis en marche. Bientôt, la forêt se fit de plus en plus épaisse. Les arbres dessinaient des ombres effrayantes et les cris des oiseaux eux-mêmes semblaient vouloir annoncer des catastrophes. Et comme pour couronner le tout, la pluie se mit de la partie, accompagnée d'éclairs illuminant le ciel, où des armées de chars faisaient un bruit d'enfer. Un vent sinistre sifflait dans les branches, rappelant tantôt des hurlements d'enfants terrorisés, abandonnés dans le noir, tantôt la prière des pénitents, à l'office de Yom Kippour. Le tonnerre éclata en salves et ses échos se prolongèrent dans la forêt, comme les tambours d'une armée en déroute. Effrayé, Chmelké prit la fuite et disparut. Je me suis étalé deux fois dans des profondes flaques d'eau. J'étais couvert de boue.

— Chmelké, Chmelké, reviens !... ai-je crié.

Lorsque le vent faiblit, je me suis lancé à sa recherche. Après une course de quelques minutes, j'ai entendu le bruit de ses sabots. Je l'ai serré dans mes bras de toutes mes forces, mais je lui en voulais d'avoir perdu les couvertures.

J'ai repris ma marche sans savoir où j'allais. La pluie avait redoublé de violence, comme si Dieu s'était amusé à vider des seaux d'eau sur terre. Par chance, nous trouvâmes un rocher qui nous abrita jusqu'au matin. Les premières lueurs du jour éclairèrent un sentier entre les rochers. Nous avons repris la route. Quelques minutes plus tard, nous arrivions devant une baraque au toit de chaume. Une fumée épaisse s'échappait de la cheminée. J'étais transi jusqu'aux os, mais je n'osais frapper à cette porte, parce que j'avais peur des hommes. Dans chaque foyer, on était sûrement au courant de ma fuite et tout le monde devait me rechercher. Et si on m'arrêtait, c'était la prison pour le reste de mes jours. Je me suis rappelé avoir vu un jour des détenus avec des chaînes aux pieds et aux poignets, gardés par des gendarmes armés de fusils. La colonne avait traversé la rue Zagreska dans toute sa longueur. Les gens massés sur les trottoirs les regardaient passer, sans dire un mot. Je me souvenais d'un des détenus. Il était le plus petit de tous, avec un visage d'enfant. Pendant quelques secondes, il m'avait fixé d'un regard où je lisais une sorte d'effroi.

— Ce sont des voleurs, avaient chuchoté les badauds autour de moi.

— Ils n'ont que ce qu'ils méritent — ils n'avaient qu'à pas voler, avait crié près de moi une vieille avec un nez en patate. Qu'ils aillent travailler !

— Madame, lui répondit quelqu'un, ils sont en prison non pas parce qu'ils ont volé, mais parce qu'ils se sont fait prendre.

Tout le monde éclata de rire. Je pense que le petit détenu entendit et sourit. Par la suite, pendant plusieurs nuits, je rêvai que j'étais en prison, avec des chaînes aux pieds.

C'était vraiment trop risqué ; aussi, je rebroussai chemin. Mais il était trop tard : deux énormes chiens s'élancèrent vers nous en montrant les crocs. Heureusement, ils étaient derrière une clôture. La porte s'ouvrit, encadrant un paysan vêtu d'une chemise à rayures. Il était nu-tête et chaussé d'énormes souliers.

— Que faites-vous ici, par ce temps, demanda-t-il, l'air surpris ? D'où venez-vous ?

L'homme s'exprimait dans un polonais campagnard. Je

compris à peine sa question, d'autant moins que dans notre rue, on ne parlait que le yiddish.

— Je me suis perdu dans la forêt, ai-je bégayé tant bien que mal, dans un polonais plus que sommaire. Mon père m'a envoyé au marché pour vendre un cheval.

— Tu es juif ? demanda-t-il d'un ton soupçonneux.

— Oui.

— Ça ne fait rien. Les Juifs aussi sont des êtres humains. Entre et fais sécher tes vêtements.

J'étais indécis.

— Qu'est-ce que tu attends ? Approche !

Il avait une face ronde à la peau brunie comme une miche de pain. Ce qui frappait d'abord, c'était une grande bouche, aux grosses lèvres ruisselantes de salive. Elles m'ont fait penser à la rigole d'écoulement de la rue Zagreska. Dans une grande pièce obscure, près de la table, était assise une femme plutôt menue, la tête couverte d'un fichu noir. De son visage on ne voyait qu'un nez rouge couvert de boutons.

— Que veulent-ils, demanda le nez.

— Ils ont perdu leur chemin, répondit la miche.

— Donne-leur cette boule de pain rassis et un verre de lait chaud.

Le nez m'observait avec curiosité.

— Tu es juif, hein ?

— Oui.

— Tu dis que ton père t'a envoyé au marché pour vendre un cheval ? insista encore le nez.

— Oui.

— Warek, jette un coup d'œil sur le cheval... Et se tournant vers moi : On te l'achètera peut-être.

La miche se grattait la tête d'une main aussi large qu'un battoir.

— Bien, Magda.

— Tu diras à Moyché... tout Juif s'appelle Moyché, pas vrai ?

— Oui, oui, bien sûr, me suis-je empressé d'approuver. Vous voulez l'acheter ? C'est pour le travail ?

— Pas question... J'en ferai des souliers, répondit la miche en éclatant de rire et en postillonnant abondamment, y compris sur moi. Où il est ton bourrin ?

— Dans la forêt.

— Va le chercher — et fais vite, j'attends.

En moins d'une minute, j'étais dehors. J'ai couru à en perdre le souffle. Chmelké était attaché à un arbre et broutait tranquillement. Je l'ai détaché en haletant, tout en lui soufflant dans l'oreille, comme si on pouvait m'entendre : « Partons vite, Chmelké, je te raconterai tout en route. Eux aussi parlent de souliers à ton sujet. »

Lorsque nous eûmes fait un bon bout de chemin, je me suis assis sur une pierre pour me reposer.

... Je ne comprends rien au monde, me suis-je pensé. Et si Chmelké n'existait pas, supposons... Est-ce que les gens marcheraient pieds nus ? Et puis, quelles chaussures pourrait-on en tirer ? Qui les mettra ? A-t-on jamais vu des chaussures avec des plaies et des entailles ?

J'ai partagé la miche du paysan en deux parts égales. Je ne savais plus que faire. Les hommes me faisaient peur. Mais nous ne pouvions pas non plus rester dans la forêt. Chmelké lui-même comprenait ça. Soudain, il dressa les oreilles, montrant des signes de nervosité. Nous sommes restés quelques minutes sans dire un mot. Au loin, on entendit des bruits de voix. J'étais sûr que le paysan et sa femme nous poursuivaient — et peut-être la police elle-même. S'ils approchent, me suis-je dit, je me battrai. Advienne que pourra.

J'ai ramassé une branche morte et me suis caché derrière un tronc d'arbre, prêt à la bagarre. Oh, j'étais bien décidé à vendre très cher ma peau... et celle de Chmelké... en criant

Chema Israël... comme me l'avait recommandé ma mère. N'avais-je pas fait serment ? C'est comme une *tekiath-kaf*[1].

Je remarquai que ce n'étaient pas des voix d'adultes, mais d'enfants.

— Chmelké, attends-moi là. Je vais aux nouvelles. Et surtout reste tranquille, je reviens de suite.

J'ai marché en direction des voix. Dans une clairière, plusieurs silhouettes entouraient un feu de camp. A droite de ce dernier étaient dressées deux tentes. Je crus d'abord qu'il s'agissait de bohémiens — et les bohémiens, j'en avais une peur bleue. Toutes les histoires horribles d'enfants volés me revinrent à l'esprit. Je suis retourné sans faire de bruit auprès de Chmelké.

— Ecoute, lui ai-je dit. Je vais aller à eux. Si ce sont des bohémiens, je crierai « Chmelké » de toutes mes forces. Ça voudra dire que je suis entre leurs mains. Dans ce cas, tu n'auras plus qu'à fuir en courant droit devant toi. Pour l'instant, tu ne bouges pas...

Je me suis approché le plus possible des silhouettes et là, je suis resté cloué sur place, comme pétrifié. Je n'en croyais pas mes yeux ; j'avais envie de me rouler par terre, de chanter, de crier de bonheur. Parce que les deux silhouettes accroupies à côté du feu n'étaient autres que Kasziek [2] et Estherké. Ce même Kasziek qui s'était enfui de l'orphelinat.

Dans notre rue, tout le monde connaissait son histoire. Son père avait tué sa mère d'un coup de hache. Pour se venger, la famille de sa mère avait tué son père. Ce jour-là, je me trouvais non loin de leur maison. Je me souvenais encore des taches de sang sur les marches.

---

1. En hébreu, poignée de main scellant une promesse sacrée entre deux personnes.
2. Diminutif polonais de Casimir.

— Ils sont comme ça, m'avait dit Godel, tuer, chez eux, ne fait pas problème... c'est sans importance...

Mais moi, j'étais très triste. J'aimais bien Kasziek. Peut-être parce qu'il avait les yeux noirs, comme les Juifs. J'ai toujours eu très peur des yeux bleus. Ils me font penser aux yeux des carpes. Les yeux bleus n'ont pas d'éclat ; et même lorsqu'ils veulent sourire, ils restent vides, sans expression. Seule la bouche sourit.

Kasziek se tenait près de l'escalier. Je voulais m'approcher de lui, le consoler avec des mots gentils, lui dire que bien qu'il soit goy, je l'aimais bien. Mais les gendarmes me devancèrent et essayèrent d'entrer dans la maison. A leur vue, Kasziek rentra d'un bond chez lui en claquant la porte. Toutes les exhortations des gendarmes et les paroles doucereuses de deux femmes furent vaines.

— Je n'ouvrirai pas, criait Kasziek. Celui qui approche, je le tue d'un coup de hache, comme mon papa.

J'aurais tellement voulu que Kasziek tue ces bonnes femmes ! Avec leurs robes vertes, elles avaient l'air de deux grenouilles géantes. Elles étaient courtes sur pattes avec des seins énormes, surmontant un ventre qui ne l'était pas moins et qui leur cachait les pieds. L'une d'elles se tenait près de la fenêtre et d'une voix de grenouille s'efforçait de convaincre Kasziek d'ouvrir la porte.

— Mon petit chéri, mon ange adoré, nous ne voulons que ton bien, nous te prendrons à l'orphelinat. Tu y seras bien soigné et très bien nourri.

Soudain, je vis Kasziek devant la fenêtre, pisser en une large parabole sur l'une des grenouilles, droit sur la tête. Elle recula, mais ce faisant, elle s'étala sur le dos, les jambes écartées. Tout le monde se précipita pour l'aider à se relever. J'eus encore le temps de voir l'un des gendarmes défoncer la fenêtre. Un autre gendarme força la porte d'un coup de pied. J'entendis les cris de Kasziek, que les deux affreuses grenouilles traînaient par les bras. Il était blême. Seuls ses grands yeux noirs fixaient les gens avec une expression de panique et de haine.

— Je ne veux pas aller à l'orphelinat, criait-il. Doux Jésus, aide-moi !...

Les deux grenouilles s'engouffrèrent avec lui dans la voiture des gendarmes. Par la suite, nous avons appris que Kasziek s'était enfui de l'orphelinat avec deux autres enfants. La rumeur disait qu'il avait mis le feu à une remise. On racontait aussi qu'il avait frappé le directeur d'un coup de couteau et que la police le recherchait. Et voilà que Kasziek était devant moi...

— Kasziek ! Estherké ! ai-je crié de toutes mes forces en courant vers eux.

— Leibké ! me répondit Kasziek, très ému. Jésus, dans quel état tu es ! Comment es-tu arrivé ici ? Tu es couvert de boue.

Il m'étreignit tendrement ; Estherké ne fut pas en reste.

— Comme c'est bon de te voir, Leibké...

Deux enfants sortirent d'une des tentes ; pâles et maigres, la tête rasée, ils étaient habillés de façon identique.

— Ils se sont évadés avec moi, me renseigna Kasziek en me les présentant : Czesiek et Zygmund.

Nous nous sommes assis autour du feu.

— Tu as faim ? me demanda Kasziek.

— Très...

Il tira de sa musette deux tranches de pain et un énorme saucisson.

— Mange, Leibké, ce n'est pas la bouffe qui manque. Nous avons volé ce saucisson à ce salaud de directeur.

— C'est du porc ? ai-je demandé.

— Oui, bien sûr. Pourquoi ?

Je me suis souvenu de ce que ma mère m'avait dit : celui

qui mange du porc finit par en attraper le caractère — et un jour, il se met à cogner sur les Juifs...

— Non, Kasziek, ça m'est interdit ; je suis juif, tu comprends...

J'avais très faim, et dans ma tête, je me disais : qu'est-ce que ça peut Lui faire à Dieu, si je suis goy une petite demi-heure ? Le monde ne va pas s'écrouler parce que Avrom Leib aura mangé un morceau de saucisson de porc... Dieu a bien d'autres soucis !...

Kasziek me regarda en souriant, puis il ôta sa veste et m'en couvrit la tête.

— Comme ça, Dieu n'y verra que du feu.

J'ai avalé le saucisson si vite que Dieu n'a même pas eu le temps de s'en apercevoir.

Estherké prépara du thé pour tout le monde. Ses gestes avaient une sorte de gravité et toute la grâce du monde.

— Elle est notre reine, me souffla Kasziek.

Estherké portait un pantalon moulant et un chemisier à fleurs. Nous la regardions tous avec admiration. Elle sentit nos regards et ses gestes se firent encore plus doux, plus ondulants. Une légende courait sur son compte. Certains l'appelaient « la sorcière », d'autres soutenaient qu'elle n'était même pas juive, mais tzigane — ou plutôt que des bohémiens l'avaient donnée pour juive lorsqu'elle était toute petite. Dans notre cour, les anciens évitaient de prononcer son nom. Et lorsqu'ils le faisaient, ils crachaient à terre en disant « que son nom soit effacé ». Un jour, Estherké s'enfuit avec un pompier, un goy, bien entendu. On aurait pu, à la rigueur, lui pardonner cette fugue, mais on disait qu'elle s'était convertie au christianisme. C'en était trop pour ses parents. Sa mère, fut terrassée par une crise cardiaque et son père, Guétzel *der mohel*[1], sombra dans un mutisme absolu, n'osant même pas

1. Guétzel le circonciseur.

regarder les gens dans les yeux. Pour lui, Estherké était morte — et sa famille observa même la Chiva [1]. Personnellement, j'ai beaucoup apprécié ces sept jours. La maison de Reb Guétzel était ouverte à tout le monde et pendant que les autres étaient plongés dans la prière, je m'empiffrais tant et plus. Je remplissais aussi mes poches de *latkess* [2] et d'œufs durs. Si chaque semaine un Juif s'était converti au christianisme, j'aurais eu la vie belle. Mais je n'ai pas osé confier cette pensée à Godel.

Estherké ressemblait à son frère, Hayim Yossel. Lui aussi, on disait qu'il s'était converti. Etudiant talmudique, il était considéré comme une sorte de génie et tout le monde lui prédisait un brillant avenir. Pour ma part, j'avais une admiration sans bornes pour lui. D'abord, parce qu'il étudiait la Thora. Ensuite, tout le monde tombait sous le charme de ses bonnes manières. Je ne l'ai jamais vu sans un sourire aux lèvres et sans un mot gentil à la bouche.

Un jour que ma mère m'avait dit que je n'avais rien de juif et que Satan se préparait déjà à accueillir mon âme en enfer, je le rencontrai sur mon chemin, non loin de la synagogue. Je me suis arrêté devant lui, sans dire un mot.

— Qu'est-ce qui t'arrive, mon petit macaque ? me demanda-t-il d'un ton très doux.

— Hayim Yossel, ai-je bégayé, ma mère dit que je n'ai rien de juif, et que mon âme est promise au diable. J'ai terriblement peur...

Hayim Yossel s'assit sur une pierre et, de cette voix qui ne ressemblait à aucune autre, commença par me rassurer :

— Avrom Leib, non seulement tu es juif, mais tu es un Juif saint, et ce, pour trois raisons : d'abord, parce que toute l'année, tu manges comme à Kippour, ensuite, parce que tu

1. Sept jours de deuil complet observés dans la maison du défunt.
2. Beignets de pommes de terre.

es logé comme à Souccoth, et enfin, parce que tu es vêtu comme à Pourim [1]. Et nul n'a le droit de te juger au nom de Dieu. Avrom Leib, j'aurais bien voulu te parler encore, t'expliquer, mais tu n'es qu'un enfant. Plus tard, peut-être, lorsque tu seras plus grand, j'aurai beaucoup de choses à te dire. Être juif, c'est un don du ciel, malgré toutes les misères et les menaces. A condition, bien sûr, d'être un Juif intelligent et sage. Parce qu'un Juif idiot n'est qu'une caricature de Juif.

Je n'ai pas très bien compris ce que voulait dire « caricature », mais ses paroles m'ont beaucoup fait réfléchir.

Personne n'a jamais su ce qui était arrivé à Hayim Yossel. Il abandonna brusquement la Yeshiva [2]. Il avait d'abord adhéré au communisme. Puis il était devenu voleur. Finalement, il disparut avec une *chikssé* [3]. Il est resté dans ma mémoire avec ce doux sourire et ce regard triste qui n'appartient qu'aux Juifs. Depuis, on n'a jamais plus entendu parler de lui. Chacun y alla de sa version, mais nul ne connut la vérité.

Estherké s'assit à côté de moi.

— Avrom Leib, quoi de neuf chez moi, à la maison ? Que fait ma mère ? Et mon frère, Hayim Yossel ?

Je notai en passant qu'elle n'évoquait pas son père. Kasziek s'approcha :

— Parle yiddish, personne ne comprendra, me dit-il.

J'ai parlé à Estherké de son frère, de ses parents, j'ai dit tout ce que je savais. « Ils ont fait Chiva après ton départ,

---

1. Kippour est un jour de jeûne absolu. A Souccoth, la fête des Tabernacles, on habite, huit jours durant, sous une hutte au toit de branchages. Pour la fête de Pourim (voir le Livre d'Esther), les enfants se déguisaient avec toutes sortes de guenilles. Aujourd'hui, en Israël, carnaval juif.

2. Ecole talmudique. Donne *Yeshivoth* au pluriel.

3. Terme péjoratif pour désigner une chrétienne.

Estherké. » Elle détourna la tête, sans doute pour cacher ses larmes.

— Donc, pour eux, je suis morte ?

— Oui.

Nous sommes restés longtemps sans dire un mot.

— Et toi, Avrom Leib, comment es-tu arrivé jusqu'ici ?

Je lui racontai l'histoire de Chmelké, notre fuite, le paysan dans la forêt...

Elle riait : « Avrom Leib, tu es un héros. »

Je dus raconter une deuxième fois et Estherké traduisit en polonais.

— Où est Chmelké, demanda Kasziek, emballé.

— Dans la forêt.

— Va vite le chercher.

Mais Chmelké n'était plus à l'endroit où je l'avais laissé. J'ai couru en criant son nom : « Chmelké, reviens, ce ne sont pas des bohémiens... » Et soudain, je l'ai entendu à quelques mètres de moi : hi... hi... hi... , hennissait-il joyeusement. Je l'ai pris par le cou : « Chmelké, nous sommes sauvés, ce sont des amis. » Chemin faisant, je lui ai parlé de Kasziek et d'Estherké.

— Chmelké, nous sommes en bonne compagnie. Eux aussi sont des fuyards.

Sa vue déclencha une explosion de rire : « Jésus !... mais ce n'est pas un cheval, c'est saint Nicolas, le Père Noël lui-même... » Ils le tâtaient en s'esclaffant.

— Je te l'avais dit, Chmelké, ce sont des amis.

Après avoir bien ri, ils le proclamèrent roi :

— Vive le roi Chmelké Ier ! s'écria Kasziek.

— Longue vie au roi Chmelké ! reprirent les autres.

Chmelké et moi nous échangions des regards complices. Il comprenait très bien la scène et semblait pénétré de son importance : il se redressa de toute sa taille, jeta un regard fier autour de lui, tout en émettant des sons en yiddish : i, hi, i, hi, hi, yi, yi. Comme toujours, j'étais le seul à le comprendre. Nous lui avons donné quelques croûtons, qu'il a dévorés comme s'il n'avait pas mangé depuis huit jours.

Nous nous sommes ensuite assis en cercle autour du feu. Czesiek et Kasziek se sont mis à chanter. « Lorsqu'ils iront se coucher, je viendrai te rejoindre », me souffla Estherké. Jamais je n'avais été si heureux. Je ressentais comme une douce chaleur dans tout le corps et l'émotion me montait à la gorge. Je n'étais plus seul. Je n'avais pas faim et, surtout, on aimait Chmelké presque autant que je l'aimais.

— Comme je suis heureux que vous aimiez Chmelké, me suis-je écrié, en retenant mes larmes.

Une fois encore, ils éclatèrent tous de rire. Kasziek se leva avec des gestes comiques et déclara d'une voix forte :

— Je propose qu'à partir d'aujourd'hui, notre cirque prenne le nom de cirque Chmelké.

— Vive le cirque Chmelké ! reprirent les autres en chœur.

On chanta ainsi jusqu'à près de minuit. La voix un peu rauque d'Estherké tranchait sur les autres. Lorsqu'ils se turent, elle chanta seule, et je reconnus la romance de tante Esther, qui raconte l'histoire d'Avrémélé Mavrikher. Kasziek et les deux autres n'en comprenaient pas les paroles en yiddish, mais ils n'en étaient pas moins émus par la douceur triste de la mélodie.

— Tu peux traduire ? demanda Czesiek.

— C'est l'histoire d'un enfant sans parents ni famille, qui a grandi dans la rue comme une bête et qui finit par devenir voleur...

Kasziek l'interrompit nerveusement :

— Assez !... C'est notre histoire à tous.

L'atmosphère se fit un peu plus lourde. Chacun était seul avec ses pensées. Estherké tenta de les secouer.

— Je propose qu'on profite de la pluie pour préparer la prochaine représentation, avec la participation de Chmelké.

Czesiek, tu iras au village acheter des provisions, et entre-temps, nous distribuerons les rôles. Toi, Avrom Leib, tu monteras ton cheval, ça va de soi. Nous l'habillerons en général... Qu'en dis-tu ?

— Je ne sais pas. Je dois demander à Chmelké ce qu'il en pense. C'est comme ça entre nous. Toutes les décisions sont prises ensemble.

Tout le monde éclata de rire.

— D'accord, aquiesça Estherké.

Chmelké était occupé à brouter et ne leva même pas la tête à mon appel.

— Qu'en penses-tu, Chmelké, on se joint à eux ou non ? Je ne peux pas décider tout seul.

Chmelké me tourna ostensiblement le dos et continua tranquillement à brouter. Cette façon de faire m'irrita si fort que je lui allongeai un coup de pied — pour le regretter aussitôt. Après tout, il n'était qu'un cheval.

— Puisque tu le prends ainsi, je déciderai tout seul : nous partons avec eux.

Je suis retourné vers Estherké pour lui dire que nous étions d'accord.

— Dans ce cas, nous allons préparer vos costumes d'apparat, pour toi et Chmelké.

Dans de vieilles boîtes en carton, nous avons taillé un tricorne avec des grelots. Kasziek trouva quelque part une paire de bottes, que j'ai soigneusement cirées. Une corde de chanvre servit à faire la barbe et les moustaches de Chmelké. Ensuite, nous lui avons collé sur le dos les grades de son rang et sur la poitrine une batterie de médailles. Je n'en revenais pas : ce même Chmelké, si minable quelques heures plus tôt, avec ses entailles, ses croûtes et ses plaies, ses pattes cagneuses, son œil fermé, le menton affaissé sur des chicots jaunes, Chmelké, donc, cette rosse aux oreilles basses que j'avais toujours connue, se dressait fièrement, vêtu en général — et il avait bien l'air d'un général. Je me souvenais d'avoir vu le portrait d'un général polonais. Sans ses grandes oreilles et d'autres menus détails, qui distinguent le cheval de l'homme, Chmelké aurait même pu passer pour un maréchal.

Le rôle semblait beaucoup lui plaire. Je me tenais à côté de lui, tout ému. Je profitai qu'il n'y ait personne à proximité pour lui parler.

— Chmelké, lui ai-je dit à voix basse pour ne pas être entendu, je te promets que lorsque je serai grand et que j'irai à l'école, que j'apprendrai à lire et à écrire, j'écrirai un livre sur toi et sur tout ce que nous avons passé ensemble. Dans ce livre, je dirai que les chevaux aussi ont une âme, qu'ils souffrent tout comme nous et aspirent à vieillir en paix. Et qu'ils craignent surtout que devenus vieux et ne pouvant plus travailler, on ne les débite en chaussures, bottes ou bottines.

Mais Chmelké, au lieu d'écouter et de manifester sa reconnaissance pour tout ce que je faisais pour lui, se retourna, leva la queue et me chia dessus. Comme je vous le dis... J'ai voulu lui cracher à la gueule, l'injurier, mais je n'ai pas osé, à cause de son uniforme de général.

Estherké me coiffa d'un chapeau de clown à grelots. Quant aux autres pièces de mon habit, de couleurs très vives, elle les tailla dans une de ses vieilles robes. Je lui en voulais un peu, à elle aussi. Je n'en ai rien dit à personne, mais je me sentais déçu et frustré. Pourquoi cet uniforme de général à Chmelké et pour moi ces guenilles de clown ? A mon avis, le contraire eût été plus logique. Kasziek sentit très bien mon amertume.

— Que veux-tu, me souffla-t-il, ici, c'est Estherké qui décide de tout.

Il me fallut bien en prendre mon parti.

Estherké se confectionna pour elle-même un costume de couleur bleue qu'elle portait rehaussé d'un collier bariolé. Les chaussures était en papier d'argent, tout comme le diadème qui couronnait sa tête. Avec sa chevelure noire, qui coulait en cascades sur ses épaules, elle était vraiment magnifique.

— Estherké, tu es si belle... une véritable reine !...

Mais au lieu d'apprécier mon compliment et mon émotion, qui était réelle, elle fit une sorte de grimace et la colère éclaira ses yeux.

— Qu'est-ce qu'il y a ? J'ai dit quelque chose de mal ?

— Au contraire, c'est même très gentil. Mais je ne peux pas t'expliquer combien il est difficile d'être une jolie fille. C'est une malédiction, et non un don du ciel.

Et pour me rassurer, elle ajouta avec un ravissant sourire :

— Bon, bon, bon, ça va... ne soit pas fâché, Avrom Leib. Laisse tomber Je ne voulais pas être méchante. Et maintenant, préparons-nous pour le spectacle. Aujourd'hui, c'est chabbat, et demain, dimanche, nous devons être prêts.

On s'est tous mis à brosser, cirer et astiquer à tour de bras. Il y avait de la tension dans l'air.

Avant mon arrivée, ils avaient déjà donné quelques représentations, mais c'était la première fois que le maire du village les avait personnellement invités.

— Tu devrais brosser Chmelké, il est couvert de boue.

— Pas question, ai-je répondu, de mauvaise humeur.

— Pourquoi ?

— Je ne peux pas te le dire.

En fait, j'en voulais terriblement à Chmelké pour son indifférence à mon égard — et en plus, j'étais jaloux parce qu'il n'y en avait que pour lui. Je me sentais soudain de trop.

— Ecoute, garde ta rancune pour après le spectacle. Le succès doit être complet. Sinon, on risque de crever la dalle. Tu fais partie de la troupe maintenant, et chacun doit y mettre du sien.

Le cœur lourd, j'ai approuvé.

Le grand jour arriva. Nous avons levé le camp de bon matin et pris la route du village. L'heure du spectacle avait été réglée sur celle de la sortie de la messe. Dans la grand-rue du village, noire de monde, hommes, femmes et enfants se pavanaient dans leurs plus beaux habits. Les femmes avaient la tête couverte de fichus de couleurs vives et portaient des jupes à rayures rouges, jaunes, et vertes. Les hommes étaient coiffés de bonnets en peau de mouton et vêtus de noir sous un gilet vert, et portaient des bottes marron. Notre entrée au village fit sensation et la population nous accueillit par des applaudissements et des rires prometteurs. Kasziek marchait en tête, faisant tournoyer une trompette en carton, suivi de Czesiek, qui battait le rythme avec ses assiettes de tôle en guise de cymbales. Estherké avançait en effectuant des pas de danse, tout sourire et lançant des baisers à la ronde. Zygmund fermait la marche en sautant comme un cabri, tout en tapant sur un tambourin fait d'une grande boîte décorée de papier rouge. Pas étonnant que nous fassions rire : nous formions un bien étrange cortège.

Mais c'est encore Chmelké (et bien entendu, j'étais perché sur son dos) qui était la vedette : botté et coiffé de son tricorne de général, il était le point de mire de tout le village. L'orchestre faisait un bruit à crever les tympans. D'un geste autoritaire, Kasziek le fit taire pour annoncer d'une voix ferme :

— Le Grand Cirque Chmelké est heureux et fier de présenter à l'aimable population une troupe d'artistes de niveau international. Vous verrez la mangeuse de feu venue d'Afrique, Estherké, l'épouse du roi zoulou Ahkkak Ier ; vous admirerez le cheval Chmelké, qui fut général aux Indes, où il s'est couvert de gloire et de médailles...

Moi on m'avait oublié — Chmelké avait « volé » le spectacle. De dépit, je lui envoyai un nouveau coup de pied.

— Mesdames et messieurs, le Grand Cirque Chmelké a répondu à la demande des braves habitants de cette riante bourgade, connus pour la sûreté de leur jugement et leur bon goût.

Les enfants du village nous accompagnaient en tapant, eux aussi, sur des tambours improvisés et en criant à tue-tête :

— Hourra ! Hourra ! vive le Grand Cirque Chmelké !

Estherké se mêla à la foule pour faire la quête, gratifiant chaque donateur d'un joli sourire et d'un mot gentil. L'un des paysans, un rouquin au nez d'ivrogne, orné d'une grosse moustache, la prit par la taille :

— Que Dieu soit avec vous et que Notre Seigneur Jésus vous bénisse.

— Antoch, fit un autre, montre-lui comment nous, les vieux, savons embrasser une jolie femme. Prouve-lui que nous n'avons pas oublié les bonnes manières — et la foule de rire à pleine gorge.

— Encore ! criait-on, alors que les paysans formaient une file, pour recevoir, chacun à son tour, une bise d'Estherké. On devait apprendre par la suite que le grand rouquin n'était autre que le maire du village.

— Nous sommes heureux de vous avoir parmi nous, les enfants, et je vous invite chez moi.

En disant ces mots, le maire sortit de sa poche plusieurs billets de banque, et d'un geste auguste de noble polonais, les jeta dans l'assiette d'Estherké. La foule applaudit à tout rompre. La femme du maire remit ensuite à Chmelké une grande médaille taillée dans une pomme de terre.

— En récompense de ta bravoure, et au nom de notre village, je te décerne cette médaille, dit-elle le plus sérieusement du monde, alors que la foule criait : « Hourra ! vive Chmelké. »

L'assiette d'Estherké débordait déjà de pièces et de billets. Nous avons encore fait deux tours dans les rues du village, suivis de quelques paysans tapant sur des cymbales et tambours improvisés. Des tables chargées de mets de toutes sortes et de boissons étaient dressées dans une grande cour. Je n'avais d'yeux que pour un grand plat de fruits et légumes, voisinant avec d'épaisses tranches de pain et de saucisson, encadrées de rangées de canettes de bière.

— Buvez, ne vous gênez pas, c'est de la bière fabrication maison. Servez-vous ! déclara le maire du village. Il devait être déjà soûl, car il hoquetait : Celui qui ne boit pas m'offense personnellement. C'est clair ?

Chacun dut vider son verre. La bière avait un goût très fort de vodka.

— Chmelké aussi doit boire, rota le maire. Puis, après une légère hésitation : Non... dommage de gâcher de la bonne bière pour un cheval.

Deux verres plus tard, nous étions tous ivres. Ma tête était de plus en plus légère, alors que mes jambes s'alourdissaient. Autour de moi, le monde flottait, comme bercé par le vent. Chmelké semblait avancer et reculer en une sorte de valse lente. Son tricorne de général était incliné sur le côté et sa tête disparaissait, pour revenir sous les traits de Godel. Il avait des cornes et une barbe ondulée comme celle de Reb Motel l'ivrogne. Soudain, je vis le maire traîner Estherké par les cheveux.

— Viens, ma poupée, je te donnerai beaucoup d'argent.

Personne ne leur prêta attention — et même ceux qui remarquèrent la scène étaient incapables de se lever de leur chaise, moi y compris. Quelques minutes plus tard, on entendit des cris venant d'une des chambres, puis la voix du maire : « Tu te tiens tranquille, grognait-il, ou j'appelle la police. » Estherké se tut. Combien de temps resta-t-elle dans la chambre ? Personne n'aurait pu le dire. Lorsqu'elle revint parmi nous, sa robe était déchirée.

— Qu'est-ce qu'il t'a fait ? lui demanda Kasziek, d'un air ahuri.

— Comme si tu ne le savais pas, répondit froidement Estherké.

Et soudain, je compris le sens de ses paroles lorsqu'elle

avait dit que la beauté, pour une femme, n'est pas un don du ciel, mais une malédiction.

Kasziek m'expliqua la chose d'un ton qui se voulait sérieux :

— Partout où nous nous produisons, c'est la même chose. Mais c'est grâce à elle que la police nous fiche la paix.

Les plis de sa robe royale laissaient entrevoir les deux taches brunes de ses seins et son ventre nu. Un sentiment de pitié mêlé d'une profonde tendresse me poussa vers elle...

— Estherké, je t'aime beaucoup, tu sais...

J'aurais voulu lui dire des tas de bonnes choses, mais elle refroidit mon ardeur en me décochant une beigne.

— Tous les mêmes. Et toi aussi, plus tard, tu ne seras pas meilleur.

J'avais la joue en feu, mais je ne lui en voulais pas.

— Estherké, je te promets que lorsque je serai grand, je ne serai pas comme eux.

Pour toute réponse, elle se leva sans dire un mot et se dirigea vers la forêt, suivie de la troupe.

— Avrom Leib, je te crois, me dit-elle tout bas, profitant d'un instant où nous étions seuls — tu ne seras pas comme les autres hommes.

Elle se retourna pour bien s'assurer que personne ne nous voyait.

— Prends cet argent, on me l'a donné pour « ça ». Personne ne doit le savoir, surtout pas Kasziek. En général, il me pique tout mon argent. Un jour, je lui ferai la peau. Même si la troupe venait à se disperser, toi et moi nous resterons ensemble, avec Chmelké, bien sûr, ajouta-t-elle en souriant. Dommage que tu ne sois encore qu'un enfant...

Elle ne termina pas la phrase et son regard alla se perdre quelque part, à l'horizon. Elle semblait avoir oublié ma présence.

Les représentations se suivaient et se ressemblaient, selon un scénario qui semblait fixé une fois pour toutes : accueil chaleureux de la foule, la « séquence » entre Estherké et le maire du village, avec les même cris et la robe déchirée... Dans un des villages, la police nous arrêta. Ce soir-là, nous nous étions cachés dans un bois très touffu. Notre spectacle avait remporté un franc succès. Nous avions acheté beaucoup de nourriture et Kasziek avait apporté de la bière. Assis autour d'un feu, chacun de nous était seul avec ses pensées. L'atmosphère était particulièrement lourde. D'habitude, Estherké dormait dans les bras de Kasziek, mais cette nuit-là elle voulut être seule. Kasziek faisait nerveusement les cent pas, puis brusquement, il entra sous la tente de la jeune fille. Quelques secondes plus tard, je les entendis se disputer.

— Si j'étais maire, tu ne ferais pas tant de manières... Tu ne baises qu'avec des gens de la haute, maintenant, hein, salope !

— Je ne te dois rien.

— Et le fric, où l'as-tu planqué ?

— Cet argent est à moi et j'en ferai ce que je voudrai.

Je compris qu'il s'agissait de la liasse de billets qu'Estherké m'avait confiée.

Je m'assurai qu'elle était toujours sur moi. Quelques minutes plus tard, tout le monde dormait. Au réveil, nous étions cernés par les gendarmes. On avait oublié d'éteindre le feu et le vent avait éparpillé les braises. Autour de nous, les visages des flics n'auguraient rien de bon. En fait, ce n'était pas des visages, mais des boules avec une moustache au milieu. Les yeux étaient cachés par les visières de leurs casquettes. Ils étaient commandés par un officier courtaud ; je n'ai pas saisi ce qu'il disait, mais il lançait ses ordres avec des gestes secs et nerveux, comme s'il avait chassé des mouches. Estherké s'approcha de lui, pieds nus et enveloppée d'une couverture. Je pense qu'elle était nue dessous.

— Bon, dit l'officier, après quelques minutes de silence.

Nous prendrons la jeune fille pour l'interroger. Vous autres, pouvez rester ici.

Cette nuit-là personne ne ferma l'œil. Nous étions assis, serrés les uns contre les autres, comme nous l'avaient ordonné les gendarmes. Estherké revint à l'aube, accompagnée du même officier. A la lumière du jour, il nous parut plus aimable, et même poli. Comme s'il avait voulu faire bonne impression sur Estherké.

— Hé ! hé ! les enfants, vous avez de la chance, dit-il, tout en souriant à l'adresse de la jeune fille.

Elle tenta de sourire aussi, mais son visage reflétait surtout la fatigue. Elle semblait avoir vieilli. Elle ne disait mot, refermée sur elle-même. Et même lorsqu'elle parlait, sa voix était étrangère, comme lointaine. D'ailleurs, l'atmosphère avait changé au sein de notre petit groupe. Quant à Chmelké, nos rapports étaient plus distants. L'époque de notre complicité, des petits secrets entre nous, semblait bien finie. Il avait grossi et était devenu paresseux. Pour moi, le rôle de général lui était monté à la tête. Depuis qu'il avait été médaillé, il semblait me traiter de pied-plat. A mon avis, il commençait à prendre au sérieux le boniment qu'on débitait dans les foires sur ses soi-disant origines indiennes et ses hauts faits de bravoure. Les ovations lui avaient troublé l'esprit et il m'était devenu étranger. On dira que c'est la jalousie qui me fait dire tout cela. Peut-être, mais il faut me comprendre : tout le monde le gâtait comme un coq en pâte et moi je comptais pour du beurre — comme si je n'existais pas. Je décidai, pour ma part, de ne pas lui faire de courbettes, comme les autres... tout général qu'il était !...

Un jour, Czesiek nous annonça que le maire du village situé à deux kilomètres de notre campement nous invitait chez lui. Mais, pour la première fois, personne n'avait envie de bouger. Depuis quelques nuits, Estherké s'asseyait à côté de moi et restait là, des heures, sans ouvrir la bouche. Ah, ce que j'aurais donné pour être grand ! Je me serais alors enfui avec elle et personne ne nous aurait trouvés. J'aurais bien voulu partager cette idée avec elle, mais j'y avais renoncé. Peut-être à cause de ses sautes d'humeur... Il lui arrivait de me prendre la main et de s'en caresser le corps. Elle la promenait entre ses seins et s'arrêtait près du mamelon, gros comme une fraise.

— Vas-y, Avrom Leib, disait-elle, suce-moi les nichons.

Et sans attendre la réponse, elle appuyait ma tête de toutes ses forces contre ses seins. La vérité ? J'avais horreur de ça. Mais c'était bien pire lorsqu'elle me forçait à la caresser entre les jambes. Franchement dégueulasse !.... Sa culotte était alors trempée d'un liquide gluant.

— Vas-y, frotte ! Plus fort !... disait-elle d'une voix rauque, en fermant les yeux.

Lorsque je la retirais, ma main sentait mauvais, même après plusieurs rinçages ; à tel point que je ne mangeais qu'avec l'autre main. Parfois, elle se montrait fâchée sans raison, et d'autres elle se serrait contre moi et me fixait longuement dans les yeux, sans parler. J'aimais ces instants. Ses yeux étaient alors plus noirs et plus doux, comme les tentures de velours dans les synagogues. Je pense que seuls les Juifs ont des yeux si tristes. Dans ces moments, j'oubliais tout et lui pardonnais les caresses désagréables, ma main dans sa culotte et le reste. Estherké redevenait pour moi la reine. J'étais alors prêt à tout pour elle. Lorsqu'elle s'en allait, je m'asseyais sous un arbre, je fermais les yeux et je lui construisais un château avec de grandes gerbes de fleurs. Mais un château pas comme les autres. Des châteaux, je n'en avais jamais vu, mais celui que je lui bâtissais dans ma tête était unique au monde — ça, j'en étais sûr. Son toit se dresserait très haut dans le ciel et serait tissé de fleurs bleues. Si haut que tout le monde l'apercevrait de loin, sans avoir à le chercher. Les murs seraient faits de roses avec des sentiers tout autour parsemés de coquelicots, comme une tapisserie royale. Un jour, j'ai vu un livre de contes chez Bronek. En première page, il y avait un château avec toutes sortes de tours et tourelles. Et chacune des tours était gardée par des soldats, l'épée au poing. Ils avaient aussi des boucliers ornés de croix noires. Avec leurs gueules de goyim, ils me faisaient peur.

Je me laissais porter par mon rêve... Dans ce château, il y aurait aussi une synagogue. Non pas comme la nôtre, avec sa cour crasseuse, obscure et puante. Les fidèles n'y viendraient pas en habits noirs. Il n'y aurait pas, non plus, de *talitoth* [1] qui cachent le visage. Dans ma synagogue à moi, la règle obligerait les fidèles à venir vêtus d'habits aux couleurs de l'arc-en-ciel. Les vêtements devraient briller, comme la pelisse de soie de Wolf le Richard. Dans ma synagogue, on ne serait même pas obligé de prier. Tout serait clair et lumineux, grâce à l'ange préposé au 38 de la rue Zagreska. Dans son rapport quotidien, l'ange dirait à Dieu :

« Seigneur, en bas, tout va bien. » Et Dieu se frotterait les mains avec satisfaction, avec un bon sourire en poussant des petits gloussements, comme font les adultes après avoir mangé le *chaulent*.

Ay, ay, ay, ay, ay, ay, quel château ! Lui seul, tel que je l'imaginais, serait digne d'Estherké, car elle ne ressemblait à personne — elle était unique.

Ce jour-là, comme dans les contes, Estherké apparut soudain à quelques mètres de l'endroit où je rêvais. Elle était pieds nus et en robe blanche, avec une fleur dans les cheveux. Je me suis caché, mais elle était si proche que j'aurais pu la toucher. Elle avait la démarche d'une princesse. Une voix se mit à chanter en moi. Elle s'arrêta et s'assura qu'il n'y avait

1. Pluriel de *talith* : châle de prières.

personne dans les environs. Son visage était éclairé d'une sorte de lumière. Je tremblais qu'elle ne découvre ma présence. Caché entre les branches, je la buvais des yeux. Et soudain, elle s'accroupit et releva sa robe royale. J'aperçus son cul au teint chocolat, qui moula un étron épais couleur de bronze. Une puanteur atroce se répandit tout autour. Je fermai les yeux. L'effort lui arrachait des soupirs qui me parvenaient aux oreilles. J'ai commencé à courir... je ne pensais qu'à fuir, fuir, fuir... Ce n'était pas mon Estherké, un con d'ange me l'avait changée en une autre. Le château de fleurs que je venais de bâtir s'écroula. D'abord le toit — en fait, il ne s'écroula pas mais disparut. Puis ce fut le tour des murs. Les fleurs se fanaient rapidement dans ma tête et viraient au brun foncé. Bientôt, il n'en resta plus qu'un tas sombre et puant, comme le cul d'Estherké.

J'ai couru de toutes mes forces jusqu'au mur de pierre. Des ronces pleines d'épines sortaient d'entre les fissures. Jamais je n'ai tant regretté de ne pouvoir pleurer. Une douleur intense me labourait la poitrine. Je ne sais ce qui m'a pris, mais je me suis mis à me frapper la tête contre le mur de toutes mes forces — et je ne ressentais rien ! Les épines étaient rouges. Le sang coulait sur mon visage. J'étais fatigué à mort et tout se brouillait dans ma tête. Au loin, j'entendis Kasziek m'appeler d'une voix rageuse :

« Leibké, nous partons... On n'attend plus que toi... »

En chemin, je rencontrai un couple de paysans. En me voyant, la femme s'arrêta, en proie à une sorte de terreur.

— Oy, Boze [1], c'est Jésus...

Son époux n'était pas moins effrayé. Je ne comprenais pas ce qu'ils me voulaient. Et d'abord, pourquoi se décoiffaient-ils pour ensuite tomber à genoux et prier, les mains jointes ? J'ai palpé mon crâne. Il était encore hérissé d'épines sèches et un

---

1. Dieu, en polonais. Prononcer *Bojé.*

filet de sang coulait sur mon visage. Kasziek et Estherké m'attendaient, prêts à partir.

— Qu'est-ce qui t'est arrivé ? demanda Estherké, l'air inquiet. Et qu'est-ce que c'est ce sang, sur ta tête ?

J'avais aussi l'œil enflé et je n'y voyais rien. Ce n'est qu'à ce moment que je commençai à ressentir les effets des coups de tête contre le mur. Une grande faiblesse m'obligea à m'asseoir. Estherké mouilla un mouchoir pour me laver le visage. Mais j'ai repoussé ses mains avec dégoût.

— Tout ça, c'est de ta faute.

— Ma faute ? demanda-t-elle, surprise.

— Parfaitement, ta faute. Et je ne te dirai pas pourquoi.

— Nous en reparlerons après le spectacle. Et maintenant, partons.

Elle marchait la tête baissée et se retourna plusieurs fois pour m'observer. J'ai évité son regard. Elle prit alors Kasziek par la taille, pour me faire bisquer, j'en suis sûr. Et ça m'a fait très mal.

— Nous prendrons un raccourci, décréta Kasziek.

Dans les bons jours, lorsque je parlais encore avec Chmelké, avant chaque départ je lui disais des mots gentils. « Comme nous sommes bien ensemble, n'est-ce pas, Chmelké ? » Ou alors je lui caressais la croupe et lui fourrais des morceaux de sucre dans la bouche. Cette fois, je décidai de le bouder. Mais il avait l'air de s'en moquer et je souffrais de cette indifférence. La petite troupe avançait lentement. La trompette de Kasziek, les cymbales de Zygmund et les tambourins de Czesiek ne réussirent pas à ramener la bonne humeur.

En général, je marchais en tête. Cette fois, je me tenais loin derrière eux. Que s'était-il passé entre Chmelké et moi ? Nous nous étions pourtant juré, front contre front, d'être frères, pour le meilleur et pour le pire ! A qui la faute ?

En passant devant le cimetière, nous avons vu la foule qui

se pressait sur la place du village. Kasziek annonça le spectacle, donnant le signal des ovations.

— « Le Grand Cirque Chmelké venu du bout du monde... Le Grand Cirque Chmelké a répondu à votre invitation... »

Il n'avait pas sa voix ordinaire — on y sentait une sorte de fatigue. J'étais juché sur le dos de Chmelké, avec un sabre en carton dans la main. De temps en temps, j'en frappais la croupe de Chmelké. Dans le cimetière, je voyais de très vieilles tombes couvertes de mousse et d'épines. L'une d'elles disparaissait sous une plante grimpante jaunie, qui descendait dans une fosse ouverte. Une plaque de marbre brisée, visiblement destinée à couvrir la fosse, était jetée de côté.

Soudain, Chmelké s'arrêta, tourna sur lui-même et s'écroula. Personne n'avait rien vu — la troupe poursuivait sa marche vers la place du village. J'ai eu juste le temps de sauter à terre. Chmelké se débattit et tenta même de se relever — en vain. Un flot de sang gicla de ses naseaux. Plusieurs oiseaux se posèrent sur lui. J'ai essayé de les chasser, mais ils revenaient de plus belle. Les sons de notre orchestre me parvenaient de loin. Deux paysans traversèrent le cimetière — ils étaient pieds nus et l'un d'eux portait un chapeau de paille orné d'une plume. Son compagnon était vêtu d'un gilet et tenait une pelle dans la main.

— Que s'est-il passé ? demanda le paysan au chapeau de paille.

Je ne répondis pas. Les deux paysans se regardèrent.

— Et si on le dépeçait pour en faire des souliers ?

— Laisse tomber, il n'en vaut pas la peine. Tu n'en tireras pas un zloty. Jetons-le plutôt dans la fosse pour qu'il n'empeste pas tout le village.

Il poussa Chmelké dans le trou et le recouvrit de terre. Je ne saurais dire combien de temps je suis resté assis au bord du trou. La musique s'était tue et la nuit tombait. J'ai pensé que si j'avais su écrire, j'aurais gravé sur la tombe : « Ci-gît Chmelké, le cheval qui parlait yiddish. »

Peut-être aurais-je ajouté que, ces derniers jours, je ne l'aimais plus tellement.

3.

Que faire à présent, et où aller ? Revenir à Lodz me semblait risqué. La police devait me rechercher, parce qu'en fait Chmelké, je l'avais tout de même volé ! Je m'imaginais déjà avec les chaînes aux poignets et aux chevilles, comme les détenus qui avaient défilé rue Zagreska. Je les voyais encore, tous aussi maigres, la tête rasée, entre de grandes oreilles décollées. La plupart avaient aussi un long nez et des joues tombantes. Mais ce n'est pas ce que je craignais le plus ; de toute façon, j'ai le crâne rasé et de grandes oreilles. Ce qui me tracassait vraiment, c'était la question des chaînes. En avaient-ils à ma taille ? Ils me jetteront certainement dans un cachot tout noir... Je me suis souvenu de ce que ma mère me disait parfois : « Avrom Leib, tu finiras en prison. ».

Ma mère... Où pouvait-elle bien être maintenant ? Que faisait elle en ce moment ? Dans ma tête, sa silhouette était floue, et si lointaine... C'est tout juste si je me souvenais de son visage. Lorsqu'elle m'a abandonné, en m'envoyant chez les gens, j'avais insisté :

— Mais comment les reconnaître, ces gens ?

— A ce qu'ils te donneront à manger.

— Et comment leur demander à manger ?

— Lorsque tu auras faim, tu trouveras les mots qu'il faut.

— Et pourquoi me donneraient-ils à manger ? Eux-mêmes ont peut-être du mal à se nourrir.

Tout me semblait si compliqué. Les gens... Manger... Ma mère... Je ne m'y retrouvais plus. Pour l'instant, mon expérience avec les gens n'était pas faite pour m'encourager — bien au contraire. Tante Esther, par exemple. J'avais volé à son secours et elle m'avait presque assommé à coups de poing. Ma douleur à la jambe droite était encore là pour me le rappeler — et aussi ce bourdonnement dans mon oreille droite... Autre exemple : j'ai voulu sauver Chmelké, menacé d'être débité en chaussures — résultat, je risque de finir mes jours en prison. J'avais pourtant suivi le conseil de ma mère, et crié à chaque fois : « Chema Israël », mais ça n'avait rien donné.

J'avais très faim. Rien d'étonnant, je n'avais rien mangé depuis la veille, à part quelques pommes de terre à moitié pourries. L'écurie de Chmelké où j'avais du pain sec à volonté me semblait maintenant un paradis. C'est son souvenir qui me décida : je retourne à l'écurie, advienne que pourra !... Là-bas, au moins, je connaissais tout le monde. Tous nos voisins de la rue Zagreska m'étaient à présent très proches et très chers. Menachké lui-même me paraissait moins méchant.

Que faisaient-ils à l'heure qu'il est ? J'avais l'impression d'avoir quitté notre cour depuis des années. Tout était si loin... Moi-même, je me sentais plus vieux. Ma mère ne m'avait-elle pas dit : « Avrom Leib, tu as déjà sept ans et demi, tu n'es plus un enfant ! »

Elle disait d'ailleurs que les enfants des pauvres naissent vieux. Je devais déjà avoir pas mal de rides...

Je me suis agenouillé devant la première flaque, pour voir. Un ciel noir et lointain se reflétait dans l'eau, traversé par de gros nuages. J'ai distingué quelques oiseaux, ce qui m'a fait lever la tête : le même ciel, les mêmes nuages... Ce jeu m'amusa beaucoup. Je me suis penché pour voir mon visage.

Le miroir de l'eau me renvoyait une figure pas très flatteuse, avec ses joues tombantes et ses grandes oreilles noires. Le plus drôle, c'est que la bouche riait, alors que les yeux semblaient fatigués. Des yeux de vieux.

Soudain, j'aperçus dans la flaque un autre visage, un peu en retrait du mien. Il était tout plat, avec un petit nez épaté au milieu. La tête rasée montrait un crâne brillant. La bouche souriait, découvrant une seule dent. Sur le coup, j'ai paniqué ; j'avais tellement peur que j'étais incapable de me redresser. Ma mère m'avait parlé plus d'une fois de ces démons qui prennent un malin plaisir à effrayer les gens, surtout les enfants. Ils se manifestent sous n'importe quelle forme.

« Dans notre village, à Disna, il y avait un charretier, m'avait-elle raconté. Il s'appelait Yaacov. Un jour, ma mère loua ses services pour nous rendre, elle et moi, à Vilna. La route longeait une rivière, la Dazvina. Nous traversions un pont, lorsque nous avons vu un veau qui barrait la voie en meuglant. Il me fit pitié, mais en même temps la chose nous parut très bizarre : que pouvait bien faire un jeune veau en un tel endroit ? On racontait bien que les démons y venaient souvent pour tourmenter les humains, mais ce n'étaient que des ragots. Certaines bonnes femmes y croyaient dur comme fer, mais tout le monde se moquait d'elles. Quoi qu'il en soit, je suis restée dans la charrette, pendant que Reb Yaacov et ma mère descendaient pour libérer le passage. Je m'en souviens comme si c'était hier. La bête était très petite et, normalement, il ne devait pas être très difficile de la hisser dans la charrette, d'autant plus que Reb Yaacov était très costaud. Assise sur mon siège, je vis notre charretier saisir le veau par la tête, pendant que ma mère le prenait par les pattes de derrière, tâchant, tous deux, de le soulever. Mais tous leurs efforts étaient vains. Comme si le veau était aussi lourd qu'un cheval ou un mulet. Quelques minutes plus tôt, il avait meuglé comme tous les veaux du monde : Meuh, meuh, meuh. Et soudain, je te le jure, Avrom Leib, il s'est mis à rire comme un être humain : ha, ha, ha, tout en disant en yiddish — un yiddish très rudimentaire : “ Alors, Reb Yaacov, puisque tu es si fort, c'est le moment de le prouver. ” Sous le coup de la frayeur, ma mère s'évanouit. Reb Yaacov, un homme très pieux, se mit à crier : “ Chema Israël ” — et soudain, le veau disparut. »

Ma mère connaissait encore d'autres histoires de démons :

« Un jour, me dit-elle, lorsque j'étais toute petite, mon visage se couvrit de boutons. Je pleurais jour et nuit... J'étais alors très jolie et je me voyais déjà défigurée. Je courais me voir dans la glace (nous en avions une très grande) toutes les deux minutes. Un matin, alors que je me regardais une fois de plus, je vis derrière moi une autre silhouette ; celle d'un inconnu. Il était chauve avec un petit nez et une peau jaune. Et il m'observait en souriant d'une seule dent... une dent énorme et jaune, qui rappelait le croc d'un grand chien. J'ai hurlé de terreur, ce qui a réveillé ma mère. Je lui ai raconté ce que j'avais vu. C'était une femme très pieuse — elle se mit à prier et le démon disparut. Par la suite, il s'est avéré que la *mezouza* [1] de notre porte d'entrée était défectueuse. »

Ma mère m'avait raconté toutes ces histoires à l'époque où le pain ne manquait jamais à la maison et le fourneau chantait des Zmiress [2]. Il y avait toujours une énorme bouilloire sur le feu et le chant de l'eau bouillante emplissait la chambre. C'étaient des heures magiques... Les rides de ma mère disparaissaient de son front et son visage était aussi lisse que celui d'une petite fille. La maison était régulièrement fréquentée par des démons bienfaisants, des saints hommes de démons, généralement des Juifs simples, et chacun y allait de son his-

1. Etui fixé sur le montant des portes des maisons juives, contenant le texte du credo juif, écrit à la main sur une feuille de parchemin.

2. Prononciation yiddish du mot hébreu Zmiroth : Psaumes.

toire. Il y était toujours question de pogromes et de massacres et elles se terminaient invariablement par la même phrase : « ... et la racaille chrétienne se jeta sur nous en brandissant des croix d'une main, égorgeant et massacrant de l'autre. »

Le visage dans la flaque d'eau m'observa avec curiosité.

— On m'appelle Yaacov, dit-il. Puis il se mit à rire comme une vieille femme : hi, hi, hi...

La dent jaune était encore plus grande que je ne l'avais cru d'abord.

Mon cœur cessa de battre dans ma poitrine : aucun doute, c'était bien un démon.

Il s'assit, sortit une flûte de sa poche et se mit à jouer. Les sons en étaient si beaux qu'ils donnaient l'impression de venir de très loin, portés par le vent. J'imaginais qu'ils avaient grimpé jusqu'aux cimes des arbres, en étaient redescendus en douceur, telles des feuilles mortes tombant lentement à terre, pour se soulever soudain en un tourbillon, danser quelques secondes et rechuter, silencieuses et lasses.

Si le démon avait ouvert la bouche pour me parler, j'aurais sûrement détalé comme un lapin. Mais cette musique m'avait ensorcelé. Elle semblait venir non pas de la flûte mais tout droit du ciel. Il en émanait quelque chose de poignant, une grande tristesse, et aussi une sorte d'impuissance.

J'ai levé la tête et me suis assis à côté du démon. Il avait fermé les yeux ; la flûte ne cessait de sangloter et de se plaindre, comme les feuilles d'automne malmenées par le vent.

— Arrête de jouer, lui ai-je demandé, ta musique me fait très mal à la poitrine.

La flûte se tut.

— Pas vrai que tu es un démon ? ai-je demandé doucement.

— Non, c'est le démon qui est en moi. Tu as faim ?

— Très faim...

Démon, goy ou le diable lui-même, ça m'était égal. Ce que je voulais, en cet instant, c'était manger.

Le soir tombait et toute la forêt n'était plus qu'une immense masse grise.

— Viens avec moi. J'habite une cabane dans la forêt. C'est tout près...

Le démon se leva. Ce n'est qu'alors que je remarquai combien il était petit — une taille d'enfant. Par contre, la tête était énorme, presque carrée, avec d'immenses oreilles. Je ne me souviens plus combien de temps nous avons marché. Parfois, le démon disparaissait dans l'obscurité, pour réapparaître quelques minutes plus tard à mes côtés, comme s'il avait jailli de terre.

— Voilà, nous sommes arrivés. (Sa voix était soudain douce et timide.)

Une cabane de branchages se dressait entre les arbres. Comme dans un conte, je vis soudain surgir un brasier. Le démon était devenu tout rouge. Je remarquai deux grosses bosses sur son front. Je ne doutais plus que j'avais bien affaire à un démon, mais curieusement je n'avais pas peur. Surtout lorsqu'il me proposa deux grosses tranches de pain beurrées, frottées d'ail.

— Vas-y, mange. Il y en a assez...

Puis il me proposa un verre de thé bouillant et très sucré. Nous nous sommes approchés du feu et le démon se réchauffa les mains au-dessus de la flamme — des mains fines, mais avec des griffes de coq. Je me sentais très calme. Comment avoir peur de quelqu'un, ange ou démon, qui vous donne à manger ?

— Dis-moi, lui ai-je demandé, les démons ont-ils une famille ? un père, une mère, comme tout le monde ? Est-ce que tu peux changer de forme, te transformer en veau, par exemple ?

La flamme mourait. Seules quelques braises scintillaient encore dans le noir.

— Dis-moi, les démons ont-ils des sœurs, des frères ? lui ai-je encore demandé. Est-ce que tu es né vieux, ou alors tu as d'abord été enfant ?

Là, je me suis brusquement tu. Je l'avais peut-être blessé !

— Démon, je ne pensais pas à mal...

— Ce n'est rien. Tu ne m'as pas offensé, me rassura-t-il.

Sa voix était si douce que, mis en confiance, je lui ai raconté mes mésaventures. Le démon hochait sa grosse tête. A la fin de mon récit, je lui ai demandé :

— Dis-moi, démon, que dois-je faire si je veux te revoir ?

— Rien du tout. Pense seulement à moi, répondit-il de la même voix douce.

— Dois-je retourner à Lodz ? ai-je demandé.

— Retournes-y, répondit-il.

J'avais chaud et j'étais rassasié. Avant de m'endormir, j'ai encore vu le démon me couvrir d'une sorte de plaid de laine. Lorsque je me suis éveillé, le lendemain, il n'était plus là. Seules la cabane et les cendres du feu me disaient que je n'avais pas rêvé.

Souvent, lorsque j'avais faim et froid, j'ai pensé à lui.

Mais je ne l'ai plus jamais revu.

Je suis resté longtemps assis devant le feu mort. Un vent violent fit voler les braises éteintes. Il s'était d'abord infiltré sans bruit, en rampant, pour revenir en force et faire danser les cendres telle une toupie. J'ai eu très peur lorsque le tourbillon tourna sur lui-même, comme pour m'entraîner dans la danse, avec les feuilles mortes et quelques papiers. La spirale se souleva du sol, s'étira et disparut dans la forêt.

Il me fallait bien reprendre la route, et après cette nuit, ce départ était un cruel déchirement. Comme si je venais de perdre un être cher. Voudra-t-on me croire lorsque je raconterai cette histoire de démon ? Je suis bien sûr que non ! Pas même Godel, ni aucun adulte. Ceux-là ne croient jamais rien.

Ah, si Chmelké était encore en vie, il m'aurait cru, lui ! Lui seul...

J'ai commencé à marcher en direction de la route. J'avançais en regardant de tous les côtés — je n'oubliais pas que la police me recherchait. Ils ne me pardonneront pas d'avoir volé un cheval. « Démon, je t'en supplie, aide-moi, protège-moi », ai-je prié en pensée. Et le démon entendit ma prière car je ne vis aucun policier dans les parages.

Tout au long du chemin, des petites cabanes coiffées de chaume se cachaient entre les arbres. Leurs toits me faisaient penser à des chapeaux de paille, sous lesquels les yeux carrés des fenêtres m'observaient avec curiosité. Comme j'enviais ceux qui vivaient là ! Et soudain, une des cabanes vida toute une famille : le père, la mère et deux enfants. Le garçon, aux cheveux blonds, marchait pieds nus et sa culotte était en lambeaux. La fillette était blonde aussi et sa chevelure, nouée par un ruban rouge, se balançait comme un papillon au gré du vent.

Ils sont heureux, eux, me suis-je dit. Ils ont un foyer, des parents. Je ne pouvais entendre leurs voix car ils étaient trop loin de moi. Mais la scène qui suivit troubla le beau tableau que j'avais imaginé : le père, une fourche à la main, hurla une rafale de jurons, avant de flanquer quelques gifles au garçon. Le gamin dut les sentir passer, il disparut dans un fossé. J'entendis alors le démon me dire de sa voix douce : « Alors, tu as vu, Avrom Leib... estime-toi heureux de ne pas avoir de père. »

Je suis arrivé à Lodz après quatre jours de route, le plus souvent à pied, parfois dans une charrette. La nuit, je me cachais dans la forêt. Heureusement que j'avais emporté le plaid du démon. Il sentait encore la braise et la cendre. Couché par terre sous ma couverture, je contemplais le ciel. Je crois que Godel avait raison au sujet de ce qui se passe là-haut. Les nuages changeaient sans cesse de forme. Les gens ignorent peut-être qu'au ciel il y a des maisons, des arbres, des bêtes, des hommes. Et aussi des chevaux qui ressemblent à Chmelké. J'y ai vu les visages de Godel, de ma mère, et même la sale gueule de Menachké. Cette façon qu'ont les nuages de changer de forme m'étonnera toujours. En voilà un, énorme, qui avance lentement. Il est tout en longueur, comme un grand tapis à fleurs. Il semble flotter, jusqu'au moment où, allez savoir pourquoi, il se met soudain en colère, s'enroule rapidement sur lui-même pour se changer en locomotive remorquant plusieurs wagons ; et d'un seul coup, des moutons blancs sautent des wagons et s'enfuient, effrayés. J'ai cherché le visage du démon, mais je ne l'ai pas trouvé.

De nombreuses charrettes chargées de familles de paysans passaient sur la route. Parfois, je faisais signe pour leur faire comprendre que j'avais faim et ils me lançaient alors des morceaux de pain que j'attrapais au vol. Une fois, on m'a même lancé un hareng entier. J'ai bien essayé de faire du stop, mais j'y ai vite renoncé, après ma mésaventure avec un des charretiers. C'était un vieillard plutôt maigre, avec une énorme moustache. Lorsqu'il s'est arrêté, à quelques mètres de moi, je me suis approché, plein d'espoir. Il avait des yeux verts qui louchaient et tenait un grand fouet à la main.

— Ou veux-tu aller ? me demanda-t-il.

— A Lodz.

— Tu es juif ?

— Oui.

J'avais à peine prononcé le mot qu'il fit claquer son fouet. J'ai dit qu'il louchait — il m'a donc raté : la lanière est passée au-dessus de ma tête avec un sifflement menaçant.

— Assassins de Dieu... vous êtes responsables de tous nos malheurs, hurla-t-il d'une voix stridente.

Ce n'est qu'au troisième jour qu'une deuxième charrette s'arrêta devant moi. Mais cette fois j'évitai de trop m'approcher : le fouet du loucheur sifflait encore à mes oreilles.

— Où veux-tu aller ?

— A Lodz.

— Ça marche... Monte.

La charrette était chargée de porcelets et de sacs de picotin. Je m'assis sur l'un d'eux, le plus loin possible des porcs.

— Tu as faim ? me demanda le charretier. J'ai ici tout un seau de pommes de terre bouillies pour les cochons. Si le cœur t'en dit, tu peux en manger autant que tu veux.

Il était coiffé d'un képi carré, sans visière. Il s'appelait Wojciech et sa moustache était longue et maigre comme celle d'un chat. Les poils noirs qui lui sortaient des narines et des oreilles étaient si longs et si fournis qu'on aurait pu en faire des nattes. Il portait sur la poitrine une grande croix et le Jésus qui était dessus n'avait qu'une seule jambe et pas de mains.

— C'est Notre Seigneur Jésus, m'expliqua-t-il.

Jésus porte sur la tête un *beigel*[1] plein d'épines. Il a l'air de souffrir beaucoup, comme si on venait de lui arracher une dent.

— Il était le fils de Dieu, tu comprends ?

Je ne comprenais pas, mais je m'empressai d'approuver. Je lui ai seulement demandé pourquoi il était nu. Ça ne devait pourtant pas être un problème pour son papa de lui acheter même mille costumes et autant de paires de chaussures.

— Pourquoi est-il nu ?

Wojciech se gratta la tête, embarrassé.

— Dieu lui a bien acheté ce qu'il faut, finit-il par dire, mais les Juifs lui ont tout volé. Parce que tous les Juifs sont des voleurs.

Je voulais lui dire que la plupart des Juifs que je connais n'ont même pas un seul costume, ni de chaussures. La preuve : je suis juif et je porte une chemise qui a plus de

1. Petit pain en forme de couronne.

trous que de tissu. Mais lorsque j'ai vu les petits yeux de Wojciech, qui ressemblaient à s'y méprendre aux yeux des porcelets, j'ai renoncé à lui répondre.

Wojciech, par contre, tenait à son exposé. Entre les poils de sa poitrine se balançait, au rythme des roues de la charrette, un médaillon montrant une femme vêtue d'un foulard bleu avec des fils d'or. Son visage aussi exprimait la souffrance, mais une souffrance supportable. Comme si son *chaulent* avait brûlé.

— C'est sa mère, Maria. La mère de Notre Seigneur Jésus.

— Elle est donc la femme de Dieu ; et pourquoi ont-ils divorcé ? ai-je demandé.

Pour toute réponse, j'ai écopé un tel gnon que j'en ai eu le souffle coupé.

— Et maintenant, tu comprends ? me demanda Wojciech, avec un rire méchant.

J'ai répondu oui d'un signe de tête, tout en me promettant de ne plus me mêler des histoires de famille de Dieu. Je décidai de faire semblant de dormir, en pensant que chaque fois qu'il était question de Dieu, j'étais bon pour un œil au beurre noir ou une main cassée, à Dieu ne plaise... Comme me l'avait expliqué un jour Reb Bourek : « Tout nous vient de Dieu. »

J'ai posé ma tête sur l'un des sacs d'avoine qui bordaient les deux côtés de la charrette. Mais Wojciech ne l'entendait pas de cette oreille.

— Eh, Juif, t'endors pas ! grogna-t-il, en poursuivant laborieusement son explication : Notre Seigneur Jésus a quitté son papa et est descendu jusqu'à nous pour sauver l'humanité ; et si les Juifs ne l'avaient pas crucifié, ça serait le paradis sur terre pour tout le monde, tu comprends ? Tout ça, c'est la faute aux Juifs.

— Mais moi, je n'y suis pour rien. Je n'étais alors qu'un enfant.

— C'est vrai, reconnut Wojciech, embarrassé. Mais quelle importance, puisque vous êtes tous des voleurs ?

Et pour que je comprenne mieux, il m'envoya encore une torgnole.

— Et maintenant, descends et déguerpis, ou je t'étrangle comme un poulet.

J'ai sauté de la charrette sans demander mon reste. Quelques minutes plus tard, un autre équipage s'arrêta à quelques mètres de moi dans un grincement d'essieux. Je n'ai même pas tourné la tête. Deux expériences me suffisaient et je préférais continuer à pied.

— Hé, où va un Juif [1] ?

C'est pas croyable, l'effet que peuvent faire quelques mots de yiddish ; ça vous réchauffe tout de suite le ventre et l'âme ! Je me demande si Dieu parle yiddish ! Le yiddish, pas besoin de le savoir — il vous va directement au cœur. Le yiddish, ça vous a un goût de *kneilekh* [2] de *tsimess*, de la *hala* du vendredi soir. C'est tellement simple ! Lorsqu'un Juif voit un plat de *chaulent* avec un boyau farci, ou du *tsimess*, avec des raisins secs, il n'a plus besoin de parler, parce que tout ça, c'est du yiddish. Les goyim doivent être bien malheureux de ne pas le parler. Moi, j'en suis bien content ; ils n'ont que ce qu'ils méritent.

— Alors, où veut aller un Juif ?

Le charretier parlait le yiddish de ma mère, avec l'accent lituanien qui ressemble à un babil d'enfants. C'était un colosse ventru dont les joues épaisses disparaissaient sous une barbe rousse. Ses yeux noirs brillaient comme des morceaux de graisse d'oie sur du pain. J'aurais voulu lui raconter tellement de choses... le serrer dans mes bras, et qu'il me serre,

---

1. Formule typiquement yiddish, lorsqu'un Juif en rencontre un autre : « Où va un Juif ?... Que fait un Juif ? D'où vient un Juif ? etc. »

2. Boulettes de farine complète que l'on met dans le bouillon, en particulier pendant la fête de Pâque.

lui aussi, sur sa poitrine. Mais c'est toujours la même chose avec moi : au lieu de lui sauter au cou, comme j'en avais envie, je me suis assis dans la charrette et je n'ai pas ouvert la bouche.

— Et si tu me disais tout de même où tu veux aller ?

— A Lodz.

— Et que peut bien chercher un Juif à Lodz ?

Comme je ne répondais pas, il me demanda encore :

— Et comment s'appelle-t-il ?

— Avrom Leib.

— Moi, c'est Hayim Yossel.

J'étais très fatigué et je ne demandais qu'à rester assis dans mon coin. J'aurais volontiers posé ma tête sur une pierre pour dormir. La seule chose qui m'intéressait, c'était le cheval. Hayim Yossel parla encore beaucoup — de la *parnassa* [1], de sa femme et combien la vie est dure...

— Tu m'excuseras, Avrom Leib, de parler tout le temps, mais je n'ai pas prononcé un mot de la journée. Et maintenant que tu es là, j'en profite pour vider mon cœur.

— Comment il s'appelle, votre cheval ? ai-je demandé.

— Pourquoi cette question ?

— J'avais un cheval, il s'appelait Chmelké, et il ressemblait beaucoup au vôtre.

Je lui racontai ensuite la fin cruelle de Chmelké.

— Tu es bête, me dit-il, pourquoi ne l'as-tu pas vendu ? Si on me donnait cinquante zlotys pour le mien, je ne me le ferais pas dire deux fois. Après tout, ce n'est qu'un cheval, et rien de plus ! Et lorsqu'un cheval n'est plus capable de travailler, on l'abat. Le mien aussi, je vais le vendre à la foire aux bestiaux. Ah, si je pouvais en tirer une telle somme !

Je me suis soudain senti très triste. Comme si j'étais seul au monde.

---

1. Le gagne-pain.

— Tu n'es encore qu'un gamin. Plus tard, tu comprendras.

Le cheval de Hayim Yossel s'arrêta soudainement et tourna la tête vers nous. Dans ses yeux, j'ai lu une sorte de résignation. Il avait le même regard que Chmelké.

— Hue ! hue ! Qu'est-ce qu'il a à s'arrêter ? Ma parole, il nous regarde comme s'il avait compris ce que nous avons dit. Hue !... cria-t-il encore une fois en faisant claquer son fouet.

Non, non et non ! me suis-je juré, je ne serai pas comme ça, comme tous les adultes. Je voulais crier de toutes mes forces : vous n'êtes tous que des menteurs... de sales menteurs !

Autour de nous, les maisons se serraient de plus en plus les unes contre les autres ; elles étaient plus grises aussi, et plus sales. Une forêt de cheminées crachaient une épaisse fumée noire qui cachait le ciel.

— Et voilà, nous sommes arrivés, me dit Hayim Yossel.

Je n'ai pas bougé.

— Dans quelques minutes, nous serons à la foire.

— Laissez-moi descendre, je continuerai à pied.

Je me suis approché du cheval pour le caresser. Mon Dieu, comme je le comprenais ! J'avait l'impression que la séparation lui était aussi pénible qu'à moi. Une furieuse envie me prit de frotter mon front contre le sien, comme j'avais fait avec Chmelké, pour sceller notre pacte.

— Alors, tu me laisses passer ou quoi ? ! Je suis pressé, fulmina Hayim Yossel.

Soudain, j'ai entendu crier mon nom : Avrom Leib ! Avrom Leib !

Je me suis retourné — et j'ai aussitôt reconnu Heinekh, de la rue Zagreska. Ses parents étaient muets et vendaient des bougies de chabbat de porte en porte. Personne n'a jamais su pourquoi ils s'étaient suicidés ensemble. Heinekh était très beau, si beau, que j'en étais jaloux. Je pense que c'est ce qui lui valut d'être adopté par une famille riche. Depuis ce jour, il devint méconnaissable. Tout d'abord, il changea de nom et se fit appeler Haniek. Il portait maintenant des habits neufs, une chemise blanche et une cravate, et surtout — le plus important — des chaussures noires vernies. Bref, il dégageait cet air satisfait auquel on reconnaît ceux qui mangent à leur faim et qui ne manquent de rien. Moi, je ne savais où me mettre avec mes pieds nus enveloppés de chiffons, ma culotte déchirée et ma chemise pleine de trous. Face à face, nous étions aussi embarrassés que deux étrangers.

J'étais si jaloux que j'en aurais chialé : cet air repu, ce parfum délicat qu'il dégageait — et par-dessus tout, ce beau visage, ces traits si fins !... Je faisais bien piètre figure à côté de lui : petit, laid, pieds nus, couvert de haillons. Heinekh jetait des regards furtifs autour de lui, comme s'il craignait d'être vu en ma compagnie.

Une scène m'est alors revenue en mémoire. C'était quelques jours avant que Malkélé ne meure de sa tuberculose. Heinekh était encore un des nôtres et sentait la rue Zagreska. La nuit tombait et nous étions assis devant la porte de l'écurie, lorsque je remarquai soudain qu'il avait les yeux pleins de larmes. Je lui enviais aussi cette facilité de pleurer, ainsi que ses belles manières, même dans les situations les plus difficiles.

— Pourquoi pleures-tu ? lui demandai-je.

— Je me sens triste. Qu'est-ce que nous allons devenir ?

Heinekh était plus grand que moi et certainement bien plus fort. Je ne savais que lui répondre ; devant la douleur des autres, je suis muet comme une carpe.

Mais aujourd'hui, je le regardais sans le voir et je le haïssais, tout simplement. Je le haïssais parce qu'il n'avait pas faim et parce qu'il avait un foyer qui l'attendait. Et brusquement, je me suis jeté sur lui, comme pris de folie. Heinekh tomba dans la boue. Je n'avais qu'une seule idée en tête : le tuer. Ce contraste entre nous m'était soudain intolérable. J'aurais voulu que tout le monde porte les mêmes loques que moi, que tout le monde soit affamé et pue comme moi...

Heinekh, couché par terre, ses beaux habits pleins de boue, était blême et la panique se lisait dans ses yeux.

— Avrom Leib, pourquoi ? demanda-t-il. Je voulais t'inviter à dîner.

J'étais incapable de lui répondre. Quel démon s'était emparé de moi ? J'ai dit que je voulais le tuer, mais ça, c'était dans ma tête. Parce qu'autrement, j'étais très calme. Autour de nous, les gens commençaient à s'assembler. Et soudain, j'ai vu Heinekh pleurer. Je me suis alors souvenu du Heinekh de la rue Zagreska, mon frère en odeur et en tristesse. Au même instant, et sans savoir pourquoi, la honte m'a fait détaler. De loin, j'ai encore vu un groupe d'adultes autour de lui. Quelqu'un regarda dans ma direction, un autre voulut se lancer à ma poursuite. J'ai entendu les sanglots de Heinekh et les jurons furieux des paysans. L'un d'eux, un homme de haute taille, vêtu d'un pantalon vert et d'une casquette noire, avec un bâton dans la main, semblait me chercher pour me faire un mauvais sort. Je décidai de me cacher entre les charrettes, occupées pour la plupart par des paysannes couvertes de rubans de toutes les couleurs. L'une d'elles était assise sur un tas de poires, entre quelques caisses de fromage et plusieurs cages à volailles. Les poules sortaient la tête entre les barreaux, le regard étonné. Un énorme cochon et un vieux cheval, dont la peau claire était couverte de plaques chauves, étaient attachés à l'une des roues. Le cheval baissait la tête, indifférent à tout ce qui se passait autour de lui. Je me suis approché et l'ai caressé. Et pour lui dire ma sympathie, je lui parlai en yiddish.

— Tu es un des nôtres, lui ai-je dit. Tu sens la rue Zagreska.

Le cheval ne réagit pas.

— Eh, le môme, toi, là-bas, au lieu de le caresser, tu ferais mieux de l'acheter, ce bourrin, pour t'en faire des chaussures ;

on dirait que tu en as besoin, cria la paysanne, provoquant les rires de ses compagnes.

Je me suis éloigné. J'ai tourné entre les carrioles pleines de fruits, de barriques de choucroute, de caisses de patates et de pommes. Dans un espace entouré de claies, se serraient des veaux, des vaches et des porcs. Des bohémiens aux chapeaux noirs faisaient courir en cercles des chevaux visiblement énervés. L'un d'eux proposait quelques chiots teigneux et maigres. Ils étaient si amorphes qu'ils ne réagissaient même pas aux nuées de mouches qui s'acharnaient sur leur cage. A droite de l'enclos se pressait un groupe d'enfants devant une estrade peinte en rouge. On y avait installé une sorte de grande fenêtre éclairée, fermée des deux côtés par un rideau de couleur. Au milieu de cet étrange décor, une poupée aux cheveux blancs et portant une couronne suppliait en pleurnichant :

— Ne me tuez pas, monsieur le dragon !

Au-dessus d'elle, dressé sur ses pattes, un dragon ouvrait toute grande une gueule aux crocs énormes.

— Je vais te manger ! répondit le dragon, vêtu de noir.

Il était coiffé d'un *schtreimel* comme celui que portent les Juifs de stricte observance. Sous sa coiffure, pendaient des papillottes et une longue barbe lui cachait une bonne partie du visage. Il parlait un polonais écorché avec un fort accent juif : « Ay, ay, ay, ay, je raffole des fillettes chrétiennes. Il me faut leur sang pour les *matzoth* de Pâque ».

Le public réagissait par des huées : « C'est une sale engeance », cria un homme coiffé d'un bonnet de fourrure. « Il leur faut des petites Polonaises. » Ils étaient tout excités. Entre-temps, le dragon avait sorti un grand couteau et en menaçait la princesse, qui tentait de fuir.

— Monsieur le dragon, ne me tuez pas, implorait encore la poupée. Je vous donnerai tout ce que vous voulez.

Mais le dragon juif semblait insensible à ses larmes. La salive dégoulinait des coins de sa bouche, entièrement cachée par un grand nez crochu. De long poils noirs et frisés sortaient de ses énormes narines.

— Ay, ay, ay, ay, je sens l'odeur du sang chrétien.

Le public était déchaîné et à un moment donné, j'ai cru qu'ils allaient tous se lever pour renverser l'estrade et hacher menu le dragon juif.

« Mort au Juif ! » criaient-ils en trépignant.

Les yeux allumés par la haine cherchaient à présent un « vrai » Juif, en chair et en os. Epouvanté, craignant qu'ils ne me confondent avec le dragon, j'ai pris mes jambes à mon cou. J'étais déjà loin de l'estrade que j'entendais encore les cris assourdis de la foule, comme des aboiements de chiens.

J'ai erré sans but le long de la foire. Jamais encore je n'avais vu une telle abondance de fruits, de fromages jaunes et blancs. A côté des étals, pendaient des saucissons, entre des miches de pain brunes couvertes de graines de cumin. Les parfums m'arrivaient de toutes parts, me pénétrant par la bouche, les yeux, les oreilles. L'odeur du pain coupé en tranches, par exemple, dont les raisins secs semblaient être autant de petits yeux qui avaient l'air de me narguer : « Tu as faim, hein ! me disaient-ils... Mais si, tu crèves de faim, ça se voit assez, allez !... Vas-y, prends-moi... Tu verras comme je suis bon, et si croustillant. Mange-moi, et tu connaîtras le goût du paradis. »

Deux pas plus loin, les fromages en pyramides entraient dans le jeu : « Du pain avec du fromage, ça ne te dit rien ? »

On aurait dit que les fromages se disputaient entre eux, chacun prétendant être le meilleur. Oy, comme j'aurais voulu les mettre d'accord, en les goûtant à tour de rôle ! Mais si j'avais eu à choisir, j'aurais tout de même opté pour les saucissons. Longs, gros et gras, ils étaient vraiment pleins d'eux-mêmes, comme un richard en visite chez les pauvres. Deux chiens faméliques me suivaient pas à pas, sales, la langue pendante. Je me suis arrêté et nous nous sommes regardés. Je suis sûr que nous avions les mêmes pensées. Notre présence a dû inquiéter la paysanne.

— Z'avez pas fini de reluquer la marchandise ! Allez ouste, décampez !

Nous avons dû laisser à regret toutes ces bonnes choses et nous contenter de feuilles de chou et de quelques poires, presque entières, jetées par terre.

Entre-temps, le ciel s'était assombri d'un seul coup. Un vent froid se mit à souffler entre les étals, en poussant des hululements sauvages : Ho ! ho ! hi ! hi !... comme s'il se moquait des paysans pris de panique. Je l'enviais, le vent, et si j'avais pu, j'aurais fait comme lui. Je pense qu'il m'a compris. J'aurais voulu l'applaudir des deux mains, surtout lorsqu'il décima une pyramide de fromages, qui se mirent à rouler dans tous les sens. Une tomme passa si près de moi qu'elle me frôla presque. La paysanne se lança à mes trousses en hurlant.

Tous les anges gardiens de la rue Zagreska devaient être avec moi, car au même instant une pluie diluvienne s'abattit sur le marché. J'ai couru chercher un abri, en tenant la lourde tomme contre ma poitrine. La paysanne n'avait aucune chance de nous rattraper, gênée qu'elle était par ses jupes superposées et sa graisse. Le marché était maintenant plein de grandes flaques d'eau. La pluie redoubla de violence, obligeant les paysans à s'abriter sous leur carrioles. Certains se protégeaient sous des carrés de grosse toile et je sentais leurs regards me suivre par les trous. Ils paraissaient résignés et attendaient la fin de la bourrasque. Mais la bonne femme aux fromages n'avait pas l'air de vouloir abandonner la partie, malgré plusieurs chutes dans des flaques d'eau.

— Rends-moi mon fromage, sale morpion, l'entendais-je crier dans mon dos, d'une voix hystérique.

J'étais déjà prêt à le lui rendre, son fromage, ou plutôt à l'abandonner — qu'elle se le bouffe et qu'elle s'étrangle avec !

— Si je t'attrape, je te transforme en bouillie...

Cette menace me donna des ailes, malgré la tomme qui pesait de plus en plus lourd. Je m'étalai moi aussi plusieurs fois. J'étais trempé et couvert de boue — et cette furie que je sentais me souffler dans la nuque... Encore quelques mètres et elle me mettrait le grappin dessus...

Heureusement, mon ange gardien se manifesta par deux fois : D'abord, la paysanne fit une nouvelle chute et tomba dans un fossé profond plein d'eau — si profond qu'on ne voyait que sa tête ; ensuite, j'ai sauté par-dessus une clôture de bois. C'était moins cinq car j'étais à bout de souffle. J'ai encore entendu ses cris et, soudain, je me suis senti très triste ; et sans savoir pourquoi, j'ai eu honte de moi-même. J'ai regardé la tomme, pleine de grands trous, puis mes mains noires de boue. Assis sous un des piquets de la clôture, j'ai arraché un gros morceau de fromage et me le suis fourré dans la bouche. Il était amer et son goût me souleva le cœur. J'ai jeté la boule dans l'eau, où elle disparut, emportée par le courant.

Je me sentais mieux, et même assez content. Je suis resté longtemps assis, prostré, sans forces. Je n'avais aucune envie de me lever. La pluie cessa, suivie d'un vent froid. Il me fallait trouver un abri. Un vaste terrain plat s'étendait devant moi, couvert d'eau, reflétant la course des nuages. J'aperçus une cabane, entourée d'arbres furieusement secoués par le vent. Au loin, les nuages embrassaient leur reflet dans l'eau. J'ai entendu des voix d'hommes venant de la baraque. Mais un énorme chien, attaché à une corde et qui aboyait rageusement en montrant ses crocs, m'en interdisait l'accès. Au bout de quelques minutes, la porte s'ouvrit, livrant passage à Yankélé... Yankélé Grosse Tête, ou encore, Tête de Pastèque, comme on le surnommait. La surprise me cloua sur place.

— Avrom Leib, que fais-tu ici ?

Il paraissait aussi surpris que moi.

Au même instant, je fus pris d'un vertige, accompagné d'une forte nausée qui me fit vomir. Ma vue se troubla et je vis Yankélé disparaître, pour revenir dans une sorte de nuage. Sa tête grossissait à vue d'œil comme un ballon — à tel point que j'eus peur qu'elle n'éclate. Une autre silhouette d'homme apparut sur le pas de la porte, accompagnée d'une fillette. En guise de tête, ils avaient un nuage encadré d'oreilles où brillaient les deux yeux.

On me coucha sur des couvertures. J'avais un goût amer dans la bouche. Je remarquai que le plafond de la cabane était en bois. Des dizaines de petites enclumes résonnaient sous mon crâne. Puis j'ai entendu au loin des bruits de marteau qui diminuèrent peu à peu.

Lorsque j'ai repris connaissance, Yankélé était assis à mes côtés.

— Qu'est-ce qui t'est arrivé, Avrom Leib ?... Mais si tu es trop fatigué pour me répondre, repose-toi. Tu me raconteras tout ça plus tard.

Il me regardait de ses grands yeux clairs, dénués d'expression, comme s'ils planaient au-dessus de sa tête. Dans notre cour, il avait la réputation d'un fou pacifique, incapable de faire du mal à une mouche. Les femmes enceintes évitaient de passer à côté de lui de peur du mauvais œil. Yankélé parlait d'une voix lente, lointaine, qui semblait venir du ventre. J'avais toujours eu l'impression que son corps était un assemblage de pièces, indépendantes les unes des autres.

Après la mort de son père, sa mère s'était enfuie avec un goy. Yankélé s'était retrouvé seul avec sa sœur, Feiguélé, aux cheveux dorés et aux yeux bleus. Elle eut plus de chance que son frère : une famille riche l'adopta, tout comme Heinekh. Je l'ai rencontrée un jour avec une grosse femme, couverte de bijoux comme un sapin de Noël chrétien. Feiguélé portait une robe blanche et des souliers rouges. Je l'ai saluée, mais elle ne m'a pas répondu.

Quant à Yankélé, il disparut. Des rumeurs disaient qu'il s'était joint à une tribu de bohémiens et qu'il errait avec eux sur les routes.

— Je te présente Anton, me dit-il en me montrant un homme habillé d'un manteau de fourrure — et elle, c'est sa fille, Ilana.

Ils étaient tous deux assis dans un coin et je ne voyais que leurs ombres.

— ... J'habite avec eux... Ce sont des goyim, mais ils sont gentils. Puis il ajouta : Godel te cherche.

— Godel me cherche ? ai-je répété, profondément surpris.

— Oui, ta mère est revenue, et elle te cherche aussi. Elle habite chez Velvel le *gabay*.

Ça me faisait tout drôle d'avoir une mère... d'apprendre que quelqu'un me recherchait. Je n'en étais pas plus heureux pour autant — tout m'était égal.

— Avrom Leib, tu n'as pas le choix, il faut que tu rentres.

Le cœur lourd, j'ai approuvé.

4.

La cour avait beaucoup changé depuis ma fugue, et tout y paraissait plus triste qu'avant. On aurait dit qu'elle avait vieilli. Une partie de la maison de Godel s'était effondrée et les deux familles qui y logeaient habitaient maintenant dans la synagogue. C'est là que j'ai rencontré la mère de Godel. Elle m'a raconté en pleurant que Godel et son père s'étaient fait prendre lors d'un cambriolage et qu'ils étaient tous les deux en prison.

— Mes pauvres chéris, deux âmes si pures !... Mais il y a un Dieu là-haut et Il leur viendra en aide. Et toi, mon petit canard, que deviens-tu ? Où as-tu disparu ? Si tu as faim, si tu as besoin de quelque chose, n'hésite pas à venir me voir.

Elle sanglotait et tremblait de tout son corps, et ses deux mamelles se balançaient et s'entrechoquaient, comme pour applaudir. Elle m'a également raconté que Menachké était mort. On l'avait trouvé devant son écurie, une bouteille de vodka dans la main. Sa femme avait quitté la cour pour aller vivre chez sa sœur.

Je ne sais pas pourquoi la nouvelle de la mort de Menachké ne m'a causé aucun plaisir. Pourtant, je lui avais souhaité tant de fois de crever ! Et, maintenant, il l'était, mort, et pour de bon. Mais la vengeance, c'est pas mon fort. C'est toujours triste quelqu'un qui meurt ou quitte une maison. Par contre, ce que je lui souhaite, à Menachké, c'est que lorsqu'il rencontrera au ciel Chmelké, qu'ils changent de rôles : Menachké attelé à une charrette et Chmelké tenant les rênes. Ne dit-on pas qu'au ciel tout est possible ? Mais tel que je connais Chmelké, il lui aura pardonné. Parce qu'il a bon cœur, un cœur de bon Juif toujours prêt à oublier les coups et les injures. Il ne lui viendra jamais à l'idée de faire des chaussures avec la peau de Menachké — ça, j'en suis certain.

La maison de Menachké est maintenant habitée par Reb Pessah le borgne et sa famille. Pessah est un petit bonhomme avec des mains minuscules qui bougent tout le temps, comme si elles comptaient des sous. Il fait le commerce des œufs, que sa femme revend au marché. Leurs quatre enfants, lorsqu'ils sont alignés, font penser à des marches d'escalier. Ils ont tous le teint jaune, comme si les œufs du négoce de leur père avaient déteint sur leurs visages.

L'écurie sert à présent de dépôt aux marchandises de Reb Pessah. A la tombée de la nuit, j'ai grimpé sur le toit pour jeter un coup d'œil à l'intérieur.

L'endroit était méconnaissable. Il ne restait plus aucune trace de la mangeoire, ni du coin mansardé où je dormais. Là aussi, quelque chose était bien mort, et une infinie tristesse régnait dans la baraque, malgré les caisses d'œufs et la sciure de bois sur le sol. Les oiseaux nichaient entre les poutres et les rats et les chats de gouttière se partageaient le reste.

Scheindélé, celle qui avait des nattes (à ne pas confondre avec celle qui était chauve, des suites d'une maladie de la peau), s'était mariée avec un richard et vivait en Amérique. La nouvelle me fit un peu mal, parce que je l'aimais beaucoup. Bien entendu, je ne l'avais raconté à personne, à l'exception de Chmelké. Mais lui savait tenir sa langue.

Je n'avais pas eu le courage, non plus, d'avouer mon amour à Scheindélé. Je me taisais toujours lorsque j'étais avec elle, ou à côté d'elle. Parfois, je lui tirais les nattes et je me sauvais.

Mais quelle importance, puisqu'elle était en Amérique, à

l'heure qu'il était... Si j'avais su écrire, je lui aurais peut-être envoyé une lettre pour lui dire combien je l'avais aimée. Je lui aurais également écrit que si un jour elle quittait son richard de mari, je serais prêt à l'épouser. Mais primo, je ne sais pas écrire, et secundo, il lui faudra attendre que je grandisse.

La maison de Reb Velvel le *gabay* où nous habitons maintenant, n'a pas beaucoup changé. Reb Velvel est très vieux et malade et habite avec ses fils. La femme de Pessah vit chez sa fille. Nous avons eu de la chance, parce que les meubles de Reb Velvel étant presque pourris, personne ne voulut les acheter — d'autant plus qu'ils étaient pleins de vers.

Reb Velvel a aussi laissé un lit avec un édredon. Il était déchiré, mais ma mère l'a rafistolé. Maintenant, il est tout rapiécé, mais l'essentiel, c'est qu'on puisse se couvrir avec, ma mère et moi. Une autre aubaine inespérée : le fourneau que Reb Velvel a laissé — impossible de le vendre, lui aussi, car il est entièrement fait de briques et encastré dans le mur. Dans le four, nous avons trouvé plusieurs marmites, des couverts, une très grande poêle et des bougeoirs en argile pour les bougies du chabbat. Ma mère dit que c'est un miracle du ciel. Elle a peut-être raison. Je pense, d'ailleurs, que Dieu a commencé à nous sourire. Comment je le sais ? Ecoutez plutôt :

Lorsque nous sommes entrés dans la maison, nous nous sommes assis sur le lit et ma mère, comme d'habitude, s'est mise à pleurer :

— Qu'allons-nous devenir, Avrom Leib ? Nous n'avons rien à manger, et pas de bois pour cuisiner et nous chauffer.

Il faisait froid et humide dans la pièce. Nous sommes restés assis sans dire un mot. Moi, j'en avais des choses à raconter. J'aurais voulu lui dire, par exemple, que la maman de Godel était prête à nous aider. Ou alors, j'aurais pu lui parler du démon que j'avais rencontré. Il nous aidera sûrement. Mais quelque chose me disait qu'il valait mieux me taire. Et c'est alors que le miracle s'est produit : la porte s'est soudain ouverte et une femme est entrée. Elle portait un manteau de fourrure et était coiffée d'une capeline aux rebords si larges qu'ils lui cachaient presque tout le visage jusqu'à la bouche — ce qui donnait l'impression que c'était le chapeau qui parlait. Derrière elle se tenait un petit homme avec une tête énorme et deux plaies sur le front. Nous nous sommes longuement regardés tous les deux. Oui, c'était bien lui, le démon. Je l'avais tout de suite reconnu. Je pense que lui aussi m'a reconnu, car il m'a souri. J'ai couru vers lui. Il sentait le feu de bois. Oh ! j'étais sûr que je le reverrais un jour...

— Tu te souviens de moi ? lui ai-je demandé, très ému.

Je me suis retourné vers la capeline parlante. Ma mère faisait tellement petite à côté d'elle, que j'en ai eu pitié. Je lui ai fait des signes de la main, mais elle parlait tout le temps avec la capeline. Je voulais la réconforter, lui faire partager ma joie, lui dire que nous n'avions plus à nous en faire, que nos misères étaient finies, puisque le démon m'avait retrouvé. Et la preuve, c'est qu'il avait amené la capeline parlante.

— Avrom Leib, dis merci à cette dame. Elle vient de la Ezra. C'est Dieu qui nous l'a envoyée. On nous apportera des pommes de terre, de la farine et du sucre.

Là, j'ai protesté, parce qu'elle se trompait lourdement, ma mère.

— C'est pas vrai... C'est pas Dieu. La preuve, c'est qu'on ne le voit pas. C'est mon démon qui est venu nous aider. J'étais tellement heureux de le revoir.

Il y eut un silence. Ma mère et la capeline se regardaient sans comprendre.

— Quel démon ? demanda ma mère.

— Mais celui qui est venu avec elle. C'est lui qui l'a amenée chez nous.

Je cherchai des yeux le démon pour le montrer à ma mère, mais il avait disparu.

— Il doit être ici... en tout cas, pas très loin...

J'ai couru, guidé par l'odeur du feu de bois. Mais la cour était vide. Je suis resté longtemps assis près de l'écurie. Lorsque je suis revenu à la maison, il faisait chaud et une odeur de pommes de terre montait du fourneau.

J'étais très malheureux parce que ma mère ne me croyait pas. C'est d'ailleurs pour ça que le démon s'était enfui et avait disparu. C'est toujours comme ça avec les adultes. Ils ne croient jamais rien.

Tout m'était indifférent à présent : les pommes de terre comme la bonne chaleur qui régnait dans la pièce. Même ma mère, qui m'était comme étrangère. Je me serais sauvé, mais c'est à cet instant qu'elle m'a dit doucement, avec une grande tristesse dans la voix :

— Avrom Leib, je n'ai que toi, et c'est ce qui me tient en vie...

Je décidai donc de rester. Il y a des choses qu'on ne doit pas raconter aux adultes, même pas à sa mère.

Quelques jours après, nous avons regardé tristement les sacs de pommes de terre et de farine qui semblaient avoir fondu. À mon avis, nous en avions encore pour deux jours — peut-être quatre, en nous serrant la ceinture.

Pendant la nuit, ma mère adressa une prière à Dieu et moi au démon. Il ne se manifesta pas — je parle du démon — mais je sens bien qu'il est installé en moi, à l'intérieur. Je ne sais pas qui a bien pu nous venir en aide, cette fois encore, mais le jour même où les sacs furent vides, j'appris que ma mère avait trouvé à se placer chez sa sœur, Mme Biczkowa, et que nous allions vivre chez elle. Mme Biczkowa avait deux enfants, Hadasské et Yankélé, dont ma mère devrait s'occuper — c'est à cette condition que sa sœur acceptait de nous prendre chez elle.

— Avrom Leib, je t'en supplie, sois un *mensch*[1].

J'ai promis. Je me fichais déjà pas mal de savoir où nous allions vivre, ici ou chez sa sœur. Avant de vous décrire Mme Biczkowa, il faut que je vous parle de ses manières et de sa façon de vivre.

Lorsqu'elle reçoit des invités, ma mère doit lui donner du « madame Sarah » long comme le bras, mais lorsqu'elles sont seules, elle l'appelle Sarélé, tout simplement, parce qu'elle est son aînée de cinq ans. Pour ma part, je dois l'appeler madame Biczkowa, bien qu'elle soit ma tante.

Quand ce sont des invités de marque, il nous est interdit, à ma mère et à moi, de nous trouver dans les parages. Nous mangeons aussi à part, dans une petite cuisine, sous les escaliers, qu'il ne faut pas confondre avec la Grande Cuisine. Celle-là, Mme Biczkowa en exhibe les merveilles à ses invités : fourneau à gaz émaillé, armoires vitrées contenant toutes sortes de services de porcelaine et de cristal, etc. Mais ça, c'est réservé aux visiteurs de marque. Ma mère et moi, nous mangeons dans des assiettes en alu. Il m'est formellement interdit d'entrer dans la cuisine, parce que, prétend Mme Biczkowa, j'ai des yeux d'assassin et le sang maudit de mon père coule dans mes veines ; mon regard lui dit que je la tuerai sûrement un jour — et tout ça, parce qu'elle a trop bon cœur.

Je ne rencontre pas souvent Yankélé et Hadasské. Mais chaque fois qu'il me voient, ils me font enrager et se moquent de mes habits. Je dois les supporter sans rien dire, c'est ma mère qui me l'a demandé. Si elle savait comme je les déteste ! Hier soir, au lieu de la prière du soir, j'ai demandé au démon de les tuer. Mme Biczkowa hait profondément mon père et

1. Mot allemand signifiant littéralement un homme, ou être humain. Le sens que le mot a pris en yiddish est intraduisible. « Sois un *mentsch* », veut dire : « soit quelqu'un de bien, de respectable, de digne... »

c'est pour ça que j'ai décidé de l'aimer, mon père ; exprès, pour qu'elle en crève. Mais ça, même à ma mère je ne peux pas le raconter. Mme Biczkowa habite un appartement de cinq pièces, aux parquets couverts de tapis rouges moelleux. Deux des pièces sont toujours fermées ; elles sont réservées aux invités importants. Mme Biczkowa crie et ne décolère pas. Elle a toujours les yeux rouges d'avoir pleuré. Ça doit être de famille chez nous.

Je vous ai raconté sa manière de vivre. Maintenant, je veux vous la décrire : Mme Biczkowa est beaucoup plus grande que ma mère, et aussi bien plus maigre. Ma mère dit qu'elle se ronge elle-même. Elle fait bien... si elle pouvait se ronger jusqu'aux os !...

Elle en veut au monde entier, parce que, gémit-elle, Dieu l'a punie en lui envoyant des plaies plein la tête. Mme Biczkowa se tartine tout le temps le crâne avec une crème, ce qui l'oblige à mettre un fichu qui fait encore ressortir son long nez.

Ma mère lui souhaite que ses plaies lui couvrent toute la tête, et qu'en même temps ses bras raccourcissent, pour qu'elle ne puisse pas se gratter. Ce vœu de ma mère me fait toujours rire.

Une autre chose que je trouve comique : Mme Biczkowa marche toujours courbée, à cause d'un mal de ventre constant, ce qui fait que son gros cul a l'air de se traîner derrière elle, comme s'il ne lui appartenait pas. Si elle pouvait l'oublier un jour... Je l'imagine, appelant ma mère : « Tzichka, tu n'as pas vu mon cul quelque part ? » — parce que, je ne vous l'ai pas dit, elle oublie tout.

Le rôle de ma mère est de tout savoir. Elle travaille très dur, alors que moi je reste dans ma chambre à regarder par la fenêtre. Elle ne se repose que le soir. Hier, elle a pleuré, parce que la Biczkowa s'est moquée d'elle. J'ai toujours très mal de voir pleurer ma mère. Comme si quelque chose pleurait en moi.

— Pourquoi tu pleures ? lui ai-je demandé.

— Pourquoi ? Parce que j'ai pitié de toi.

— De moi ? Et pourquoi ?

— Il ne sait même pas pourquoi !...

Elle n'a pas terminé sa phrase.

— Dans mes cauchemars les plus horribles, je n'aurais jamais imaginé qu'un jour je serais la bonne à tout faire de ma sœur.

Et maintenant, ma mère va sûrement me demander de tuer mon père, lorsque je serai grand. Ça ne loupe jamais. Et c'est ce qu'elle fait.

— Promets-moi que lorsque tu seras grand, tu tueras ton père, ce fils de pute.

Pour qu'elle me fiche la paix, je promets. Et pour qu'elle n'y pense plus, je lui demande :

— Pourquoi nous ne partons pas avec Mme Biczkowa, dans sa maison de campagne ?

— Parce que nous lui faisons honte.

— Tu veux que je la tue aussi, lorsque je serai grand ?

— Mon Dieu !... Mais tais-toi donc... tu vas encore nous attirer une catastrophe.

L'idée de mon père m'obsède et me fascine. Sur les photos que m'en a montrées tante Esther, papa est dans un parc et il a l'air très seul. Tellement seul que j'en ai mal au cœur.

Cette même nuit, je rêvai de lui. Il avait une grande tête et des tas de putes en sortaient en rangs serrés. Elles ressemblaient toutes à Hadasské et elles sentaient le parfum et le savon aux amandes.

J'ai d'abord essayé de les compter, mais elles étaient si nombreuses que j'ai renoncé. Puis les putains ont disparu et mon père est resté seul. Au lieu de la tête, il avait une énorme bouilloire qui crachait des nuages de vapeur. Ma mère était assise en face de lui, toute réjouie : « C'est bien fait, lui disait-elle, c'est ton châtiment, pour nous avoir abandonnés, et c'est pour ça que le sang bout dans tes veines. »

Tuer me tracasse beaucoup ces derniers jours. A quel âge est-on autorisé à tuer ?

— Maman, quand est-ce que je serai grand ?

— Avec l'aide de Dieu, tu grandiras.

— Oui, mais quand ? A quel âge pourrais-je tuer ?

— Avrom Leib, mon fléau, je ne veux pas entendre de pareilles horreurs. Oy, Avrom Leib, que vas-tu devenir ? Au lieu de dire des bêtises, va jouer avec Yankélé, allez ouste... dehors !

— J'veux pas...

Ma mère se tourne vers le mur et se tait. Dommage qu'on ait quitté le logement de Reb Velvel. Au moins, nous y étions seuls. C'est vrai que nous avions faim, mais ce n'est pas nouveau. Ici, nous avons à manger, mais on nous traite comme des moins-que-rien.

Et maintenant, on m'a défendu de sortir de la chambre. Je suis puni pour avoir mordu le doigt de Simha, le fils du proprio. Mais je jure que c'est lui qui a commencé. Pas avec moi, c'est vrai, mais avec Benyamine, un vieux colporteur toujours soûl. Mais Benyamine sent la rue Zagreska. C'est une odeur d'ail et d'oignon. Simha, lui, sent le ventre plein et le chocolat. Je pense que si papa m'avait vu me battre avec un gosse deux fois plus grand que moi, il aurait été très fier de moi.

Je déteste les riches. Pour moi, ils ont une grande marmite de bouffe à la place du cœur. Une seule chose les intéresse : manger, manger, manger.

Ma mère, tout ce qu'elle sait faire, c'est chialer. Pour ça, elle est championne. Démon, je t'en supplie, fais que je grandisse d'un seul coup !

Ma mère s'est levée sans me regarder. Je suis son fléau, m'a-t-elle dit. Pourquoi ? Mystère. Ce qui est sûr, c'est que c'est un de ces mots qui me font très mal. Je suis de trop ; je le savais déjà, mais à tel point !

De la cuisine, j'entends la voix tout excitée de Mme Biczkowa et celle, pleurnicharde, de ma mère.

— Dis-moi, que veux-tu que je fasse ? Le jeter à la rue ? Je l'ai déjà fait une fois et je ne me le pardonne pas jusqu'à ce jour. Je ne l'aime pas moins que tu n'aimes tes enfants. Il est difficile, je le reconnais, mais ce n'est pas de sa faute.

— Non, non et non, pas question qu'il vienne avec nous.

— Que veux-tu que j'en fasse, alors ?

— Mets-le à l'orphelinat. Je connais la directrice. Elle viendra ici samedi, tu pourras lui parler.

Un long silence.

Ah ! c'est comme ça, on veut se débarrasser de moi ! me mettre à l'orphelinat ! Comme Kasziek... et deux grosses grenouilles me traîneront de force dans une voiture... Pas question ! Je ne me laisserai pas faire... je mordrai, je grifferai, mais je n'irai pas là-bas. Je me sauverai... loin d'ici. Le plus loin possible de Mme Biczkowa, de Hadasské, de Yankélé.

En moins de deux, je fais mon baluchon : une couverture, du pain, un couteau et le pull noir de ma mère. Je laisse les souliers — ils sont pleins de trous. Je me sauverai et tout le monde me recherchera. J'irai chez les gens, comme la dernière fois.

Qu'est devenue tante Esther ? Et Estherké ? Où sont-ils, tous ? Où est Kasziek ? Et le démon ? On dit qu'il existe des formules magiques, des trucs... qui permettent de parler avec les démons. Ma mère m'a raconté un jour que dans sa bourgade, à Disna, il y avait une femme qui savait communiquer avec les morts, les démons et les *tzadikim*. Lorsque je lui ai demandé si elle se souvenait des formules, elle a piqué une colère et m'a ordonné de me taire. Mais je la soupçonne de les connaître, ces formules. Pourquoi ne veut-elle pas me les dire ? Je ne la comprends vraiment plus.

Dans la cuisine, c'est toujours le même silence. Il faut en

profiter. Mon baluchon à la main, je vais à la porte d'entrée : elle est fermée. Je reviens sur mes pas et m'assois sur le lit, à la fois désespéré et indifférent. Advienne que pourra. Quelques minutes plus tard, j'entends Mme Biczkowa soupirer profondément.

— Bon, d'accord, qu'il vienne avec nous. Mais il faut l'habiller. Tu as vu cette dégaine ? C'est une honte.

Elle sort de la pièce, pour revenir bientôt avec un paquet à la main.

— Ils sont en parfait état, tu devras seulement les raccourcir. Ce sont les habits de Yankélé. Oh, mon bon cœur me mènera à la tombe...

« Amen ! » répond une voix dans ma tête.

— Si au moins on pouvait lui arracher un signe de reconnaissance, un mot gentil, un sourire... Mais rien, seulement cette haine dans les yeux. Te dire la vérité, des fois, il me fait peur. Tu ne me crois pas ? Eh bien, appelle-le. Tu verras bien...

Comme j'entendais tout, j'avais déjà la main sur la poignée de la porte. Et en me poussant vers Mme Biczkowa, ma mère me souffle à l'oreille :

— Dis merci... mais souris donc, vaurien... fléau.

— Rien du tout... Elle peut crever !...

Le costume de marin est étalé sur la table, avec ses boutons dorés.

— Essaye-les, dit ma mère, désespérée.

— Je te l'ai dit. Tu vois que j'avais raison...

— Dis merci, répète ma mère.

— Non !...

Tous les habits du monde peuvent bien brûler. Qu'elle crève, la Biczkowa. Et ma mère peut bien mourir, elle aussi ! J'ai envie de lui sauter dessus, de lui arracher les yeux, mais je cède.

— Enfile la culotte, me souffle encore ma mère sur un ton menaçant.

Je nage littéralement dans ce froc. Je le déteste déjà. Dans mes vieilles fringues, je suis libre de faire ce que je veux, fouiller dans les poubelles, où l'on fait toujours une trouvaille. Une vieille godasse, par exemple ; on peut en faire un chouette de bateau à voile. Il suffit d'y fixer au milieu un bâton, d'y attacher un morceau de chiffon et vogue la galère... dans une flaque. Avec un peu d'imagination, il peut vous mener jusqu'au bout du monde.

Sur la table, parmi les vêtements, je remarque une boîte en tôle peinte en bleu. Une des faces représente un village plein d'arbres. Un homme pieds nus et coiffé d'un chapeau de paille joue de la guitare. Il a une grosse moustache et il sourit. A côté de lui, un bol de cacao. La Biczkowa et ma mère ont disparu, me laissant seul avec l'homme à la guitare. Je me promène fièrement entre les arbres avec mon costume marin, et tout le monde admire mes boutons dorés. Je m'assois à côté de l'homme à la guitare, qui m'invite à boire son cacao. Soudain, le village, les arbres, le guitariste disparaissent, chassés par la Biczkowa, qui est revenue, avec des ciseaux à la main.

— Je veux mes boutons ! hurle Yankélé... Et se tournant vers moi : Tu les auras pas, les boutons dorés... plutôt de la merde, me dit-il, en me tirant la langue.

— Quand je serai grand, je vous tuerai tous.

La Biczkowa fait un geste, comme pour protéger son fils.

— Vous l'entendez ? Il veut nous tuer ! Et tout ça, à cause de mon bon cœur. Je nourris un assassin sous mon toit. Tu finiras en prison ! hurle-t-elle avant de disparaître.

Ma mère me tombe dessus à bras raccourcis.

— Et si on nous met à la porte, où irons-nous, hein ? Réponds, fléau !

Le sang me coule du nez, mais je ne lui en veux pas à ma mère. Je suis si fatigué que je m'endors. Mon père m'apparaît en rêve. Le démon empoigne Yankélé par le bras et le pousse vers mon père, qui tient une hache à la main.

— Prépare-toi à mourir pour toutes les misères que tu fais à mon fils.

Yankélé, mort de peur, me supplie :

— Avrom Leib, dis à ton père de ne pas me tuer.

— A condition que tu me rendes les boutons dorés.

— Je le jure devant Dieu.

— Ça va. Papa, laisse, ne le tue pas.

Mais je ne suis pas sûr d'avoir bien fait.

Dans le train, nous occupons un compartiment réservé, plein de valises. Nous roulons vers la maison de campagne de la Biczkowa. Yankélé et Hadasské sont assis près de la fenêtre et font des grimaces aux paysans qui regardent passer le train. L'herbe des prés verts et les cimes des arbres se balancent doucement sous la caresse du vent. Le ciel est d'un bleu absolu. Sous le poids des gens et des bagages, les roues des wagons geignent et grincent : Biczkowa, Biczkowa, Biczkowa...

Et le sifflet de la locomotive répond : ce qu'elle est lourde, ouf, ouf, ouf, lourde, lourde, lourde...

Dans une des gares, un groupe d'enfants montent dans le train et occupent un compartiment voisin du nôtre. Profitant d'un moment d'inattention de ma mère, je vais les rejoindre. Ils portent le même habit et sont tous rasés comme des détenus, avec de grandes oreilles décollées.

— C'est un orphelinat, chuchote quelqu'un.

Un coup de sifflet du chef de gare, qui agite un petit drapeau et la locomotive redémarre. Les têtes rasées aux grandes oreilles pouffent de rire et se bousculent. Avec leurs habits uniformes, ils ont l'air d'un seul corps avec des dizaines de têtes.

— Oh, une vache ! s'écrie une des boules rasées.

— Regardez, une cigogne !

— Cigogne toi-même hé... tu vois pas que c'est un aigle !

A côté de moi, une vieille paysanne avec une figure de tomate mûre, couverte de poussière, tient son fils par la main.

— Attends-moi ici et fais attention au paquet. Je te conseille de t'asseoir dessus jusqu'à mon retour.

Le gosse a des cheveux de lin et des yeux bleus comme le ciel qu'on aperçoit par la fenêtre. Il porte des culottes « trois quarts » et ses pieds sont nus. Dans le compartiment voisin, la Biczkowa dort, la bouche grande ouverte sur ses dents en or. Ma mère sommeille, elle aussi. Yankélé et Hadasské regardent par la fenêtre.

— Toi aussi, tu vas à la campagne ? je demande au gosse à la tête de lin.

— Non. On va au mariage de ma sœur, et après, on ira voir mon père, parce qu'il est au bloc.

— Au quoi ?

— Eh ben, en prison, quoi...

— Pourquoi ?

— Parce qu'il a tué un agent de police d'un coup de fourche. C'est un dur, mon père, me dit-il fièrement.

— Comment tu t'appelles ?

— Staczek... Tu veux voir des films ?

— Ben ouais !...

— Tiens, colle ton œil là-dessus. Il faut tenir la pellicule face à la lumière. Tu vois des Indiens sur leurs chevaux ? Ils sont beaux... pas vrai ?

— C'est vrai.

— Tu sais, dans notre village, Berek a tué un poulain.

La gueule de tomate revient.

— Qui est-ce ?

— Ma mère.

— Qu'est-ce qu'elle est grosse !...

— Oui, et alors ?

— Est-ce qu'elle te bat, ta mère ?

— Bien sûr... Normal, puisqu'elle me donne à manger. Elle tape très fort.

— Moi aussi, ma mère me bat, je réponds fièrement.

— Staczek, où es-tu ? Je vais encore te perdre. Qui est-ce ? demande la paysanne en me montrant du doigt. Qui c'est ce petit youpin ? Et qu'est-ce qu'il te veut ?

Staczek ne répond pas.

— Il est capable de nous voler quelque chose. Décampe ! Tous les Juifs sont des voleurs...

Et en disant cela, elle m'envoie une gifle qui me fait voir trente-six chandelles. Je frotte ma joue : elle est toute chaude et commence à enfler.

— Je t'ai dit de foutre le camp, sale petit youpin.

Je ne me le fais pas dire deux fois, mais j'ai encore le temps d'entendre une gifle sur la joue de Staczek. « Graine de païen... Je t'interdis de jouer avec des Juifs !... »

— Où étais-tu ? me demande ma mère et qu'est-ce que c'est que cette joue enflée ?

— C'est la grosse paysanne qui m'a giflé parce que j'ai joué avec son fils.

— Quoi ! tu as joué avec un goy, espèce de païen !...

Cette fois, c'est l'autre joue qui encaisse et mon oreille se met à bourdonner.

— Que je t'y reprenne à t'amuser avec des goyim...

Je m'assois près de la fenêtre et je m'endors. J'ignore combien de temps j'ai dormi, mais j'ai été réveillé par les cris de la Biczkowa : nous avons raté la gare où nous devions descendre. Les cheveux en désordre, les yeux rouges, elle accuse d'abord ma mère :

— Ça, ça te ressemble ! Tu ne pouvais pas faire attention aux noms des gares ?

— Mais je ne suis jamais venue par ici. C'est toi qui connais l'itinéraire.

La Biczkowa compte les valises, posées en ordre sur le quai.

— Mon Dieu, il manque deux valises ! Ce sont les habits des enfants...

Chouette ! Je jubile. C'est ma petite vengeance pour les boutons dorés. Bien fait pour eux — ça leur apprendra.

Personne ne nous attend à la gare ; il nous faut donc porter nos valises nous-mêmes. Avant que le train ne démarre, Staczek bondit à la fenêtre et après s'être assuré que sa mère ne le voit pas, il me fait signe :

— Tu les veux ? J'en ai pas besoin. C'est des films avec Tom Mix à cheval.

Sa joue est presque aussi enflée que la mienne. Nous éclatons de rire tous les deux. Il jette les pellicules par la fenêtre.

— Merci, Staczek.

« Staczek, où es-tu encore, sauvage... » C'est sa mère qui le cherche. Il disparaît dans le wagon et le train démarre dans un grincement de roues. La locomotive bande toutes ses bielles et le convoi accélère, puis s'éloigne.

J'ai comme un pincement au cœur. J'aimerais bien le revoir, Staczek.

— Staczek ! Je crie de toutes mes forces. Au revoir...

Mais les mots sont couverts par le bruit des roues.

Dommage qu'il ne soit pas descendu ici, j'avais tellement de choses à lui raconter. Assis sur une des valises, je regarde devant moi. L'horizon est barré par un bois. A travers les arbres, j'aperçois des maisons grises. A quelques mètres, le long d'un trottoir, des cochers attendent le client, adossés à leurs fiacres. La Biczkowa discute avec l'un d'eux, chaussé de bottes immenses et coiffé d'un bonnet de fourrure qui lui arrive jusqu'aux yeux. La Biczkowa gesticule comme si elle chassait des mouches, mais le cocher se gratte la tête d'un air indifférent. Finalement, après un long marchandage, nous chargeons les bagages. Ils sont si lourds que le fiacre gémit de tous ses essieux.

La Biczkowa et ma mère sont assises sur les valises et moi

je suis à côté du cocher. Le cheval est si gros qu'il a l'air d'être enflé.

— Hue, fils de Satan, tire donc ! Il ne pense qu'à bouffer, c't'animal, crie le cocher en lui envoyant un coup de fouet.

— Pourquoi vous le battez ? Ça lui fait sûrement très mal.

Il ne répond pas. Je note qu'il pue la vodka à plein nez. D'ailleurs, je préfère me taire pour regarder le paysage. Devant nous, un champ plein de ronces racornies. Quelques minutes plus tard, nous pénétrons dans une forêt sombre, dont les cimes des arbres cachent le ciel.

Un profond silence nous enveloppe. Nous roulons sur un étroit sentier bordé des deux côtés par un tapis de feuilles mortes. J'ai l'impression bizarre que cette forêt cache quelque chose — un secret des dieux ou une légende qui remonte à la nuit des temps. Personne ne dit mot. La respiration lourde du cheval, le craquement des feuilles mortes et l'envol soudain d'un oiseau soulignent encore le silence. Une angoisse irraisonnée nous fait frissonner.

« hi ! hi ! hi ! » ricane un farfadet de la forêt. « Ho ! ho ! ho ! » lui répond entre les branches un merle à la voix enrouée. Parfois, un rai de lumière perce l'obscurité. Ou alors les yeux verts de quelque bête sauvage surgissent derrière un buisson et lancent leurs étincelles dans la pénombre, pour disparaître aussitôt, comme un fantôme dans la nuit.

La peur nous rapproche et nous nous serrons les uns contre les autres. Et, tout à coup, ma mère se met à parler d'une voix tranquille, comme pour elle-même :

— Il y a bien longtemps, vivait un prince qui était connu pour sa haine des Juifs. Il était le chef d'une bande de brigands qui se cachaient dans la forêt. Mais la nuit venue, ils sortaient de leur repaire et arrêtaient les passants pour les dépouiller. Ceux qui osaient leur résister étaient égorgés sans pitié. Bref, ce prince noir avait versé beaucoup de sang juif et de nombreux ossements avaient blanchi sur la route, terrorisant tous les voyageurs de la région. Les âmes errantes des victimes, qui n'avaient pas été enterrées selon la tradition juive, gémissaient et pleuraient entre les arbres.

Un jour, un jeune talmudiste, pauvre comme Job, traversa la forêt pour se rendre à la Yeshiva de Rabbi Mendel, de mémoire bénie, fameux pour ses intercessions auprès de Dieu en faveur des âmes pures. Sa profonde sagesse et sa bonté étaient connues à des lieues à la ronde. C'était un vendredi soir et le soleil s'était couché depuis une bonne heure lorsque le jeune homme rencontra un groupe de marchands.

Comme ils étaient ignares en matière de Thora, ils demandèrent à notre talmudiste de dire en leur nom la prière qui accueille la fiancée du chabbat. Baroukh, c'est le nom du talmudiste, se mit à prier avec ferveur. Lorsqu'il eut fini, les marchands s'installèrent sous un arbre pour le repas du soir. Comme ils étaient riches, ils tirèrent de leur besace des poulets rôtis, du pain aux raisins secs et toutes sortes de fruits, qu'ils attaquèrent de bon appétit, sans prêter la moindre attention à Baroukh, assis à l'écart. Bien que tiraillé par la faim, il était trop délicat pour demander aux marchands ne fût-ce qu'un morceau de pain. Mais il n'était pas seul : leur cocher était aussi affamé que lui. Aussi, Baroukh leur parla en ces termes :

« Messieurs, je ne veux rien pour moi-même. Je vous demande seulement d'avoir pitié de votre cocher. Il est vrai que c'est un goy, mais il est écrit : Nous avons été esclaves en Egypte, où nous avons également eu faim. Vous devez vous en souvenir et partager votre repas avec lui.

— Puisque tu es si généreux, partage avec lui. Qui sait combien de temps encore nous serons en route ? Et si (que Dieu nous garde) nous venions à manquer de nourriture ? »

Baroukh ne répondit pas ; il se souvint alors qu'il avait dans la poche un quignon du pain vieux de deux jours. Il le partagea en deux parts égales et en donna une au cocher, tout en s'excusant :

« Croyez bien que je le regrette, monsieur, mais c'est tout ce que j'ai.

— Je ne puis que vous remercier, monsieur. J'espère toutefois qu'il me sera donné bientôt de vous prouver ma reconnaissance », répondit le cocher.

Puis il s'assit à côté de Baroukh, mit un peu de sel sur son pain et le mangea sans plus de façons. Le lendemain, ils reprirent tous la route.

« Je vous en prie, accompagnez-moi, demanda le cocher à Baroukh. Vous êtes juif, mais Dieu habite votre cœur. Venez avec moi, je vous en conjure ; ne me laissez pas avec ces scélérats. »

Et parce qu'il avait bon cœur, Baroukh accepta.

La forêt était de plus en plus noire et les arbres de plus en plus serrés. La voiture avait toutes les peines du monde à suivre le sentier.

— Soudain, continua ma mère, la terreur s'empara des marchands : en un clin d'œil, ils se virent cernés par une bande de brigands armés jusqu'aux dents. Ils avaient bien trop peur pour offrir la moindre résistance. Les brigands les amenèrent, poings liés, jusqu'à leur repaire, où ils les délestèrent de leur or et de leurs vêtements. Nus comme des vers, désespérés, ils se mirent à prier pour implorer l'aide de Dieu. Vers minuit, ils furent conduits dans une sorte de grange immense. Quelques minutes plus tard le chef de bande entra — c'était le cocher ! Un silence de mort tomba sur les marchands. Le chef s'adressa d'abord au talmudiste :

« Toi, Baroukh, tu as fait preuve de grandeur d'âme en partageant avec moi ton quignon de pain, pendant que ceux-là (ici, il désigna les commerçants d'un geste) s'empiffraient de brioches et de victuailles, dans la plus complète indifférence à notre égard, alors que notre ventre criait famine. Va ! tu es libre. Mais je te demande d'accepter en reconnaissance l'or de ces sacripants. »

Avec cet or, le brave Baroukh édifia un orphelinat, une

maison de retraite et une synagogue. Plus tard, il devint un érudit réputé dans tout le pays pour sa sagesse et son savoir.

— Et que sont devenus les marchands ? demanda la Biczkowa.

— On les a égorgés, répondit ma mère sans sourciller.

La Biczkowa se ratatina dans son coin.

— Y a-t-il des brigands dans la forêt ? ai-je demandé au cocher.

— Quels brigands ?

— Je demande si nous devons craindre une attaque de brigands dans cette forêt.

— Bien sûr, ici comme ailleurs, les brigands attaquent les riches pour les dépouiller, répondit le cocher, avec un drôle de sourire sous sa moustache, alors qu'autour de ses yeux les rides dessinaient des pattes-d'oie.

— Les brigands n'attaquent pas les pauvres, pas vrai ? ai-je demandé pour me rassurer.

— Et pour quoi faire ? Les dépouiller de leurs poux ?

— Ça, c'est vrai, pour quoi faire ?...

La malle verte et le châle noir de ma mère étaient restés chez la Biczkowa. Encore une chance que nous soyons pauvres, ai-je pensé.

— Madame Biczkowa, lui ai-je dit, si des brigands nous attaquent, ils vous égorgeront et nous donneront tout votre argent, comme dans l'histoire de Baroukh.

Je n'avais pas sitôt terminé ma phrase que j'essuyai une torgnole de la meilleure cuvée.

— Fléau ! tu ne te tairas donc jamais ?...

— Que veux-tu, il a de qui tenir — c'est le fils de Menaché, que son nom et sa mémoire soient effacés [1]..., siffla la Biczkowa.

---

1. Malédiction empruntée à la Bible.

— Ben quoi, qu'est-ce que j'ai dit de mal ? Maman aussi a dit qu'il fallait égorger les riches.

— Dieu du ciel ! j'ai amené un assassin...

Nous sommes arrivés un dimanche. La Biczkowa signifia aussitôt à ma mère qu'elle ne me supporterait pas davantage. En disant cela, ses yeux brillaient comme des braises et son nez, ordinairement d'un rouge betterave, était blême.

— Si tu veux le garder avec nous, surveille-le un peu plus. Il devra rester dans sa chambre. En tout cas, je ne veux plus le voir. Et mes enfants non plus ; ils ont assez souffert de sa présence. Je-ne-veux-plus-le-voir... c'est clair ! conclut-elle, scandant les mots en frappant du poing sur la table.

Elle tremblait de la tête aux pieds, et sous son foulard, ses cheveux lui tombaient sur les yeux. Le nez, plus proéminent que d'habitude, ressemblait à une carotte entre deux trous. Son cul n'était pas en reste : il avait l'air de danser en solo, de haut en bas et de droite à gauche.

— Mais comment lui interdire de quitter sa chambre ?

Au lieu de répondre, la Biczkowa quitta la pièce en faisant tressauter ses fesses, sans cesser de gesticuler, suivie de ma mère.

Je suis resté seul. Adieu les belles balades dans la nature, les milles découvertes dans les prés et les bois... Je serais enfermé dans ma chambre et ne verrais le monde que par la fenêtre, qui était d'ailleurs trop haute pour me montrer autre chose que le ciel.

Un couple de papillons volette autour de quelque fleurs. Et parce que je me sais condamné à la chambre, ils me semblent gris et ternes ; jusqu'aux fleurs qui ont l'air d'avoir perdu leurs couleurs et de s'être refermées sur elles-mêmes. Au loin, une forêt barre la ligne d'horizon. Elle est si dense que même la Biczkowa n'a pu l'effacer du paysage. Elle cache peut-être des détrousseurs et autres bandits de grand chemin. Ils me sont si proches à présent, plus proches, même, que ma mère, qui ne sait que pleurer et geindre.

Je me faufilerais là-bas à la faveur de la nuit et j'attendrais qu'ils sortent de leurs repaires. Ils auraient certainement des barbes jusqu'aux genoux, de grands couteaux à la ceinture et des revolvers dans les mains. Le chef de bande — je le reconnaîtrais à son chapeau à plumes, signe de son grade — me demanderait :

— Avrom Leib, que puis-je faire pour toi ?

Des brigands n'avaient-ils pas aidé Baroukh ? Ne lui avaient-ils pas donné l'or des marchands ? Mais une question me trottait dans la tête : que ferais-je de tant d'argent ? Je n'y avais jamais pensé.

D'abord, j'achèterais une maison entourée de fleurs. Dans la cuisine, de grands chaudrons en fonte occuperaient le fourneau, comme chez les riches. Et dans chaque chaudron mijoterait un mets. Des pommes de terre avec de la viande dans le plus grand, des *tsimess* avec beaucoup de raisins secs dans un autre...

Et la Biczkowa, qu'est-ce que j'en fais ? Les brigands me poseraient sûrement cette question. J'hésitais... Qu'on l'enferme dans une petite chambre et qu'elle cuisine toute la journée... et à chaque pauvre qui frappera à sa porte, elle devra donner une grande assiette pleine de ce qu'il aura demandé. Si ma mère avait été là, à mes côtés, je l'aurais associée à mon projet — que je trouve magnifique, et pourtant si simple.

Elle se serait mise en colère, je parie. Mais je n'ai personne à qui me confier — ils sont tous contre moi.

La porte donnait sur un jardin. Je suis sorti. Un oiseau siffla d'un air moqueur, puis se posa et se mit à sautiller. Il levait et abaissait sa queue, me montrant son derrière pour me provoquer. Enervé, je lui jetai un caillou ; il disparut dans un buisson, pour continuer ses trilles sur le même ton railleur. Une dizaine d'oiseaux se joignirent au concert.

« Vos gueules ! » ai-je hurlé. Les fleurs aussi semblaient s'être mises de la partie. Les têtes rouges des géraniums approuvaient en se dandinant sur leurs tiges. Une sorte de folie me monta à la tête. Un caillou dans la main, j'ai tapé dans le tas. Un des moineaux s'éloigna en boitant, alors que les autres s'enfuyaient à tire-d'aile. Au tour des fleurs, maintenant ! Avec un bâton, je les décapitai froidement pour effacer leur affreux sourire. Finalement, il n'en resta qu'un tas de feuilles et de pistils broyés, dont on distinguait encore les yeux rouges. Ouf, je me sentais soulagé !... Les cadavres des fleurs gisaient à mes pieds, muets, vaincus.

Soudain, j'entendis un cri. Il venait d'en haut, au-dessus de ma tête — et au même instant, je sentis une grêle de coups s'abattre sur mon crâne.

— Dieu du ciel, il a saccagé le parterre de fleurs ! Vandale, sauvage ! Mon bon cœur finira par me perdre...

L'espace de quelques secondes, j'ai perdu connaissance. De ses deux poings, elle me martelait le visage, la tête, le dos. Je suis tombé sur le tas de géraniums. Je n'avais plus mal — je ne sentais qu'un grand désordre dans ma tête et je saignais du nez. Puis ce fut une profonde fatigue. Le parfum des fleurs m'était insupportable. Je voulus me lever, mais j'en étais incapable. Ma tête était lourde et mes jambes refusaient d'obéir. Je vis une ombre s'approcher — elle ressemblait à ma mère.

— Avrom Leib, que t'est-il arrivé ? Qui t'a mis dans cet état ?

Sur le moment, je n'ai pas compris la question et j'ai dû faire un effort pour répondre.

— C'est la Biczkowa...

— Pourquoi ?

La voix de ma mère était à la fois calme et menaçante. Une voix que je ne lui connaissais pas.

— Lève-toi et suis-moi.

Son regard n'annonçait rien de bon.

— Elle a osé... je vais la tuer, grinça-t-elle.

Nous sommes entrés dans la cuisine et, là, elle empoigna un râteau. Soudain, j'étais fier de ma mère. Ce n'était plus la petite maman pleurnicheuse que je ne connaissais que trop. Je l'imaginais déjà en brigand, même si elle n'avait pas de barbe.

— Avrom Leib, si je la tue, tu devras t'en aller immédiatement. Mais avant de partir, tu prendras la petite bourse jaune cachée sous le matelas.

— Pour quoi faire ?

— Tu prendras le train pour Lodz. Là-bas, tu trouveras bien quelqu'un pour s'occuper de toi.

— Qui ?

— Je ne sais pas. Mais je te fais confiance.

Je voulais lui dire de se calmer, de ne pas tuer la Biczkowa, mais son regard me fit comprendre que c'était inutile. Je l'enviais d'être déjà assez grande pour être autorisée à tuer. Moi, il me faudrait encore attendre.

— Viens avec moi.

La porte de la chambre était fermée à clé. Ma mère la poussa si fort que la serrure céda. Je ne l'aurais jamais crue aussi forte. La Biczkowa était assise dans un fauteuil et lisait un journal, le nez chaussé d'énormes lunettes. Son corps ne faisait qu'un avec le fauteuil.

— Tu as battu mon fils ? demanda ma mère d'une voix étrangement calme. (Seul, le tremblement de ses lèvres trahissait sa colère.)

— Quoi ! tu as encore le culot de prendre sa défense, au lieu de le corriger !...

— La vie s'en est déjà chargée — il a été corrigé plus souvent qu'à son tour. Et maintenant, tu vas me dire pourquoi tu as battu mon fils...

Le râteau commençait à danser dans ses mains.

Puis elle s'approcha du fauteuil :

— Un enfant sans défense !
— Et alors ! Il n'a que ce qu'il mérite.
— Et tes mômes, tu les bats aussi jusqu'au sang ?
— Voyez-moi ça, la belle affaire : j'ai osé toucher au fils de Menaché le *mechoumad*[1]. On pourrait croire que...

Elle ne termina pas sa phrase, car le râteau s'anima dans les mains de ma mère. Il se levait et retombait sur la tête de la Biczkowa comme s'il battait la mesure d'une drôle de litanie qu'elle récitait d'une voix blanche :

— Tiens, pour toutes mes souffrances, et ça, pour mon fils, et celui-là, pour ma chienne de vie...

Le râteau frappait de plus en plus vite. La Biczkowa, incapable de s'arracher de son fauteuil, essayait de se défendre — elle parvint même à envoyer des coups de tatanes à ma mère. Et soudain, le râteau s'immobilisa. J'ai immédiatement compris le danger, car la Biczowka était bien plus grande que ma mère. D'un bond, je me suis jeté sur elle, comme Bourek. Bourek était un petit chien, presque un chiot. Un jour, je l'ai vu se jeter sur Aharon l'ivrogne, qui lui avait envoyé un coup de pied, et lui planter les dents dans les mollets. Aharon s'était enfui en poussant des hurlements. Et pourtant, Aharon était un malabar...

Les jambes de la Biczkowa avaient un teint gris et étaient couvertes de poils et de plaques jaunes dues à la graisse qu'elle avait emmagasinée toute sa vie. J'y ai planté les dents. Le goût était écœurant — et ça puait comme la crème dont elle se tartine contre les rhumatismes.

— Oy, mon Dieu, il m'a mordue ! bandit ! assassin ! Au secours !...

J'avais mordu à pleines dents et ma bouche était pleine de poils. A genoux, j'entendais la respiration lourde de ma mère

1. Apostat ; désigne celui qui s'est converti au christianisme, le comble de l'ignominie dans les communautés juives.

et les coups sourds sur la tête de la Biczkowa, qui résonnait comme une boîte vide. Elle avait perdu connaissance. Sa bouche n'était plus qu'un trou noir, car son râtelier était tombé par terre, souriant de toutes ses dents, comme s'il savourait une vengeance. Elle l'avait peut-être persécuté, lui aussi...

Ma mère examina le visage de sa sœur pour voir si elle vivait. L'un des yeux était ouvert et rouge comme un géranium. J'ai craché dessus ; la salive atterrit en plein milieu de l'œil et se mit à couler comme une énorme larme visqueuse.

— Et maintenant, Avrom Leib, il faut déguerpir.

Ma mère traînait une grande valise et moi je portais un petit paquet. Il n'y avait personne sur la route.

— Avrom Leib, dépêchons-nous, sinon nous risquons de manquer le train.

— Où est-ce qu'on va maintenant ?

— A Lodz.

— Et qu'est-ce qu'on va faire à Lodz ?

— Nous nous séparerons. Toi, tu iras dans un orphelinat.

— Et toi, maman ?

— Je ne sais pas. Je retournerai peut-être à Vilna.

— Et tu viendras me voir ?

— Tais-toi, tu me brises le cœur. Je ne t'abandonnerai plus jamais.

J'aurais voulu lui dire encore tant de choses. Par exemple, que jamais plus je ne piétinerais des fleurs. J'étais prêt à tout pour ne pas aller à l'orphelinat. Kasziek m'avait raconté que l'orphelinat est un grand bâtiment gris, avec des barreaux aux fenêtres. Tous les enfants sont habillés en marron et ils ont toujours faim. Et le pire, pour la moindre faute on est battu. Je ne pouvais plus compter sur ma mère. Elle avait bien dérouillé la Biczkowa, mais c'est parce que la Biczkowa m'avait presque assommé. Et si on me bat à l'orphelinat, comment le saura-t-elle ? Elle sera loin... Soudain, ma mère s'arrêta, elle blêmit et me dit d'une voix tranquille, sans me regarder :

— Mon Dieu, j'ai oublié la bourse jaune sous le matelas... Qu'allons-nous devenir ! ? Nous n'avons pas un sou pour prendre le train. Il nous faudra aller à pied. Encore heureux que nous ayons de quoi manger dans la valise. Tu as faim ?

J'ai fait oui de la tête. Nous nous sommes assis sur le bord de la route, avec la valise en guise de table. J'avais très faim, mais j'étais incapable de toucher au pain tartiné de graisse d'oie avec des oignons, dont pourtant je raffole.

— Mange, Avrom Leib, qui sait quand nous mangerons la prochaine fois...

Sa silhouette se noyait dans l'ombre, pour en surgir, de temps à autre, à la faveur d'un rayon de lune. Il commençait à faire froid. Nous nous sommes couverts avec un châle de laine. Nous étions si proches, moi blotti contre elle, et à la fois si éloignés l'un de l'autre.

— Que vas-tu devenir, Avrom Leib ? Rien que d'y penser, j'en ai des frissons... Si ce n'est pas l'orphelinat, tu vas encore aller chez tante Esther.

— Mais elle est gentille, tante Esther.

— Tais-toi, je ne veux plus entendre son nom.

Soudain, deux phares balayèrent la route devant nous. Puis on entendit le toussotement d'un moteur.

— Viens, mettons-nous au bord de la route. On nous prendra peut-être.

Nous avons fait des signes de la main. Les phares clignotaient comme les yeux d'une bête monstrueuse, baignant les choses d'une lumière jaune, qui leur donnait un air pâle et fatigué. Le camion s'arrêta devant nous.

— Où voulez-vous aller ? demanda en polonais une voix d'homme qui semblait venir du ventre de la bête. (J'entr'aperçus une grosse moustache tombante.)

— A Lodz.

Ils devaient être deux, parce que j'entendis une discussion

dans la cabine. Je crois que l'autre voix ne voulait pas nous prendre. Ma mère s'approcha rapidement de la portière, avec un gracieux mouvement des hanches. Je l'ai regardée, surpris et charmé. Je ne lui connaissais pas cette démarche. Des phrases hachées me parvenaient à l'oreille :

— Et le gosse ? demanda une voix enrouée.

— Nous attendrons qu'il s'endorme.

— Ça risque de prendre longtemps.

— Eh bien, nous le mettrons dans la cabine et nous le ferons à tour de rôle. Toi, tu la sautes d'abord. Par-derrière. Il y a de la paille là-dedans. Et tâche de faire vite.

« Entre dans la cabine », chuchota ma mère. Sa voix était étrangère, avec une nuance de menace ; elle me rappelait celle de tante Esther, lorsqu'elle avait discuté avec le cocher. « Avrom Leib, nous n'avons pas le choix. Nous risquons de passer la nuit dehors. Monte vite dans la cabine. » Elle me poussa brutalement à l'intérieur. Le chauffeur portait un veston au col remonté qui lui cachait le visage.

— C'est ta mère ? me demanda-t-il.

— Oui.

Au-dessus de ma tête, il y avait une glace. L'homme au veston se mit à fredonner une marche militaire. Les faisceaux des phares fouillaient prudemment la route. Dans la lumière des phares, des insectes transparents fuyaient devant nous. Le chauffeur freina et se tourna vers moi :

— Eh, le môme, elle est belle, ta mère, hein ?

Dans la glace, je la vis couchée, la robe relevée.

— A poil, ordonna sèchement l'autre homme.

— J'ai froid...

Elle était maintenant à moitié nue, les jambes écartées.

L'homme était sur elle. Il n'avait gardé que ses énormes souliers. Les jambes de ma mère étaient croisées sur son dos. Leurs mouvements, d'abord lents, s'accélérèrent. J'ai fermé les yeux ; je ne voulais pas voir... Un sentiment d'impuissance et de honte me submergea. Le camion s'arrêta à trois reprises et les deux hommes se relayèrent à chaque fois.

Elle est vaillante à l'ouvrage, ta mère..., me dit le moustachu, avec un rire gras.

Le camion s'arrêta. Ma mère se rhabilla et s'assit à côté de moi, dans la cabine arrière.

— Avrom Leib..., commença-t-elle.

Elle n'a pas continué, car je lui envoyai un grand coup de pied. Elle s'écarta pour se coller contre la porte de la cabine. Son visage était calme, presque sans rides.

— Tu n'es qu'un enfant... Tu ne peux pas comprendre.

Quelques minutes plus tard, j'ai vu sa main se promener doucement sur la jambe du chauffeur.

Ma mère m'est tellement étrangère, à présent. Et plus elle essaye de m'amadouer, plus je la repousse. Comment oublier sa main sur la cuisse du moustachu ? Et si elle n'était pas ma mère ? On m'a peut-être changé avec quelqu'un d'autre... Les pensées se bousculaient dans ma tête. J'aurai peut-être encore une occasion de me sauver.

A Lodz, nous allons directement au Bureau du secours social. Je pourrai peut-être m'enfuir avant d'entrer. Car je n'attends plus rien de personne.

— Dis maman, est-ce qu'il y a encore des brigands dans le monde ?

— Le monde est plein de brigands.

Tout n'est donc pas perdu. Je m'accroche à cette lueur d'espoir.

— Où sont-ils ?

— Partout. Et maintenant, tais-toi. Tâche de te conduire comme il faut. Au moins tu n'auras pas faim à l'orphelinat. J'espère qu'ils t'accepteront.

Mais il n'y a pas de place à l'orphelinat. C'est le secrétaire de la communauté qui nous l'a dit. Il a un visage tout en largeur entouré d'une barbe, et des petits yeux brillants comme les yeux d'un bouillon de volaille.

— Croyez-moi, j'ai examiné toutes les possibilités, mais nous sommes vraiment au complet. Ils ne sont que trop nombreux dans son cas. Ah, chère madame, Israël ne manque pas de malheurs, allez...

— Je ne bougerai pas d'ici. Où voulez-vous que j'aille avec lui ? Vous voulez me pousser au suicide ?... Où est donc la miséricorde juive ?.. Je vous en supplie, aidez-moi !

Le secrétaire m'observe d'un air indifférent, puis il regarde ma mère. Il a le même regard que le chauffeur pour la détailler de bas en haut. Si un jour je me fais brigand, c'est lui que je tuerai le premier. D'ailleurs, j'ai en tête toute une liste de gens que je voudrais tuer — et ils sont nombreux...

Une petite bonne femme avec une robe qui lui tombe jusqu'aux chevilles entre dans la pièce. Son visage est aussi fripé qu'une pomme pourrie. Elle a pour ma mère un bon regard où se mêlent pitié et tendresse.

— Comment t'appelles-tu, mon petit ? me demande le secrétaire.

Je ne réponds pas ; et s'il approche, je lui envoie un coup de tatane.

Ça pue le moisi dans cette pièce. Les plâtres s'écaillent comme une peau malade. Au mur, le portrait d'un homme à longue barbe, coiffé d'un bonnet de fourrure. Ses yeux noirs sont un peu effrayants.

— Faites ce que vous voudrez, mais moi je ne bouge pas d'ici.

— Plus tard, peut-être, madame, dit doucement le secrétaire. Venez me voir sans l'enfant. Nous pourrons alors parler tranquillement.

En disant cela, ses yeux fixent ma mère comme un chien en arrêt devant une boucherie.

— Un instant, intervient la petite bonne femme, on peut peut-être arranger quelque chose. Pas dans l'orphelinat même, mais on pourrait le confier à une famille adoptive. J'en connais une qui, je pense, serait disposée à le prendre. Ce sont des gens de modeste condition, mais honnêtes.

Je fixe toujours le barbu du portrait.

— Je vois, mon petit, que cet homme te plaît. Sais-tu qui c'est ? me demande le secrétaire.

— Non.

— C'était un saint homme. On l'appelle le Baal Chem Tov [1]. C'était un grand *tzadik.* Il vivait comme le plus humble d'entre les humbles. La nuit, il allait couper du bois dans la forêt pour les pauvres gens.

Rapide comme l'éclair, une pensée me traverse l'esprit. Ce *tzadik* était en fait un brigand déguisé en bûcheron, tout comme le chef de bande dans l'histoire de ma mère, qui se faisait passer pour un cocher. Ça me paraît si évident que je l'aurais juré. L'homme du portrait a un regard sombre et très profond, le regard des grands sages. Il me suffit de savoir qu'il aidait les pauvres gens pour me sentir très proche de lui.

— Pourquoi le regardes-tu comme ça ? me demande encore le secrétaire. Tu voudrais être un *talmid H'akham* [2]?

— Non.

— Non ? s'étonne le secrétaire. Et qu'est-ce que tu voudrais faire plus tard ?

Je ne le lui dirai pas. Il me dégoûte, ce type. Il a le visage luisant de graisse, des lèvres épaisses, de grandes oreilles. Par ses manières et les grands airs qu'il se donne, il me rappelle la Biczkowa.

— Eh bien, parle ! Ne sois pas si timide.

— Je veux être un brigand pour vous tuer, vous et la Biczkowa.

---

1. Littéralement, l'Homme de Bon Renom. Surnom du fondateur du mouvement hassidique en Europe orientale, vers la moitié du XVIIIe siècle.

2. Grand érudit dans la Thora.

J'ai à peine terminé ma phrase que j'écope deux baffes. Un silence lourd s'installe dans la pièce. Seul, l'homme du portrait au mur me sourit avec bienveillance et me dit doucement, pour que personne n'entende :

« Les brigands doivent savoir souffrir, et même encaisser des gifles. Ils n'ont pas la vie facile. »

Pour moi, ces mots sont aussi clairs qu'un jour d'été.

Nous allons chez les Licht, ma famille adoptive. Au fur et à mesure que nous approchons, les rues se font de plus en plus étroites, les passants et les enfants plus rares. De temps en temps, on rencontre des femmes accompagnées d'enfants, fouillant dans des tas d'ordures, telles de monstrueuses mouches. Nous nous arrêtons devant une boutique à la porte peinte en marron, faite de planches mal ajustées. La vitrine est pleine de pâtisseries de toutes sortes.

— Tu veux un gâteau ?

— Oui.

— Tiens, mange. Je ne sais pas quand je pourrai encore t'acheter un gâteau.

Elle y mord à pleine bouche et me donne le reste. J'en ai très envie, mais je n'y toucherai pas. Le gâteau me dégoûte soudain, parce que les traces de dents dans la pâte viennent de me rappeler l'image de ma mère embrassant le chauffeur du camion, et sa main sur la cuisse du moustachu.

— Je ne veux pas manger.

— Pourquoi ?

— Je ne veux pas le dire.

Nous continuons à marcher. Les maisons sont de plus en plus petites, plus sombres, plus sales. Seule une église les domine de toute l'arrogance de son clocher, son toit de tuiles rouges, ses hautes fenêtres à vitraux. Deux statues peintes encadrent le portail. Elles portent chacune une longue robe bleue, décorée d'étoiles dorées. Elles ont toutes les deux une couronne sur la tête et un visage tordu.

Celle de droite me rappelle Mme Biczkowa lorsqu'elle a sa migraine. Chaque carriole qui passe devant elle lui envoie un jet de boue — bien fait pour sa gueule, elle le mérite. La deuxième statue me fait penser à ma mère, lorsqu'elle pleure. Si tous les saints chrétiens doivent souffrir, comme ils disent, alors ma mère mérite la première place chez eux. Tous les gens que j'ai connus ont souffert. Je pense qu'une statue de Kasziek aurait également sa place, ici, et une de Malkélé, et même de Chmelké. Mais la liste est vraiment trop longue. Je doute que cette église puisse les contenir tous. J'aurais tout de même éloigné la statue de la Biczkowa de celle de ma mère, parce qu'elles se disputeraient à longueur de journée.

— Dis, maman, tu es déjà entrée dans une église ?

— Comment ? Une église ? Tu n'y penses pas, malheureux. Tfou, tfou [1], sur la tête des goyim ! Mon Dieu, à quoi il pense ? Qui sait ce que cet enfant me réserve encore !...

Elle s'arrête pour me serrer dans ses bras, comme pour me protéger contre les démons et mauvais esprits. Mais d'un seul mouvement, je lui file entre les mains.

— Je ne veux pas que tu me serres dans tes bras.

Et tout en disant cela, je le regrette déjà. Oh, comme je le regrette ! Je voudrais lui demander pardon, surtout que quelque chose me dit que je ne la reverrai pas de sitôt.

— Tu as un cœur de pierre, comme ton père. Aucun sentiment, aucune tendresse.

Nous sommes arrivés très tard. La maison que nous cherchions se trouvait dans une sorte d'impasse où toutes les façades se ressemblaient, l'une épaulant l'autre, pour ne for-

1. Onomatopée pour chasser le mauvais œil.

mer qu'une seule masse. Les fenêtres borgnes étaient autant de trous noirs comme des bouches mortes dans un cri. Certaines étaient éclairées par des lampes à pétrole qui vacillaient telles des âmes agonisantes.

Ma mère tira le cordon d'une sonnette. L'écho se répercuta dans la ruelle endormie. Dans un coin, un cheval attelé à une charrette semblait somnoler. Des ombres tout en longueur se cachaient entre les roues, comme des animaux fabuleux. Une sorte de peur nous envahit.

— Tu vois, Avrom Leib, me dit ma mère sans me regarder, cette maison est à l'image de notre vie : vide — et noyée dans l'obscurité.

Elle sonna une seconde fois. Quelques minutes plus tard, on entendit des pas qui approchaient. Probablement un vieil ivrogne, ai-je pensé.

— Qui est-ce ? demanda une voix de femme.

— Nous cherchons la famille Licht.

— Ils veulent voir les Licht, dit une voix d'homme en éclatant de rire.

— C'est pas ton affaire. On te pose une question, réponds, c'est tout...

— Te fâche pas, Magda, ce que j'en disais...

— C'est à quel sujet ? demanda la voix.

— C'est pour leur confier mon fils... Pour son éducation.

La porte s'ouvrit. Le concierge était court sur pattes, ventru et un peu courbé.

— Pov'môme. Ils en ont encore pris un dans leur filet, les salauds... pires que des sangsues ! Mais c'est pas mes oignons. Faites très attention en montant l'escalier. Il n'y a pas de rampe et les marches sont aussi délabrées que la chemise d'un gueux. C'est la première porte à droite, au premier...

Le concierge nous observait de loin et ne cessait de se gratter, comme si une légion de puces lui était tombées dessus, tout en grommelant :

— Des sangsues... de vraies goules !

— Sangsues, goules, des marches délabrées comme la chemise d'un gueux... Tous ces mots me fichaient la frousse.

— Viens, maman, partons... J'ai peur.

— Pour aller où ?...

Sa voix était sourde comme le bruit d'un objet qui tombe. C'était fichu ! Il ne fallait plus compter sur elle. Sur le palier, une puanteur nous frappa en plein visage et nous fit suffoquer devant la porte. Avant de frapper, elle ajouta, comme pour me consoler : « Quoi qu'il arrive, ne va pas croire que je t'abandonne. Et si je ne viens pas te voir, ça voudra dire... »

Là elle s'arrêta, comme si elle cherchait ses mots. Pourquoi est-on si seul quand on est malheureux ? Où est Kasziek ? et Estherké ; où est Godel, qui sait tout ? Je me suis souvenu de ses paroles : « Nous, les voleurs, on n'abandonne jamais un ami dans le malheur. »

Dans ce cas, vaut mieux être voleur ! Alors pourquoi ma mère tient-elle à ce que je sois un honnête homme ? Que j'étudie au *héder*, que je sois un bon Juif ? Tous ces gens comme il faut finissent toujours par trahir. Jusqu'à ma mère, qui m'abandonne. Tout ça, c'est de ma faute. J'aurais pas dû saccager les fleurs. Oh, et puis zut ! je m'en contrefous, tout m'est bien égal. J'ai saccagé les fleurs ? et alors ? Elles l'avaient bien cherché. Ça leur apprendra à se moquer de moi ! Saccager toutes les fleurs. Foutre le feu au monde entier. Je les déteste, déteste, déteste...

La femme qui nous accueillit était d'une taille bien au-dessus de la moyenne et ses traits semblaient taillés à coups de hache. Sous sa perruque luisaient deux yeux noirs et vifs comme ceux d'une souris. Les poings sur les hanches, l'œil agressif, elle avait l'air de soutenir le plafond noir de suie. Une petite lampe à pétrole qui fumait trônait au milieu de la table, encombrée de toutes sortes d'objets. Les vieux meubles sentaient la bouse et la litière de vache.

— Je commençais à m'inquiéter, dit la femme d'une voix virile.

— Il est difficile de trouver votre adresse, surtout dans le noir.

— Bien sûr, bien sûr...

Debout au milieu de la pièce, nous nous observions mutuellement.

— Comment t'appelles-tu, mon petit ?

— Avrom Leib.

— Moi, je m'appelle Malka, et je travaille ici — elle désignait un tas de tripes de vache. C'est mon gagne-pain. Je nettoie ces boyaux pour le boucher, Moïché Sroïl.

Elle se frappa soudain le front, comme si elle venait de se souvenir d'une chose très importante.

— Quelle maîtresse de maison je fais ! Je bavarde au lieu de vous inviter à manger... Vous devez avoir faim ?... Que diriez-vous de beignets de pommes de terre à la graisse d'oie ?

La pauvreté de la pièce, l'air modeste de Malka, ses grandes mains calleuses, cette simplicité dans son parler me plaisaient. Toute son attitude dégageait une sorte de bonté qui me firent chaud au cœur.

— Tu as faim ?

— Oui.

— Eh bien, ça me plaît,... j'aime les gens qui ont bon appétit. Je crois que nous serons amis.

Je commençais à l'avoir à la bonne, lorsque soudain, elle s'approcha et, comme sans le faire exprès, elle me caressa la tête. J'ai déjà dit que j'ai horreur de ça ; c'est plus fort que moi : sans même réfléchir, je lui ai mordu la main à pleines dents, lui ai filé un coup de pied dans le genou et d'un bond je suis passé derrière la table. J'ai fait un rapide inventaire de ce qui était à portée de ma main, pour voir ce qui pourrait me servir de bouclier. Quel raffut, mes aïeux ! Malka hurla, secouant sa main qui saignait. Ma mère courait dans tous les sens, essayant de m'attraper.

— Demande pardon...
— Jamais...
Je me suis retranché derrière la table, une grande fourchette à la main, bien décidé à me défendre.
— Satan... Peste... C'est le sang maudit de ton père...
Et tout à coup, j'ai vu des larmes briller dans les yeux de Malka. Sûrement que sa main lui faisait mal.
— Calme-toi, mon petit... Avrom Leib. Nous ne te voulons pas de mal.
— Il est sauvage, mais que puis-je y faire ?
« J'ai encore fait une connerie, ai-je pensé. Comme pour les fleurs. » J'aurais voulu lui dire que je regrettais, mais au lieu de mots d'excuses, je me suis entendu dire :
— Celui qui approche, je le tue !

La fatigue m'est tombée dessus d'un seul coup, comme si on m'avait couvert d'un édredon. Les voix de ma mère et de Malka se firent lointaines. J'ai aperçu le doigt de Malka, qui ressemblait à une branche morte. Dressé vers le plafond, il dessinait une ombre allongée sur le mur.
— Je ne lui en veux pas, la rassura Malka. C'est ce que la vie lui a appris. J'ai sept filles chez moi, il sera mon huitième. Nous avons toujours eu des enfants en pension. J'ai connu une femme, Beylé, elle s'appelait, qui était dans votre cas. Son mari aussi l'avait abandonnée... Et si vous restiez quelques jours ici, jusqu'à ce que le gamin se calme et s'habitue à nous ?
— Je ne peux pas ; il faut que je parte. Mais avant ça, je tiens à vous dire quelque chose : c'est un enfant sauvage, mais au fond, il a bon cœur. Veillez à ce qu'il ne s'amuse pas avec des goyim. Dès que je pourrai, je vous enverrai de l'argent pour qu'il étudie au *héder*.
De mon lit, je suivais sur les murs et le plafond les mouvements comiques des ombres de Malka et de ma mère. Leurs

mâchoires remuaient très vite, comme si elles avaient des pommes de terre brûlantes dans la bouche.

— Maman, tu pars demain ? ai-je demandé avant de m'endormir.

— Non, Avrom Leib, je reste ici quelques jours.

Elle se leva de table et, sans bouger les jambes, elle se mit à voler dans la pièce. J'ai essayé de l'attraper, mais elle se faufilait entre les meubles. Elle me fit ses adieux de loin en agitant son mouchoir, comme sur le quai d'une gare.

— Dors, Avrom Leib, dors... Je ne pars pas... Je reste avec toi...

5.

CHEZ Malka, la grande pièce est toujours sombre et le plancher est fait de lattes à demi pourries. Une glace fêlée est accrochée près de la fenêtre, au-dessus de la photo de mariage de Malka et de son époux, le grand et gros Guerchone. A moitié dévorée par les vers, on n'y distingue guère plus que les chaussures de la mariée, la partie inférieure de sa robe et le côté gauche de son visage.

Quant à Guerchone, il n'en reste qu'une veste, de gros boutons et un chapeau de fourrure. La chambre est presque entièrement occupée par une grande table. Pendant la journée, Hayim le Bossu travaille dessus, et la nuit, je dors dessous, sur une sorte de banc, avec « Choléra », la plus jeune des filles. C'est ainsi qu'on l'appelle, mais son vrai nom est Beïlé. Elle doit ce surnom à son caractère insupportable. Elle n'est d'ailleurs pas la seule — tout le monde a un surnom chez Malka, et gare à celui qui se trompe. Je l'ai appris à mes dépens par quelques taloches. Seule Malka connaît les vrais noms, mais elle aussi les a peut-être oubliés, à force...

La plus grande s'appelle Cosaque, parce qu'elle est toujours chaussée de bottes.

Ensuite, c'est Klotz [1], un nom qui lui va comme un gant.

1. Bûche. Se dit de quelqu'un de stupide et empoté.

Elle peut rester plantée au même endroit pendant des heures sans bouger. A moins qu'on ne la pousse. Puis il y a Tsitz [1] parce qu'elle a une grosse poitrine. Quant à moi, on m'a surnommé Avrom Leib der Fonié, ou Fonié Mamzer [2], parce que ma famille vient de Russie. Ma mère, on l'appelle Tsipké die Litvatchké, à cause de son yiddish lituanien.

Enfin, il y a « sac ». Les autres disent que tout ce qu'elle porte est aussi élégant qu'un sac à pommes de terre ou à charbon... Son vrai nom, c'est Rah'el. Elle a un soupirant en apprentissage chez Nissim le tailleur. La femme d'Hayim le Bossu dit qu'on s'en débarrassera bientôt, puisqu'elle va se marier et qu'ils formeront un beau couple, « parce qu'un tailleur et un sac à chiffons ne peuvent que faire bon ménage ».

De toutes les filles de Malka, c'est Louba, l'aînée, que je préfère. Elle est la seule à ne pas avoir de surnom. Louba n'est presque jamais à la maison. Parfois, elle s'absente pour plusieurs jours, car elle travaille et verse une partie de son gain à Malka. Mais on dirait que Louba ne fait pas partie de la famille. Il y a une sorte de secret autour de sa personne et elle me rappelle tante Esther. Elle sent le même parfum, et tout comme tante Esther, elle est toujours propre et fatiguée. Elle a de grands yeux noirs et des nattes qu'elle ramène sur la tête comme une couronne. Parfois, elle s'assoit devant la fenêtre et reste là sans bouger. Il m'est arrivé plus d'une fois de voir les larmes couler sur ses joues et tracer deux sillons dans sa poudre, avant de continuer jusqu'au bout du nez, pour tomber finalement dans la bouche.

Un jour, j'ai osé lui demander pourquoi elle pleurait.

— Parce que la vie d'une femme est toujours triste.

— Et pourquoi est-elle triste ?

---

1. Sein, en langage populaire, ou « nichon ».

2. Fonié : c'est sous ce nom que les Juifs de Pologne désignaient ceux de Russie. « Fonié Mamzer » : Fonié le Bâtard, dans le sens de « bougre », ou « futé »,

— Parce que pour les hommes, je ne suis qu'un tas de viande. Mais pourquoi te parler de ça ? Tu n'es encore qu'un enfant... Tu veux que je te dise, Avrom Leib, j'en ai ma claque de cette vie. Je pense souvent à la femme de Novak le violoneux.

— Qu'est-ce qu'elle a ?

— Elle s'est suicidée. Elle faisait le trottoir, comme moi. Ça s'est passé avant mon arrivée chez Malka. Les Novak habitaient l'étage au-dessus. Aujourd'hui, leur logement est vide. On dit qu'on y entend parfois le violon de Novak. Lui aussi s'est suicidé. Après la mort de sa femme, il s'était mis à boire et, la nuit, il jouait des airs si tristes que les gens pleuraient. Depuis, j'ai peur de sortir dans le noir.

Une nuit, j'ai cru entendre un air de violon. Je ne l'ai pas retenu parce qu'un vent furieux hurlait dans les rues et sur les toits.

Je ne suis là que depuis quelques jours, mais j'ai l'impression d'y avoir toujours vécu. Ici, tout est triste — une tristesse poisseuse qui empeste. Et cette puanteur vous pénètre dans la peau, s'infiltre jusqu'au cœur et finit par vous étouffer l'âme. Je m'efforce de ne pas me mêler aux autres et, la plupart du temps, je fais semblant de dormir.

— Pôv'chou, sa mère lui manque, soupire Malka.

Rah'el la reprend :

— Il est muet comme une carpe ; pas moyen de lui tirer un mot. Ces gamins-là ne donnent rien de bon. Il finira comme Haïnekh le laitier : en prison. C'est la même engeance.

— Tu l'as connu, Haïnekh, pour en parler comme tu fais ? lui demande Louba, d'une voix hargneuse.

— Non, mais c'est ce qu'on dit.

— C'est ce qu'on dit aujourd'hui, poursuit Louba sur le même ton, mais tous ces braves gens, à qui s'adressaient-ils quand ils étaient dans la merde ? Et lorsqu'on a foutu le vieux Yoyné à la porte de chez lui, qui est venu l'aider ? Et qui a menacé son proprio, le couteau à la main, à la suite de quoi Yoyné a pu rester chez lui ? C'était un truand, Haïnekh, c'est vrai, mais un grand cœur. Il n'a jamais refusé son aide à un Juif et n'hésitait pas à donner jusqu'à son dernier sou.

Je fais semblant de dormir et, dans ma tête, je me promets de suivre son exemple. Il me plaît beaucoup ce Haïnekh, tout comme me plaisent les histoires d'Ourké Nahalnik [1].

La discussion traîne et finit par mourir. Le silence est maintenant total. Dehors, dans l'encadrement du rideau, la nuit s'appuie sur la fenêtre. Sous le manteau du grand Guerchone qui me sert de couverture, je m'efforce de m'endormir en fixant la grande pendule surmontée d'une tête de dragon, au balancier plat comme une langue. Dans la bouche du dragon, on aperçoit une montre fichée comme un os dans la gorge. C'est ce qui explique, peut-être, son affreuse grimace...

Une lune blême s'arrête devant les carreaux. Son air fatigué me rappelle ma mère : elle m'observe d'un air d'autant plus soucieux qu'elle est comme crucifiée sur le cadre de la fenêtre.

Le tic-tac têtu et enroué de la pendule m'empêche de trouver le sommeil. C'est le cadeau de mariage de Malka. Pas étonnant qu'elle ait ce son éraillé de petit vieux. A la lumière de la bougie, je vois Malka assise sur son lit. Son ombre change de forme à chaque mouvement de la tête. Les yeux fermés, elle est plongée dans la prière du matin. Je capte des mots murmurés très bas, comme le bruissement de feuilles caressées par le vent. Moi, rien ne m'oblige à me lever et j'en suis tout joyeux. Dehors, il fait encore noir et froid. Malka se lève lourdement. Son ombre est si allongée qu'elle touche le plafond et ressemble à un pendu. Puis l'ombre blanche de sa chemise de nuit se couche sur le sol pour disparaître ensuite

1. Nahalnik : du russe : grossier, insolent.

vers le poêle. Quelques minutes plus tard j'entends le craquement d'une allumette et la musique joyeuse de la flamme ; puis c'est le bruit pesant des pas de Malka dans l'escalier.

A six heures, elle revient chargée de paniers pleins de tripes, qui emplissent aussitôt la pièce de cette puanteur visqueuse qui colle à la peau.

La journée commence. Encore à moitié endormies, les filles tournent lentement en rond, les bras chargés de leurs vêtements. La vue de ces corps à la peau blanche et des yeux rouges bouffis de sommeil me dégoûte vaguement, mais excite aussi ma curiosité. Les seins tombants et les fesses nues, et surtout ce triangle noir sous le ventre, m'inspirent un sentiment de gêne indéfinissable. Je ferme les yeux, mais les corps sont toujours là. A chaque rencontre entre les filles, c'est la dispute. Elles se transforment alors en ballons de baudruche farcis de jurons et d'insultes ; à croire que la bouche leur sert de tuyau d'échappement, sans lequel elles exploseraient.

Mais la championne de l'injure et de l'imprécation, c'est encore Hanna, la sœur de Malka. Chaque mot qu'elle prononce est une grossièreté ou un jet de venin. Sous ses cheveux gris, qui lui tombent sur le front, ses yeux furètent comme ceux d'une bête en cage. Cela dit, je dois reconnaître que lorsqu'elle ouvre l'écluse à ses jurons, je me paye une bonne partie de rigolade. Un échantillon : « Que le balcon te tombe sur la tête, ça te vaudra une indéfrisable gratis. » Ou alors : « Que tu perdes une jambe, qu'on te remplacera par un balai. De cette façon, ton plancher sera toujours propre. » J'imagine aussitôt Wolf (le propriétaire), gros et petit comme il est, avec un balai dans le cul ; et c'est le fou rire.

— Qu'est-ce qui te fait rigoler, le *mamzer* ? me demande Hanna, comme si elle cherchait prétexte à dispute.

— Parce que c'est rigolo. Comment peut-on marcher avec un balai dans le cul à la place de la jambe ?

— Casse-toi une jambe et tu verras bien. Il ne manquait plus que toi ici.

C'est par chapelets qu'elle dévide ses injures, ponctuant les heures avec la régularité du balancier de la pendule. Comme tout le monde, Hanna a aussi son histoire. J'ignore si elle est vraie, mais je vous la donne telle qu'elle m'a été rapportée par Rah'el :

Hanna et Hayim le Bossu ne se sont pas mariés : ils l'ont été sans même avoir été consultés. Un jour, une épidémie éclata dans le village d'Hayim (je n'en ai pas retenu le nom — il est très compliqué), faisant des ravages parmi la population. Plusieurs rabbins se réunirent et décidèrent que, pour vaincre le fléau, il fallait marier deux jeunes gens disgraciés par la nature. On fit venir Hayim, dont aucune fille ne voulait, et pour cause : outre sa bosse, il était pauvre comme Job. Hanna habitait un autre village. Elle aussi avait de bonnes raisons d'être laissée pour compte : non seulement elle était longue comme un jour sans pain et plate comme une planche, mais en plus, elle louchait terriblement. Les notables des deux villages se rassemblèrent dans le cimetière, sur la tombe de Rabbi Guétzel, de mémoire bénie, qui siège à la droite de Dieu et intercède en faveur des bons Juifs. C'est là, devant la tombe du saint, que le couple fut uni en bonne et due forme. Et le miracle se produisit : l'épidémie disparut comme si elle n'avait jamais existé et toute la communauté fut en liesse.

Moi, j'ai mon idée là-dessus : je crois plutôt qu'à la vue d'Hanna, la maladie prit la fuite sans demander son reste.

Je dois dire que ces disputes ont aussi du bon. On se tape dessus à grandes volées, et moi je compte les coups. Il arrive que toute une semaine se passe sans une seule bataille. Je m'ennuie alors mortellement et les jours traînent comme les nuages dans un ciel d'automne. Mais lorsque Chimchone Békel [1] vient nous voir, alors là, c'est la fête ! Chimchone est un grand escogriffe, sec et maigre, avec une tête de cheval. Une balafre (souvenir d'un coup de couteau) lui barre la joue droite de l'oreille à la bouche. Il a des dents jaunes rongées par le tabac et des petits yeux noirs. A chaque mouvement de tête, ses boucles en tire-bouchon dansent de façon comique. Chimchone connaît beaucoup d'histoires avec des tas de morts et de blessés, comme dans les films.

« Pour nous, voleurs, la vie est une kermesse... Tu te rends compte si j'étais médecin ! » Chimchone rit à travers les fentes de ses paupières. « Et toi, Avrom Leib, qu'est-ce que tu veux être plus tard. Médecin ou voleur ? »

Les paroles de ma mère me reviennent : « Si tu devais finir voleur, je n'y survivrais pas... je préférerais mourir avant... » Elle m'a dit ça le jour où j'ai volé une chaussure à la Biczkowa pour en faire une barque à voile.

— Je voudrais être médecin.

— Médecin ? s'étonne Chimchone. Donc, faut pas compter sur toi pour être des nôtres...

— Je ne veux pas être voleur, parce que maman serait très fâchée.

— Couillon, va ! Dans la vie, faut choisir son camp : être un cave ou un mec à la redresse. Elle est loin, ta mère. C'est pas elle qui fera de toi un homme. Ni ta mère, ni ta grand-mère, mais seulement moi, Chimchone Békel. Ah ! soupire-t-il, tout ce que je veux, c'est aider les gens, mais personne ne me comprend. C'est plus fort que moi — quand je vois un mec qui porte un paquet trop lourd pour lui, je suis toujours prêt à le soulager. Ou s'il a les poches trop pleines, il faut que je les raccourcisse. Je suis comme ça, moi ! Je tiens

1. Békel : diminutif de « joue », comme « menotte », pour main.

ça de feu mon pauvre père, tailleur de son métier. Que Dieu ait son âme.

— Tu pourriras en prison, lui prédit Hanna, avec un air hargneux.

— N'écoute pas la vieille sorcière, intervient Rah'el, encore en culotte. Raconte-nous quelque chose de marrant.

Chimchone ne l'entend pas. Il n'en a que pour moi. On dirait que mon éducation le tracasse beaucoup.

— Il faudra que je t'apprenne à jouer du couteau. Sans ça, tu es perdu dans la vie.

— Oui, je réponds en hésitant.

Chimchone se lève, se penche en avant, la tête enfoncée entre les épaules, et me regarde, comme s'il allait bondir.

— Tu repères un micheton. Mine de rien, tu sors ton couteau, comme si tu voulais lui trouer la peau. Mais c'est un truc. Lui, il ne voit que ton couteau dans la main ; et là, tu lui envoies un coup de tatane dans le ventre — et le mec, tu en fais ce que tu veux.

Les gestes de Chimchone me fascinent ; ils sont rapides et souples comme ceux d'un chat.

— Encore mieux : tu casses une bouteille et avec le morceau qui te reste dans la main, tu frappes entre les yeux. Lui, il se protège la gueule des deux mains... Tu me suis ? et toi, en une seconde, tu lui amnisties les tripes.

— Qu'est ce que ça veut dire amnistie ?

— Tu lui libères les tripes... Tu leur fais prendre l'air, si tu préfères.

— Ahhh ! je réponds, pas très convaincu, sans comprendre pourquoi les tripes ont besoin de prendre l'air.

Après la leçon de duel au couteau, Chimchone nous donne un cours de vol à la tire. Il introduit deux doigts dans une poche imaginaire, en mimant la mine effrayée de sa victime.

— Oy, oy, arrête, je n'en peux plus, supplie Rah'el en se tordant de rire.

Dommage que la plupart du temps Chimchone soit en

prison. Rah'el et moi, nous lui apportons alors des colis. Il faut frapper longtemps au portail de fer avant qu'on nous ouvre une petite lucarne. Un demi-œil aux cils clairs et une moitié de moustache nous observent d'un air méfiant, avant de nous demander d'une voix bourrue :

— C'est pour qui ?

— Chimchone Békel.

— Donnez, répond l'œil d'un ton sec.

Rah'el fait passer le colis par la lucarne. Nous restons encore quelques minutes, espérant revoir l'œil, mais en vain. La petite fenêtre reste fermée et muette. Sur le chemin du retour, Rah'el monologue :

— Qu'il soit voleur, je m'en fous, mais c'est un con, un minable, et non un voleur, comme il prétend. Tu comprends, Avrom Leib ?

— Oui, un minable, j'approuve, et non un voleur.

— Minable toi-même, qu'elle me répond brutalement, à ma grande surprise.

A l'entrée, Hanna nous accueille avec un large sourire.

— Alors, comment va notre prince ? Il a reçu ce qu'il a bien mérité ?

— Toi, je te conseille de la fermer, si tu ne veux pas recevoir ce que tu mérites, répond Rah'el.

— Au lieu de faire les malins, si vous m'aidiez un peu dans mon travail ? J'ai encore quelques tripes à nettoyer, dit Malka en fourrageant dans le tas de boyaux.

Le chabbat est un jour magique, comme si une bonne fée transformait tous les gens de la maisonnée, au point de les rendre méconnaissables. Les rides disparaissent sur les visages et les bouches sont souriantes. Jusqu'à Hanna, qui oublie de jurer ce jour-là. Je me demande si le chabbat est si beau parce que les gens sont souriants, ou si les gens sourient parce que c'est chabbat.

Dès le vendredi après-midi, le parquet est recouvert d'une couche de sable doré, qui donne à la pièce une sorte de reflet ambré. C'est moi qui suis chargé du ratissage.

Il fait bon dans la chambre. Une flamme rouge danse gaiement à travers les fentes du poêle. La bouilloire en émail bleu ronronne comme un chat repu.

— Pas vrai que la bouilloire ressemble à un pompier fumant la pipe ? je demande à la ronde.

Un jour ordinaire, une telle remarque me vaudrait une bonne injure d'Hanna, mais aujourd'hui, elle se contente de dessiner un cercle sur son front avec un doigt.

— Où vois-tu un pompier et une pipe ?

Il faut être aveugle pour ne pas les voir : le couvercle ressemble bien à un casque et le bec qui fume passe facilement pour une pipe !

Malka verse du thé dans les tasses en argile, décorées de fleurs. Je me sens triste, tout à coup ; je pense à ma mère. Où peut-elle être maintenant ? Et si tout ça n'était qu'un rêve ! ? Malka et tous les autres vont peut-être disparaître lorsque j'ouvrirai les yeux... Chaque fois que je faisais un cauchemar et que je le racontais à ma mère, elle me serrait dans ses bras, crachait aux quatre coins de la pièce, me léchait les yeux et murmurait : « Que tes mauvais rêves retombent sur les têtes des goyim. »

De ma mère, il ne me reste que des souvenirs et une profonde nostalgie. Quand ça me prend, c'est comme si je n'étais plus là.

— Avrom Leib, qu'est-ce qui t'arrive ? me demande Malka.

— Rien, j'ai mal au ventre.

— Et si tu buvais un peu de thé ?

— Avec une tranche de citron, peut-être ? propose timidement Hayim.

— Oui.

Le bec de la bouilloire siffle à présent comme une locomotive. Mais une locomotive qui aurait des pattes de cheval. Et elle galope comme un cheval emballé. Dans une gare, des gens suivent la scène d'un air sceptique : « Il ne l'aura pas... » disent-ils. « Qu'est-ce qui lui arrive ? » demande une femme qui ressemble à Malka, pour ajouter aussitôt, comme pour elle-même : « Allons bon ! le voilà qui pleure. »

— Calme-toi. Prends un zeste de citron, me propose Malka.

Le citron a la même couleur que les yeux de ma mère. Dans la tasse de thé, la tranche s'efforce de surnager, et après un essai malheureux, elle se noie et coule jusqu'au fond.

— Alors, ça va mieux, pas vrai ?

— Oui.

Comme chaque samedi, Malka raconte la mort de son mari, Guerchone.

— Pas un médecin, pas un *tzadik* que je n'aie consulté. Je suis même allée voir Reb Herschel d'Alexandrov. Je me souviens qu'il était assis, les yeux fermés. Je pense que c'est parce qu'il ne pouvait supporter la vue de mes larmes. Ou alors il entendait les lamentations de tout le peuple d'Israël. Nous autres, pauvres gens du commun, nous ne pouvons comprendre ces mystères.

« Rebbé, aidez-moi », l'ai-je supplié en pleurant et en lui baisant les mains.

— Femme, je ne puis rien faire pour toi. Rentre chez toi et que Dieu te vienne en aide. » Puis il ordonna au bedeau de me donner une demi-pomme. « Fais manger ça à ton mari, et si Dieu veut, il guérira. » J'ai pris la demi-pomme et je suis rentrée chez moi. J'étais bien plus calme, parce que je me disais que le *tzadik* savait ce qu'il faisait. Ne dit-on pas que le ciel parle par sa bouche ? Donc, je suis revenue à la maison et j'ai fait manger à mon Guerchone la demi-pomme. Et effectivement, son état s'améliora. Il retrouva l'appétit, les douleurs cessèrent et il prit même du poids. Il semblait bien qu'il allait guérir. Mais l'ange de la mort en avait décidé autrement. Une nuit, j'ai été réveillée par des cris : « Faites venir un *minyane*[1]... Plus vite, sinon il sera trop tard !... »

Quelques minutes après, mon Guerchone ne reconnaissait plus personne. Il posa la tête sur l'oreiller en tenant dans les mains la demi-pomme du *tzadik.* La bougie qui était sur la table tomba à terre, bien qu'il n'y eût pas le moindre souffle dans la chambre.

« Elle vient me prendre, la gueuse ! » hurlait Guerchone, en se débattant, comme s'il luttait avec quelqu'un. Lorsqu'on ralluma, mon Guerchone était mort. Il s'était éteint comme la bougie. Si le destin de chaque homme est inscrit au ciel, comme on le dit, le plus grand *tzadik* ne peut en modifier le cours. Qu'est-ce que ça lui ferait au Créateur, si mon Guerchone se trouvait encore parmi nous aujourd'hui ? conclut Malka en essuyant ses larmes.

Je ne me lasse pas d'observer le visage de Malka. Sa peau brune comme un meuble ancien est creusée de rides et ridules qui dessinent une toile d'araignée. Le long du nez et jusqu'à la bouche, elles sont plutôt profondes, pour finir autour des yeux aussi fines qu'une délicate dentelle. Celles qui barrent le front ressemblent à des rigoles. Quand Malka pleure, une minuscule bouilloire en émail bleu se reflète dans les larmes. On dirait alors un petit navire à la dérive dans une mer déchaînée. Quand c'est une grande larme, la bouilloire flotte dans une longue crevasse qui descend jusqu'au nez.

Après l'histoire de la mort de Guerchone, Malka raconte généralement celle de son frère, tué dans un pogrome, et qui est apparu en rêve à son père.

— Dans ce rêve, mon frère suppliait d'être enterré selon la tradition religieuse parce que son corps avait été jeté dans un trou plein d'eau et ne pouvait donc trouver le repos éternel. Effectivement, on retrouva le cadavre à l'endroit qu'il

1. Quorum de dix fidèles nécessaire pour un office religieux.

avait indiqué dans le rêve de mon père. Il a été enterré dans un cimetière juif, en présence d'un *minyane* de fidèles. Il est revenu dans leurs rêves pour les remercier.

Dans un autre rêve, il est apparu à Malka entouré d'anges tenant des flambeaux. Lorsqu'elle s'est réveillée, un incendie s'était déclaré dans la maison.

La curiosité me démangeait la langue, parce que je soupçonnais fort les anges d'avoir mis le feu à la maison. Mais une voix me conseilla de me taire.

Toutes ces histoires se terminent avec l'apparition des trois premières étoiles dans le ciel, et avec elles, la magie du chabbat disparaît. Demain, les cris et les imprécations recommenceront, avec les regards durs et glacés.

Le seul personnage qui me plaise ici, c'est Hayim le Bossu. Avec sa grosse tête de nain, Hayim regarde le monde avec des yeux de chien battu. Il a accepté son sort depuis belle lurette. Pour lui, tout est clair et limpide et il pardonne à tout le monde, y compris à sa femme Hanna, qui l'agonit d'injures et le dérouille avec un bâton ou tout autre objet qui lui tombe sous la main. Il se réfugie dans son coin, près de sa machine à coudre, avec l'air de s'excuser d'occuper cette petite place dans le monde. Et à toutes ses misères, il donne une seule et même explication : « C'est mon destin ; on n'y peut rien. »

Depuis la mort de Chmelké et l'arrestation de Godel, Hayim est l'être qui m'est le plus proche. Lorsqu'on se donne la peine de le fixer dans les yeux, on y découvre un regard d'enfant. Seule Malkélé, morte de tuberculose, avait le même : aussi pur et limpide que l'eau de source.

La machine à coudre d'Hayim est très vieille et tout comme lui, elle toussote sous l'effort. Le corps malingre d'Hayim est secoué par un tremblement continu, comme s'il avait peur du crépitement de la roue et du reflet de l'aiguille. Si sa machine à coudre savait jurer, elle ressemblerait à Hanna.

Lorsque nous sommes tous deux seuls à la maison, il me raconte l'histoire de sa bosse, non sans avoir d'abord jeté un regard inquiet autour de lui, pour bien s'assurer que sa femme ne se trouve pas dans les parages.

— Tu l'as entendue proférer des imprécations, appeler « tous les malheurs sur ta tête », n'est-ce pas ?

— Oui.

— Eh bien, lorsqu'il n'y plus eu de place sur ma tête, les plaies qu'elle appelait sur moi me sont tombées sur le dos, l'une après l'autre — et c'est comme ça que ma bosse a commencé. Tout orphelin abandonné aux autres risque de se voir pousser une bosse comme la mienne.

Alors je lui demande, angoissé :

— Quand je serai grand, moi aussi je serai bossu ?

Il m'observe d'abord d'un air inquiet, avant de répondre :

— Ça dépend aussi de toi, dans une certaine mesure.

— Qu'est-ce que je dois faire ?

Hayim s'approche de moi, regarde autour de lui, comme d'habitude, et me confie un secret :

— Lorsqu'on voudra te maudire ou te battre, ne te retourne jamais. Fais toujours face à la malédiction et aux coups. Si tu l'oublies et te retournes, ne fût-ce qu'une seule fois, tu es fichu. Les malédictions te tomberont sur le dos — et c'est la bosse qui commencera.

— Alors pourquoi tu t'es retourné ?

— Lorsque je l'ai compris, il était trop tard. Tu saisis ?

— Non, je lui avoue.

— Je vais essayer de t'expliquer ça plus simplement. Dans ce monde, jusqu'à la venue du Messie, il y aura toujours des bosses.

— C'est obligatoire ?

— Difficile de répondre à ta question, mais c'est ainsi que je vois les choses. Tout se passe comme si Dieu avait un certain nombre de bosses à distribuer ; dans ce cas, il a un problème : à qui les donner, ces bosses ? Si Dieu en colle une à un gosse de riches, leurs lamentations et les prières des *tzadikim* dont ils loueront les services monteront jusqu'au ciel et ne Lui laisseront aucun répit. Et pour éviter cela, Il les répartit entre les orphelins. Ceux-là, pas de danger qu'ils se payent des prières de *tzadikim*. Et ainsi, Dieu a la paix là-haut.

— Hayim, je lui demande de la même voix basse que la sienne et sur le ton du secret, comment tu sais tout ça ?

— Je ne peux pas le jurer, mais c'est par expérience ; je n'ai vu d'enfants bossus que dans les maisons aux chambres obscures, où l'on a toujours faim.

— Mais pourquoi c'est comme ça ?

— A mon avis, c'est la faute aux malédictions. Car une malédiction que l'on profère, c'est comme un grain de poussière. Et beaucoup de grains de poussière finissent par former un nuage, qui cache le soleil et ses rayons. L'obscurité s'installe alors dans les murs des maisons et dans les âmes. Et là où il fait noir, les malédictions pleuvent. Le monde est ainsi fait !...

Les histoires d'Hayim m'angoissent. On dirait qu'il connaît les secrets du ciel et de la terre. C'est peut-être un des *lamed-vav* [1] qui veillent à ce que la terre tourne. Ils sont anonymes — des gens comme vous et moi ! Ma mère m'a raconté qu'on peut cependant les reconnaître à une bougie qui brûle au-dessus de leur tête. Je décidai d'en avoir le cœur net : je suis donc resté éveillé et, vers minuit, j'ai vu une bougie au-dessus de la tête d'Hayim — pour qu'il puisse travailler jusqu'au lever du jour, qu'il dit... Mais ça, c'est pour nous blouser ; moi, on ne me la fait pas : Hayim est bien un

1. *Lamed-vav* : deux lettres de l'alphabet hébreu dont la valeur numérique est 36. Selon une tradition juive, la bonne marche du monde serait assurée grâce à 36 Justes inconnus au monde et à eux-mêmes.

lamed-vav. D'ailleurs, tout ce qu'il dit et fait est profond et plein de sens. Et je ne suis pas peu fier de son amitié pour moi.

A la sortie du chabbat, après l'apparition des trois étoiles dans le ciel, Hayim annonça qu'il devait aller à la synagogue, pour faire le dixième du *minyane*.

— Tu ne sortiras pas ! hurla Hanna. Tu dois terminer ton travail. Demain, on vient prendre livraison des vestons.

— Mais, Hanna, il faut que j'y aille... Je te promets de revenir après l'office.

Hayim se dirigea vers la porte, suivi d'Hanna. Elle était blême de rage et une petite flamme inquiétante luisait dans ses prunelles. Je sentais qu'il allait se passer quelque chose de terrible. Hayim ouvrit la porte et continua vers l'escalier — avec Hanna derrière lui, échevelée comme une folle. Soudain, j'entendis un coup sourd, puis un cri. C'était la voix d'Hayim... Nous sommes tous sortis en courant.

Hanna avait disparu. Au bas de l'escalier une forme gémissait. Malka courut devant moi, une lampe à pétrole à la main.

Hayim gisait comme un pantin brisé, la face contre le sol. Il respirait à grand-peine. Malka et moi nous l'avons retourné. Les yeux fermés, il était blême et une sueur froide coulait sur son front. Nous l'avons traîné jusqu'au lit.

— Je crains qu'il n'ait la colonne vertébrale brisée. Avrom Leib, cours vite chercher M. Schwider, le guérisseur.

— C'est trop tard, intervint Hayim d'une voix douce.

Ses yeux étaient maintenant ouverts, comme s'il avait voulu voir le monde une dernière fois. Il regarda autour de lui.

— Malka, je voudrais que tout le monde sorte et qu'on me laisse seul avec Avrom Leib. Je t'en prie...

A dire vrai, j'avais un peu peur d'Hayim et de son regard ; et j'aurais bien voulu sortir avec les autres.

— Avrom Leib, reste ici... assieds-toi à côté de moi.

Restés seuls, Hayim me prit la main. La sienne était un peu froide et il sentait le linge pourri.

— Avrom Leib, commença-t-il, alors qu'un sourire s'étendait sur son visage, avant de mourir, je veux te confier le plus grand secret de ma vie. Je vais te révéler les signes de la venue du Messie.

J'aurais bien voulu m'enfuir... J'avais une frousse bleue, sans même savoir pourquoi.

— Avrom Leib, dit-il d'une voix claire, le signe le plus visible de la venue du Messie sera très simple. Cela se produira pendant la nuit...

Son regard fixa le plafond. Il parlait à quelqu'un que je ne voyais pas.

— ... On entendra d'abord une formidable explosion, qui fera trembler la terre entière. Le choc sera si terrible que tous les bossus se redresseront d'un seul coup.

— Toi aussi, Hayim ?

— Pour moi, c'est trop tard... Imagine le bruit que feraient cent mille coups de tonnerre...tout ce qui est mauvais et méchant sur terre tremblera de peur. Cent mille coups de canon qui redresseront tout ce qui est tordu...

Hayim ne termina pas sa phrase. Après quelques instants de réflexion, il poursuivit :

— Commencera alors l'Histoire d'un monde nouveau, sans un grain de poussière dans l'air... Le ciel sera aussi clair qu'un regard d'enfant, le soleil réchauffera tout le monde sans distinction aucune, il n'y aura plus de chambres obscures. Et dans ces temps messianiques tous les hommes ne formeront qu'une seule et grande famille.

Là, Hayim sourit pour lui-même :

— Imagine, Avrom Leib, tu marches dans la rue et tout le monde te salue : « *Chalom Aleikha* [1], Reb Avrom Leib. »

---

1. Salut traditionnel : « La paix sur toi. »

Hayim ferma les yeux. Un rayon de lumière messianique lui baigna le visage. Hayim fut soudain beau et droit.

— Et Hanna ne maudira plus ? lui demandai-je sceptique.

— Bien sûr, puisque ce seront les temps messianiques. Tout sera blanc comme une *hala* chabbatique chez un richard.

— Et que deviendront Wolf et sa femme, eux aussi seront foudroyés ?

— Oui, répondit Hayim sur un ton catégorique.

— Et leur fils, Tzaïnek, aussi ?

— Tzaïnek aussi.

— Et ma mère reviendra ?

— Oui, si elle a une bosse.

— Hayim, elle a une petite bosse sur le nez. Ça suffit ?

— Oui, Avrom Leib. Une bosse sur le nez fera l'affaire. Ta mère reviendra et vous ne vous quitterez plus.

Une chance que ma mère ait cette bosse sur le nez !..

Hayim s'endormit. Dans la soirée, la fièvre monta. Je suis allé chercher le guérisseur Schwider, le même qui avait soigné le mari de Malka.

Schwider était un grand homme maigre, avec un col dur et des lunettes sans monture. Il ausculta Hayim d'un air soucieux.

— Je crains que la colonne vertébrale ne soit touchée. Il n'y a pas grand-chose à faire.

Malka me réveilla doucement.

— Avrom Leib, va chercher chez la vieille Tova la médication que le guérisseur a prescrite.

La nuit n'amena aucune amélioration. Malka et moi nous lui mettions des compresses d'eau froide sur le front pour faire baisser la fièvre. Hayim respirait lourdement. Sa femme, Hanna, était assise en face de lui, avec un regard accusateur — son souffre-douleur lui échappait ; sur qui cracherait-elle son venin, maintenant ?

Dans l'après-midi, Hayim sembla aller un peu mieux. Seule sa bouche remuait, s'ouvrant et se fermant comme la carpe du chabbat, avant d'être dépecée par Hanna.

Hayim agonisait doucement et sans se plaindre, comme il avait vécu.

Je tombais de sommeil et c'est dans une sorte de brouillard que j'ai entendu Malka dire : « Il ne souffre plus. *Boroukh Dayan Emess*[1]. »

Le sens de ces mots hébraïques m'échappait ; j'ai seulement compris qu'il ne souffrait plus et j'en ai été heureux — je pouvais aller me coucher. J'ai été réveillé par un brouhaha. Depuis l'endroit où je dors, sous la table, j'ai vu plusieurs de nos voisins qui se dandinaient d'avant en arrière et de droite à gauche. Leurs lèvres remuaient rapidement, comme s'ils rivalisaient de vitesse. J'ai cherché Hayim — son lit était vide : il gisait sur le plancher, recouvert d'un drap blanc. Deux bougies brûlaient de chaque côté de sa tête. Comment croire qu'Hayim ne vivait plus, que je ne le reverrais plus jamais ? Il me semblait qu'il se cachait sous le drap et j'attendais qu'il se lève soudain pour me dire : « Je t'ai eu, hein, Avrom Leib ! »

Les voisins avaient terminé leur prière. Ils portaient tous des manteaux noirs, des barbes noires et des chapeaux noirs, comme s'ils s'étaient échappés du film *Ali Baba et les quarante voleurs*, que j'ai vu un jour au cinéma.

Puis, des mains aux doigts boudinés et aux ongles noirs ont empoigné les quatre coins du drap et sont sorties en faisant ballotter le corps d'Hayim.

Hayim mort, Hanna nous quitta pour ne plus revenir. Mais si l'on excepte ces deux absences, rien ne changea dans l'appartement. La pendule à la tête de dragon continuait son

---

1. Prononciation yiddish de la formule hébraïque : *Baroukh Dayan Emeth*, signifiant : « Béni soit le Juge de vérité », que l'on dit en apprenant un décès.

tic-tac, battant la mesure de son balancier. Parfois, le dragon menaçait d'avaler la montre qu'il avait dans la bouche. La bouilloire en émail chantait le même air en crachant ses jets de vapeur. Seule la machine à coudre d'Hayim était recouverte d'un sac plein de trous. Puis un jour, deux barbus sont venus la prendre, après en avoir marchandé le prix avec Malka. Si Hayim avait été vivant, il aurait certainement dit : « Que veux-tu, on n'y peut rien. C'est la vie !... »

Hier, j'ai reçu une lettre de ma mère. L'enveloppe en était froissée et pleine de taches de graisse.

— Tu vois, Avrom Leib, elle ne t'a pas oublié. Une mère reste une mère... dit Malka en chaussant ses lunettes, pour m'en faire la lecture d'une voix basse, parfois chuchotée :

« ... J'habite à Bialystok et je me languis beaucoup de toi. Comme d'habitude, je travaille comme bonne à tout faire. (Elle avait souligné le mot " bonne " de trois gros traits). Il faut croire que c'est mon destin. Je pensais pouvoir gagner un peu d'argent et te prendre avec moi. Mais je me trompais. Comment pouvais-je imaginer qu'après trois mois de travail je n'aurais pas touché un sou ?... Mais il y a pire : on m'a accusée d'avoir volé une montre en or et des cuillères en argent. Jamais je n'aurais cru qu'un Juif qui va chaque jour à la synagogue, prie devant le Arone Kodèche et porte des papillotes soit capable d'une telle infamie. Il peut tromper les hommes, mais pas Dieu. Car Dieu sait tout et Il lui fera payer mes souffrances et mes humiliations. Avrom Leib, la vie est bien cruelle pour une femme, et souvent je dois ravaler mes larmes et me taire. Mais ce qui me donne la force de supporter ces misères, c'est l'espoir qu'un jour nous serons enfin réunis ; et ce jour-là, tu auras un foyer comme tous les autres enfants. Dans mon cœur, dans mes rêves, je suis avec toi. D'autres femmes n'ont même pas ça. Je vous envoie le peu d'argent que j'ai pu mettre de côté et vous demande pardon de ne vous avoir pas écrit pendant si longtemps. »

— Qu'est-ce que je te disais, Avrom Leib ! rugit Chimchone Békel. Il faut les étriper, ces sales bourgeois, leur arracher les yeux, pour leur épargner ce qui est pour eux la pire des souffrances : voir leur fric passer dans d'autres mains.

Chaque mot de la lettre m'était allé au cœur et me pesait dans la poitrine comme autant de pierres. Mes larmes bouleversèrent Chimchone.

— Chiale pas, morpion... Je peux tout supporter, sauf de voir un môme pleurer... (Et, en disant cela, ses grandes mains étranglaient un ennemi imaginaire.)

— Tout ça, c'est à cause des hommes, intervint Rah'el. Pour ces salauds, la femme n'est qu'un jouet ; qu'ils soient maudits. C'est le diable qui vous a créés, vous et votre zizi.

— Et si vous me laissiez lire, au lieu de m'interrompre bougonna Malka :

« ... Je veux qu'Avrom Leib fréquente le *héder*, continua Malka, et veillez à ce qu'il ne joue pas avec des voyous dans la rue ; et qu'il récite aussi chaque matin la prière du Modé ani pour qu'il grandisse en bon Juif. Dieu vous le rendra. Je vous enverrai le reste de l'argent dans ma prochaine lettre. Si ça ne couvre pas les frais du *héder*, je tâcherai de compléter dans ma prochaine lettre. »

La lecture terminée, Malka ôta lentement ses lunettes et les déposa dans une boîte en fer, dont le couvercle montrait le dessin d'un cosaque avec une énorme moustache.

— Il faudra l'envoyer au *héder*, trancha-t-elle d'un ton décidé.

— Quel *héder* ? fulmina Chimchone. Qu'est-ce qu'il apprendra là-bas ? Remercier Dieu pour sa vie de chien ? Pour les coups de pied au cul qu'il reçoit ? Lui donner encore du Modé ani ? Le remercier pour quoi ? Vaut mieux qu'il apprenne à étriper les gros bourgeois. Il doit venger sa mère pour toutes les souffrances qu'elle a endurées et qu'elle endure encore.

Chimchone frappait du poing sur la table, comme s'il cherchait à attiser le feu de sa colère.

— Elle veut pas qu'il joue avec les enfants dans la rue ? Avec qui, alors ? avec les fils du comte Potocki [1] ? Sa place est dans la rue, justement. C'est là qu'il apprendra à souffrir, qu'il verra comment les macs, ces fumiers, mettent une femme sur le trottoir pour lui prendre jusqu'à son dernier sou.

— C'est pas ton affaire, répliqua Malka sur le même ton. Il a une mère pour ça, que Dieu lui prête vie jusqu'à cent vingt ans. Et si sa mère veut qu'il aille au *héder*, il ira au *héder*. Et si elle tient à ce qu'il récite le Modé ani et qu'il ne joue pas dans la rue, eh bien il le récitera chaque matin et ne jouera pas dans la rue.

— Oh, que c'est bien dit ! railla Rah'el. Et comment tu le payeras, son *héder* ? Avec les quat'sous que sa mère lui a envoyés ? Ou alors avec le salaire de misère que t'accorde Guétzel — tout juste pour ne pas crever de faim ? C'est pas ta tripaille qui lui payera des études.

— Idel lui fera peut-être crédit ; et lorsque sa mère enverra encore quelques zlotys, on lui réglera son dû. Moi, je suis prête à prendre un supplément de tripes pour la gargote de Guétzel.

— Et dix mètres de tripes farcies, garanties nettoyées par Malka Licht... envoyez ! fit Rah'el, en éclatant de rire. Ce radin d'Idel Melamed n'acceptera jamais. Il loue sa femme aux charretiers pour un zloty. Tout le monde sait ça...

— C'est à se demander ce qu'est devenue la fameuse générosité juive, soupira Malka. De mon temps, c'était autre

1. Noble polonais, symbole de richesse et de « naissance ». Equivaut au prestige qui s'attache aux Rothschild en France.

chose. Je me souviens d'un tailleur qui habitait dans notre cour. Un tailleur, ai-je dit ! Plutôt un taillasson, un ravaudeur qui ne gagnait même pas de quoi nourrir sa famille. Et comme le tissu craque toujours aux endroits usés, le ciel lui envoya encore la tuberculose. Bref, la misère s'était bien installée dans son foyer. Mais Dieu est un père, et non un parâtre ; et pour le dédommager, Il lui donna un fils. Et quel fils ! Chacun s'en souhaiterait un pareil. Un vrai génie ! « Bon, se dit le tailleur, moi je suis tubard, ma femme n'est pas très robuste non plus, et la mouise, ça me connaît. On s'en arrange et j'en ai pris mon parti. Mais que je sois incapable de payer des études à mon fils, ça, c'est trop... Je ne le supporterai pas. » Et croyez bien que chez les autres, c'était pas l'abondance non plus, et on se serrait souvent la ceinture. A cette époque, la pauvreté était le lot de la majorité. Les braves gens apprirent la chose et s'en émurent, y compris des mécréants éloignés de notre sainte Thora — et même des voleurs, comme ce Feivel, que je n'ai pas oublié. Voleur, mais bon Juif. Et bien, Feivel offrit au tailleur tout le fruit d'un de ses cambriolages, un jour où il avait eu la main particulièrement heureuse. Je me souviens aussi d'un renégat converti au christianisme, lui aussi a donné quelques zlotys, prouvant ainsi qu'il avait encore quelque chose de juif en lui. Pour finir, le fils du tailleur put faire des études poussées — et je souhaite à Avrom Leib de réussir aussi brillamment que lui.

Malka termina son histoire par un profond soupir : « Oui, les temps ont bien changé ! »

Chimchone avait écouté sans dire un mot, plongé dans ses pensées, visiblement en proie à une colère mal contenue. Il avait pris pour lui les paroles de Malka, surtout sur le chapitre du voleur. Soudain, il se leva, ouvrit sa chemise et tambourina sa poitrine poilue en braillant : « Eh bien, moi, je payerai pour ce *kaker.* » Sa voix s'enfla et passa aux tons aigus, comme si on l'avait ébouillanté : « Même si je dois vendre ma dernière chemise, ce *kaker* étudiera. C'est Chimchone Békel qui vous le dit. »

Son regard fit le tour de tous ceux qui l'écoutaient, comme pour chercher celui qui aurait osé mettre ses paroles en doute.

— Voyez-moi ça, railla Rah'el, un nouveau *tzadik* en Israël.

Chimchone fit un bond, comme à son premier cours, lorsqu'il m'avait enseigné l'art d'étriper un bourgeois. Nous avons tous blêmi en retenant notre souffle, surtout Rah'el.

— Tu verras, petite putasse, tu apprendras à connaître Chimchone Békel. Je jure sur mon honneur de truand que ce morveux, ce trou de balle, fera des études.

Avant de disparaître derrière la porte, il proféra encore quelques menaces d'une voix de fausset. Il était déjà dans l'escalier qu'on l'entendait encore grogner : « Ce morveux, ce *kaker*... »

Chimchone revint quelques jours plus tard, complètement soûl. Il traversa la chambre en titubant, sans dire un mot, et nous lança un regard provocateur. Au lieu du veston élégant et de la cravate rouge à rayures que tous lui connaissaient, il portait un pull gris avec des boutons dorés comme ceux d'un policier ou d'un pompier. Il n'avait plus sa montre de gousset, qu'il sortait généralement toutes les minutes. De toute évidence, il avait vendu ses habits. Personne n'osait le regarder. Mais lui cherchait visiblement la bagarre.

Seule Rah'el osa lui rabaisser le caquet en lui lançant d'un air méprisant :

— Tu ne seras jamais un *mensch.*

Chimchone n'en demandait pas plus : vif comme l'éclair, il empoigna un bougeoir sur la table.

— Je vais te casser la tête comme une noisette, graine de pute...

Il était effrayant à voir : ses narines étaient blêmes et frémissantes, ses yeux lançaient des éclairs en fixant Rah'el. Jusqu'à la bougie qui vacillait sur son bougeoir. Les veines de son cou étaient gonflées comme des cordes et je me suis demandé si elles n'allaient pas éclater. J'étais très excité, conscient de ce que cette scène avait d'extraordinaire.

La curiosité me poussa jusqu'au centre de la pièce. Allait-il vraiment lui casser la tête, ou n'était-ce que des mots ? Les duels à coups de tripe me semblaient à présent un jeu d'enfant — personne n'en est jamais mort. Mais un bougeoir, c'est autre chose... Si Chimchone allait vraiment tuer Rah'el, je serais le témoin d'un vrai meurtre et tout le monde me jalouserait à mort. Je me voyais déjà le héros du jour, tout comme Hersch Motel, lorsque son frère, Elo, a tué sa maîtresse, Eda, à coups de ciseaux. Hersch Motel crânait comme s'il avait été lui-même le meurtrier. Tellement prétentieux qu'il ne m'adressait plus la parole — ni à personne, d'ailleurs. Pour raconter la scène du meurtre, il se faisait payer en boutons, pellicules de films ou encore en pommes, dont il crachait les pépins avec des airs de grand seigneur.

Moi aussi, je me ferais payer pour raconter l'assassinat de Rah'el — et je savourais déjà le goût des pommes dans la bouche. Je m'exerçais même à mon numéro en recherchant les meilleurs effets. Mais le plus simple serait le mieux, par exemple commencer par une phrase choc, comme : « ... J'ai moi-même vu, de mes yeux vu, comment Chimchone a fracassé la tête de Rah'el avec un bougeoir... » Ensuite, de la couleur : « Le sang giclait de partout. On aurait pu en remplir des pleins seaux... »

Mais après réflexion, je décidai qu'il valait mieux ne pas en remettre.

« ... Le plancher était rouge de sang... » Oui, je crois que c'est mieux. « Pitié, Chimchone !... suppliait Rah'el, sur le point d'agoniser. Le Chimchone, lui, il n'entendait même pas ; il était comme fou et continuait à taper sur la tête comme un sourd... »

Mais il n'y aurait pas d'histoire ! Adieu pommes, boutons et pellicules de films. Je lui aurais craché dans la gueule, à Rah'el. Cette salope a tout gâché. Elle s'était dégonflée tout de suite, presque.

— Mais c'est dans ton intérêt que je dis ça, mon petit Chimchone, qu'elle a fait.

— T'occupe pas. Mon intérêt, je sais où il est... C'est clair ?

— Oui, Chimchone, mon chou...

Chimchone reposa le bougeoir sur la table, convaincu qu'il nous avait assez impressionnés. Mais pour moi, il avait perdu tout prestige. Je venais de comprendre que Chimchone n'était qu'un péteux, un froussard. Sans accorder la moindre attention à Rah'el, il se tourna vers moi :

— Et toi, tu iras au *héder* pour devenir un savant et un *tzadik*. Et si tu déconnes au lieu d'étudier, je t'arrache les jambes des fesses. Tu as compris ?

Et comme il devait se sentir plutôt merdeux, il ajouta :

— Avec les femmes, il faut employer la manière forte. Elle me connaît, Rah'el ; elle sait de quoi je suis capable. Une fois, y a un cave qui m'emmerdait dans mon boulot. Je lui ai envoyé un de ces gnons que pendant un mois il avait la tête qui arrêtait pas de ballotter ; il en louchait ! Et un jour, il en est mort, le con. Vous avez entendu : un seul coup de poing... Je suis comme ça, moi : je tue un mec et ensuite je vais pleurer sur sa tombe... Ah ça ! question force, j'ai pas à me plaindre...

Mais je ne le croyais plus. Il me faisait maintenant l'effet d'un minus et d'un bluffeur. Et toutes les histoires qu'il racontait n'étaient que des craques pour cacher sa frousse.

— Bon, tout ça c'est bien beau, mais revenons à Avrom Leib. Tu as le fric, demanda Malka, toujours pratique.

— Te casse pas la tête. Il viendra avec moi.

— Mais il faut l'habiller de neuf, ce gamin. Tu l'as

regardé ? Il ressemble à un épouvantail. On ne peut tout de même pas l'envoyer comme ça au *héder*.

— J'en fais mon affaire. Vous n'avez pas à vous inquiéter. Il sera fringué comme un lord.

Moi, je n'avais plus envie de quitter la maison, et Malka l'a tout suite compris.

— Allons, allons, Avrom Leib, sois raisonnable. Tu n'as pas le choix. Tu n'es plus un enfant. Et en plus, c'est ta mère qui le veut.

— Bon, dit Chimchone, dis au revoir à Malka et on s'en va.

Avant d'arriver au *héder*, nous sommes entrés dans le restaurant de Schmil Schmadnik.

— On va manger un morceau, j'ai très faim. Pas toi ?

— Si.

Je voulais lui demander si nous ne risquions pas d'arriver en retard au *héder*, mais Chimchone me devança.

— Le *héder* peut attendre. Tu seras un savant et un *tzadik* avec quelques heures de retard.

Dans la salle du restaurant, Chimchone se sentait comme chez lui, saluant tout le monde par de grands gestes et de sonores : « Bonjour... ça va ? »

— Salut, Chimchélé, l'accueillit Schmadnik. Assieds-toi.

Chimchone s'assit à une table encombrée d'assiettes de hareng mariné aux oignons. Le patron, au visage rond comme un ballon, m'observa d'un œil soupçonneux.

— Qui es-tu ?

— Je suis avec Chimchone Békel.

La face de ballon s'éclaira d'un sourire.

— Ah ! Chimchone t'a invité ? dans ce cas... (Sa bouche était presque édentée et il était difficile de le comprendre.)

Chimchone observait la scène avec une satisfaction visible,

comme s'il avait dit : Qu'est-ce que tu en penses ? Tu sais qui est Chimchone Békel, à présent ?

— Comme d'habitude ? Une bonne bière et des pois chiches au poivre ? demanda le patron.

— Oui, mais fais vite, nous sommes pressés.

— Et pour le gamin ?

— Schmil, parle-lui avec respect, s'il te plaît. Parce que tel que tu le vois, un jour, il sera le grand rabbin de Lodz.

Toute la salle éclata de rire.

— Et que désire le grand rabbin de Lodz ?

— Un gâteau à la crème et une limonade.

— Assieds-toi à côté de moi, me dit Chimchone. On fait la paire, tous les deux. Le grand rabbin de Lodz et un voleur, ça va très bien ensemble, tu ne crois pas ?

Je me serais bien sauvé, mais pour aller où ?

Chimchone était assis devant un mur tapissé de vert, sous une lampe à pétrole noire de suie, accrochée à un clou. Sa chope de bière était couronnée d'une mousse épaisse qui ressemblait à des bulles de savon.

— Comment va ? demanda-t-il à un client qui répondait au nom de Pessah Khemol.

L'homme sourit et eut un regard à la fois apitoyé et méprisant pour le pull de Chimchone.

— Hé, Chimchélé, où sont les temps où tu payais la tournée à tout le monde, lorsque tu étais sapé comme un prince ?

Le ton était railleur et je sentis que Chimchone le prenait très mal. Je croyais bien faire (mais j'ai immédiatement compris que j'avais gaffé : ses petits yeux rosâtres comme ceux d'une poule souriaient à travers la fente des paupières) lorsque j'ai dit :

— Il a vendu ses habits pour que je puisse étudier au *héder*.

Chimchone me lança un regard noir, comme s'il avait voulu m'avaler tout cru.

— Ferme-là, *kaker*, où je t'écrase la frimousse.

— Mais c'est vrai !...

— On t'a sonné ?

— Non.

— Alors ferme-la.

— Tu fais des *mitzvoth* maintenant ? On aura tout vu !... railla un gros coiffé d'un chapeau de paille et le visage couvert de boutons rouges, comme si des puces lui avaient chié sur la gueule. Tu veux gagner ton paradis ? dit-il encore en riant. Admettons qu'on t'y laisse entrer. Qu'y feras-tu ? Tu leur piqueras leurs poux, aux *tzadikim* ?

Le patron éclata d'un gros rire. Son ventre tremblait comme un pied de veau dans sa gélatine, et les verres sur son plateau se mirent à sonner comme des clochettes.

— ... ha, ha, ha, ha... les poux des *tzadikim*, pouffait-il en répétant les mots de l'homme au chapeau de paille.

C'est Pessah Khemol qui mit fin à la rigolade.

— Bon, Chimchélé, ne le prends pas en mal... on peut bien se marrer un peu, entre copains. Allez, *le-hayim*...

Chimchone trinqua avec les autres, mais je voyais bien qu'il n'avait pas avalé les moqueries de ses amis. Il serrait les lèvres et de méchantes étincelles dansaient au fond de ses yeux.

Je tentai de fuir son regard en faisant semblant de m'intéresser au canari, dont la cage était accrochée au-dessus de la porte. Elle était si petite que je ne l'avais pas remarquée.

Mais après plusieurs verres, son humeur s'améliora. Les autres riaient à chaque mot de Pessah. Schmil Schmadnik esquissa même un pas de polka avec son plateau chargé de verres et, finalement, tout le monde s'embrassa.

Pessah raconta son premier casse avec Chimchone, provoquant une nouvelle crise générale de fou rire.

— Et ton rabbi ? se souvint Pessah.

— Ben quoi, mon rabbi ? Pour l'instant, je vais l'inscrire au *héder*. S'il veut être rabbin, c'est son affaire.

— Dommage. Il a de bons yeux de voleur.

— Oui, mais sa mère, comme toutes les mères, veut en faire un rabbin. C'est comme moi : dans ma famille, nous avions un rabbin municipal

— Un *rav* municipal dans ta famille ? Tu blagues ou quoi ?

— Mais non ! Il se disputait avec toute la ville [1]...

— Alors, Avrom Leib, lorsque tu seras un grand rabbi, tu promets d'intervenir auprès de Dieu pour que la police nous oublie ?

Après avoir terminé sa carpe farcie, Pessah s'essuya la bouche d'un revers de manche. Je m'efforçai de m'éloigner de lui. Son visage, la manche de son veston et ses mains étaient luisants non seulement de la carpe qu'il venait de manger, mais aussi d'un précédent repas, probablement de la viande très grasse. De temps en temps, il s'essuyait les mains sur les jambes de son pantalon. Et pour faire bonne mesure, il puait la vodka, l'oignon frit et le vinaigre.

— Mais il ne touche à rien, ton *tzadik*. Est-ce que par hasard tu aurais honte de manger et boire en compagnie de mauvais garçons ?

J'allais répondre, mais Chimchone me devança :

— Fais-lui confiance, il boira.

Puis il se tourna vers moi et me fixa d'un drôle d'air. Son visage rouge indiquait déjà un début d'ivresse. La cigarette éteinte collée au coin des lèvres faisait penser à une petite langue blanche.

— Tu bois ou je te casse les os ? J'ai avalé assez de couleuvres par ta faute.

D'une main tremblante, il me tendit un verre de vodka plein à ras bord.

— Tu bois, ou alors, c'est fini pour toi.

---

1. Jeu de mots intraduisible : *Rav* donne à la fois *rabbi* et la conjugaison du verbe se disputer.

La seule odeur de l'alcool me donna la nausée. Pessah et Schmil l'excitaient de la voix :

— Fais-le boire de force.

Les yeux rouges de Chimchone se rapprochèrent de mon visage au point de le frôler, pendant que de la main droite il me collait le verre aux lèvres. Je ne le reconnaissais plus ; c'était un autre Chimchone, un homme violent qui m'effrayait.

La peur me fit vider le verre d'un trait.

— Bravo, Avrom Leib..., tu es un homme, un vrai.

Tout le monde applaudit.

Quelques secondes après, je sentis une vague de chaleur me submerger, comme si j'avais avalé un tisonnier rouge. Puis, j'eus l'impression de flamber comme une torche. Je devais faire de drôles de grimaces car tous les clients se tordaient de rire. Je voulais crier, mais les mots me restaient dans la gorge.

— Avrom Leib, on fera de toi un mec à la redresse. Tu en as l'étoffe, et je m'y connais ! me lança Schmil.

Puis, quelqu'un m'a tenu la tête, pendant qu'un autre me vidait un deuxième verre de vodka dans la bouche. Dès cet instant, les hommes et les objets se transformèrent comme par un effet magique. Un chapeau avait fondu dans le visage de son propriétaire et un veston se changea en longue barbe. Un visage sans yeux et sans nez, une cigarette collée aux lèvres, chantait quelque chose de très drôle, mais je n'en comprenais pas les mots, qui s'agglutinaient en une longue onomatopée, entrecoupée de hoquets.

Chimchone me serra contre lui avec une douceur qui me surpris ; Schmil et Pessah en firent autant.

— Pleure pas, Avrom Leib, tu n'es pas orphelin, aussi longtemps que je suis vivant. Et si je meurs, Schmil et Pessah s'occuperont de toi.

Ces promesses me touchèrent, et j'aurais voulu les embrasser à mon tour pour leur dire ma reconnaissance. Mais j'ai soudain été pris d'une violente nausée et j'ai vomi sur Chimchone. « Cette fois, il va me tuer... », ai-je eu le temps de penser.

— Je l'ai pas fait exprès, Chimchone, c'est la nausée...

Mais à ma grande surprise, au lieu de me dérouiller, Chimchone se mit à pleurer en se frappant la poitrine des deux poings.

— Ange du ciel, âme pure... tu as bien fait... je ne vaux pas plus qu'une vomissure. Je suis un homme perdu et je n'ai que ce que je mérite. Dégueule-moi dessus encore une fois !...

Chimchone parlait beaucoup, mais je n'en comprenais pas un seul mot. La pièce se mit à tourner comme un manège. Dans un coin, une chaise en poursuivait une autre. Schmil avait pris l'aspect d'un énorme cochon rose, que Chimchone et Pessah chevauchaient, en riant et en agitant les mains.

Là-dessus, je me suis endormi. Lorsque j'ai rouvert les yeux, je me trouvais dans la cuisine du restaurant. A ma droite, Chimchone était couché sur une paillasse, aux côtés d'une femme dont la bouche ouverte découvrait plusieurs dents en or. Ils étaient tous les deux couverts de manteaux et leurs habits étaient éparpillés à terre. J'avais très soif, mais j'étais trop faible pour demander à boire. Dès que j'essayais de me lever, je retombais sur ma couche, pris de nausées et de vertiges. Je ne sais combien de temps je restai ainsi, dans un état de demi-sommeil entrecoupé de rêves. Je m'efforçais de rassembler mes idées, mais je ne me souvenais que de Schmil sous la forme d'un énorme cochon rose.

Au bout de quelques minutes, j'ai entendu la voix de Chimchone qui secouait la femme aux dents en or.

— Lève-toi, Franka.

— Fiche-moi la paix, laisse-moi dormir. Je suis crevée !

— Je te dis de te lever, sinon, c'est moi qui m'en chargerai ; et tu pourrais le regretter.

D'un œil à demi fermé, j'ai observé Chimchone et sa compagne. Ils étaient tous les deux assis sur la paillasse, à moitié nus. Chimchone, maigre et musclé, et la femme, encore plus maigre, les seins flasques aux grands tétons foncés. Elle avait un visage fatigué et ridé, barbouillé de rouge à lèvres. Elle chuchota en riant quelque chose à l'oreille de Chimchone, qui se mit à rire aussi.

— Mais faudrait pas que le *kaker* se réveille, dit-elle.

J'ai fermé les yeux pour essayer de comprendre. Pourquoi les hommes tiennent-ils tellement à coucher avec les femmes, même lorsqu'elles sont aussi maigres et moches que celle-ci, avec ses seins tombants et sa tête de vieille ? Qu'est-ce qu'ils se disent tout bas, dans l'oreille, en ce moment ? Pourquoi rigolent-ils ? Tout cela m'écœurait et m'inquiétait un peu. Lorsque je serai grand, me faudra-t-il coucher avec une femme, moi aussi ?

J'ai été interrompu dans mes réflexions par les respirations de plus en plus saccadées de mes voisins, puis par des cris aigus, sans que je puisse dire s'il s'agissait de Chimchone ou de la femme.

J'en étais au chapitre des femmes ; je me disais qu'elles sentent toujours le parfum ou la sueur, une odeur aigre comme la choucroute. C'est peut-être l'odeur des maisons qu'elles habitent... Si c'est le cas, moi aussi, lorsque je serai grand, je sentirai la choucroute, et aussi mes enfants...

J'ai dû m'endormir ; lorsque je me suis réveillé, Chimchone était assis en face de moi, la tête entre les mains.

— Leibké, tu n'as pas arrêté de pleurer dans ton sommeil. (Il semblait parler au plancher.) Lève-toi et habille-toi. Nous sortons.

La paillasse avait disparu.

— Avrom Leib, continua-t-il, lorsque tu seras habillé, tu me cracheras au visage.

Je ne comprenais pas ce qu'il voulait.

— Le fric pour le *héder*, je l'ai perdu aux cartes. Hier soir, ils m'ont ratiboisé jusqu'à l'os. Et tout ça, à cause de cette pute de Franka. Avec Pessah, ils se sont donné le mot pour me presser comme un citron. Allez, vite, crache-moi dans la gueule, ou je me suicide devant toi. Vas-y, je te dis !...

J'avais tellement peur que j'ai craché...

— Merci, c'est tout ce que je mérite. Je ne vaux même pas ça.

— Qu'est-ce qu'on fait maintenant, Chimchone ?

Il n'a pas répondu. Après quelques minutes de silence, il se versa un grand verre de vodka. Ses mains tremblaient et il en renversa près de la moitié. Après avoir vidé le reste d'un trait, il se leva lourdement et me fixa d'un regard trouble.

— Viens, *kaker*, nous allons chez Reb Idel, le *melamed*.

La rue était très animée. Des cochers aux bonnets de fourrure faisaient claquer leurs fouets. J'avais déjà l'estomac dans les talons, mais je craignais d'en parler à Chimchone, à cause de ses réactions imprévisibles. Le brouillard de la vodka ne s'était pas entièrement dissipé et j'avais encore la tête lourde.

Heureusement, Chimchone me tendit la perche.

— Tu as faim, Avrom Leib ?

— Très faim.

— Attends-moi une minute, je reviens de suite.

Il entra dans une maison qui m'était inconnue. Je me suis assis sur le bord du trottoir, résigné d'avance. Qu'allais-je devenir ? Je pouvais peut-être retourner chez Malka. Mais que dirait Chimchone ? Et puis, Malka pouvait refuser de me reprendre. Soudain, j'ai entendu des cris de femme :

— Au voleur ! Attrapez-le ! Au voleur !...

En l'espace de quelques secondes, un attroupement se forma devant la maison. Parmi les badauds, je reconnus Chimchone. Il tenait une grande serviette de cuir et criait avec les autres : au voleur ! En deux enjambées, il s'approcha de moi et me glissa dans l'oreille : Grouille-toi, on se casse !

Une grosse femme, la tête bardée de bigoudis, vêtue d'un peignoir à fleurs qui couvrait mal sa chemise de nuit de soie rose, scruta rapidement les visages des curieux, puis un doigt tendu vers Chimchone, se remit à hurler : « Le voilà, c'est lui... au voleur !... »

Tout en braillant, elle secouait un bras que les bracelets et les bagues rendaient encore plus menaçant.

Chimchone paniqua :

— Avrom Leib, si on ne met pas les bouts, on risque de se faire crever la paillasse.

Il me prit par la main et se mit à courir à une vitesse telle que j'avais l'impression de planer. Un pas de Chimchone m'obligeait à en faire cinq. Je n'entendais plus qu'un bruit confus où se confondaient des coups de sifflet, le souffle du vent et les cris des gens. Au bout de quelques minutes, j'étais à bout de forces. Chimchone le sentit et me prit dans ses bras. D'un bond, il franchit une clôture de planches. Et là, blottis l'un contre l'autre et retenant notre souffle, nous avons écouté les vociférations de la foule et les sifflets des agents de police. Entre les planches de la clôture, je voyais les visages furieux des gens — ou plutôt *le* visage de la foule qui cherche sa victime. Mon cœur battait à rompre. Et s'ils nous découvraient ? Mais les cris passèrent devant nous et s'éloignèrent. On pouvait enfin respirer.

— Ouf, quelle course ! lâcha Chimchone dans un souffle. Je ne me souviens plus d'avoir cavalé aussi vite.

Blême, les yeux fermés entourés de cernes bleuâtres, il était assis, le dos appuyé contre la clôture. Pour la première fois, je remarquai son extrême maigreur. Il y avait quelque chose du petit vieux chez lui : cet air las et négligé, ses grandes chaussures avachies et trouées, sa casquette trop petite sur le sommet du crâne, son paletot aux poches immenses... toute sa personne donnait l'impression d'un homme perdu et misérable. Tel qu'il était maintenant, il me rappelait un vieux chimpanzé accablé de tristesse, dont j'avais vu la photo dans un livre de Godel. Il montrait aussi des chasseurs se pavanant devant les cages de quelques bêtes. Derrière ses barreaux, le chimpanzé avait un regard résigné et si douloureux que l'image m'est restée en mémoire. J'ai toujours eu une profonde pitié pour les bêtes. Je pense que si je m'étais trouvé là, j'aurais ouvert les cages, à la barbe des chasseurs. Mais en y réfléchissant maintenant, je n'en suis plus tellement sûr. Parce qu'un jour, au marché de Baloti, j'avais essayé de libérer des chiens enfermés dans une cage de fer pour être vendus. Ils étaient maigres et sales. L'un d'eux, tacheté de noir, m'implorait du regard, comme pour me dire : Je t'en supplie, libère-moi ! Je me suis approché de la cage en rampant pour ne pas être vu du charretier goy. Mais lorsque j'ai touché le couvercle de la cage, le chien me mordit au doigt et tous les autres se mirent à aboyer furieusement. Avant de m'enfuir, j'ai dit mon mépris au cabot en lui crachant dessus. Je me souviens aussi d'un énorme ours brun qu'un gitan faisait danser au son d'un tambourin. L'homme était petit, noiraud, pieds nus, et vêtu d'oripeaux. L'ours se balançait de droite à gauche et de gauche à droite, comme un ivrogne. Je ne comprenais pas pourquoi l'ours, si gros et si fort, ne se débarrassait pas de son gringalet de gitan d'un seul coup de patte pour s'enfuir ensuite dans sa forêt.

Je pensais à tout ça, parce que Chimchone me rappelait toutes ces bêtes tristes, y compris l'ours. Lui aussi était grand et fort. Et pourtant, il se terrait derrière cette clôture comme une bête traquée. Il m'avait raconté que sa mère jouait, elle aussi : « Une mordue du carton — une vraie flambeuse. Moi je ne suis qu'un minable comparé à elle. » Et après la mort de sa mère, il s'était mis en tête qu'elle intervenait auprès de Dieu en sa faveur. Je ne sais pas ce qui s'est passé entre sa mère et lui — il ne m'en a jamais parlé, et je ne voulais pas me mêler de ses affaires de famille. Mais le fait est que Chimchone perd toujours au jeu.

Revenons au *héder*, puisque c'est bien de ça dont il est

question aujourd'hui ; pour l'instant, ma seule chance d'y entrer se trouvait dans cette serviette posée sur les genoux de Chimchone.

« Mon Dieu, ai-je prié tout bas, je T'en supplie, fais qu'il y ait beaucoup d'argent dans cette serviette. Je suis prêt, pour cela, à n'importe quel sacrifice. » Encore un serment en l'air, puisque je n'avais rien à sacrifier.

Quelque chose me dit que nous avions adressé tous les deux la même prière au ciel. Et je crains fort qu'en ce qui le concerne, j'ai dû lui servir de bouc émissaire.

Soudain, Chimchone se leva.

— Avrom Leib, me dit-il d'une voix calme, j'ai comme le pressentiment qu'il y a beaucoup de fric là-dedans.

« Amen », ai-je répondu mentalement.

Mais lorsqu'il ouvrit la serviette, je le vis blêmir ; et lorsqu'il en a sorti le contenu, j'ai éclaté de rire : en fait de fric, il n'y avait que des bas de soie à remailler. Mon rire me valut illico une gifle qui fit tout tourner autour de moi. Comme si c'était moi qui avais mis les bas dans la serviette ! Et pour rétablir l'équilibre, il me gratifia d'une deuxième baffe, sur l'autre joue.

— Tout ça, c'est des trucs à ma mère. Elle ne me pardonne rien, même au ciel. Qu'elle crève !

Je voulais lui demander ce qu'elle ne lui pardonnait pas, et lui faire remarquer aussi que, de toute façon, elle était déjà morte, sa mère. Mais deux baffes me suffisaient amplement.

C'était à son tour de rire, le paquet de bas déchirés dans les mains. Et là, je l'ai suivi. Nous avons rigolé ainsi comme des bossus pendant quelques minutes. Lorsqu'il s'est calmé, il m'a dit qu'il regrettait beaucoup pour les baffes, mais je l'ai rassuré aussitôt :

— Laisse tomber... une ou deux torgnoles, ça ne compte pas pour moi...

Cette parole innocente l'attrista.

— Avrom Leib, je suis un salaud... il ajouta presque aussitôt : Nous allons, ou plutôt tu vas au *héder*.

Va pour le *héder*, me suis-je dit, puisqu'il y tient tellement. Pour ma part, j'en avais pris mon parti. Le *héder*, je le connaissais par ouï-dire, par ce que m'en avaient raconté les gamins dans la rue et toutes les versions concordaient plus ou moins. Certains disaient que c'était supportable si on n'avait pas peur des coups. D'autres précisaient qu'on s'habituait vite aux coups — ce que je savais déjà par expérience. Enfin, il y avait ceux qui disaient que le plus difficile, c'était de rester assis sur un banc dix heures par jour, au point d'avoir le cul aussi plat qu'une planche à pain.

— Tu ne vas pas faire d'histoires pour ça, commenta Chimchone. Apprendre à rester assis est une bonne chose, surtout dans ton cas. Parce que si tu échoues dans les études, tu finiras dans le casse ou le vol à la tire. Et un voleur doit s'habituer à rester assis [1]. Et pour ce qui est des coups, je peux te dire que vous les jeunes, vous êtes gâtés. Tu as de la chance de ne pas être né quinze ans plus tôt. Parce qu'à cette époque, c'était pas des gifles, mais des coups de bâton.

Ces paroles me rassurèrent.

— Mais en attendant les coups de règle et les gifles, tu as droit à quelques gâteries. Nous allons faire un saut chez Sonia ; elle habite tout près, dans la rue Dolna. C'est à deux pas du *héder*. Tu pourras toujours aller chez elle lorsque tu auras un problème.

Chemin faisant, Chimchone me fit un portrait de Sonia. Elle avait trois qualités principales : la première, elle ne détestait pas la vodka. Ensuite, elle ne détestait pas l'argent. Et enfin, elle ne détestait pas les hommes. Bref, une femme qui ignorait le verbe détester.

---

1. Jeu de mots intraduisible : en yiddish, faire de la prison, c'est « être assis », le verbe asseoir étant actif.

— Et surtout, me recommanda-t-il, lorsque tu seras chez elle, tâche de bien te conduire. Qu'on n'aille pas dire que je ne t'ai pas appris les bonnes manières.

Cet exposé : « tout sur Sonia », m'avait donné une faim de loup.

— Chimchone, j'ai faim, ai-je osé dire en hésitant.

— Et pourquoi penses-tu que nous allons chez elle, *kaker* ? Pour faire un *minyane* ? Et t'en fais pas : dès qu'elle te verra, elle te gavera de bonnes choses. Elle adore les enfants. Quant à moi, je crois qu'elle n'est pas trop impatiente de me voir.

La maison de Sonia était située au bout de la rue Dolna. Plusieurs hommes étaient assis devant la façade. Enveloppés de couvertures, ils avaient l'air de corbeaux. Le côté gauche de l'entrée était occupé par une calandre. Par la porte ouverte, on apercevait un tas de pièces de lingerie pliées en carré et une roue géante qui faisait lentement la navette sur une table faite de grosses poutres. Quelques hommes en bras de chemise, suant à grosses gouttes, s'affairaient tout autour.

Nous avons traversé une cour pavée. Des chèvres blanches à barbiche, aux grands yeux saillants, levèrent la tête de leur mangeoire pour nous observer. Sur une caisse servant de poubelle, plusieurs chats maigres, de toutes les couleurs, ronronnaient. Nous sommes passés par une ouverture pratiquée dans une clôture de planches peinte en blanc. Dans une deuxième cour, également pavée, des charrettes, la plupart sans roues, étaient alignées le long d'un mur. Après être entrés dans une maison au plâtre écaillé et avoir franchi un long couloir étroit, nous avons finalement monté un escalier aux marches grinçantes.

— La porte de Sonia est celle de droite, me souffla Chimchone.

J'ai tiré sur le cordon de la sonnette, qui nous renvoya un tintement grêle.

— Je me cacherai derrière toi et lorsqu'elle ouvrira la porte, tu lui dis que c'est Chimchone qui t'envoie.

— Arrête ce boucan ; on ne sonne pas la messe du dimanche ici, cria une femme. Qui es-tu ? me demanda-t-elle en ouvrant la porte.

Elle était petite, avec des cheveux noirs coupés court. Sa poitrine, compressée dans un chemisier trop étroit, faisait tressauter plusieurs rangées de perles à chaque mot qu'elle prononçait. Après m'être un peu habitué à la pénombre, je remarquai ses yeux : grands et noirs avec des cils aussi longs que ceux d'une poupée. Des petites dents blanches et acérées comme celle d'un chat luisaient entre ses lèvres peintes.

— C'est de la part de Chimchone, ai-je lâché très vite.

Elle parut surprise.

— Où est-il, ce truand ?

Un large sourire éclaira son visage. Elle m'était déjà sympathique. J'ai aimé tout de suite ses longues boucles d'oreilles qui changeaient de couleur à chaque mouvement de tête.

— Chimchone est derrière moi.

— Je..., bégaya Chimchone..., je te présente Avrom Leib.

A côté de Sonia toute menue, Chimchone paraissait un géant. Et pourtant, il était aussi penaud qu'un enfant pris en faute.

— Ecoute, Sonia, nous allons au *héder*, c'est-à-dire... Avrom Leib doit y aller, se reprit Chimchone en grossissant la voix pour reprendre contenance.

— Ne mens pas, tu n'es pas au tribunal ici. Et d'abord, entrez, au lieu de rester plantés là.

La pièce était éclairée par plusieurs lampes à pétrole, bien qu'il fît encore jour. Je remarquai que ses bras et ses jambes étaient pleins de bracelets. Je pense que Sonia était une putain, parce que sa chambre était pleine de coussins, tout comme celle de tante Esther. J'ai idée que les coussins et les saucissons aux murs sont les marques distinctives de la putain — je le dis en connaissance de cause. J'aimais déjà le carrelage rouge et brillant et les rideaux bleus, à travers lesquels le ciel paraissait encore plus bleu.

Sonia jaugea Chimchone d'un regard critique, s'arrêtant sur son accoutrement et sur le mien. Ça ne devait pas être très brillant.

— Vous avez faim, je parie.

— Oui, très faim.

Chimchone me lança un regard assassin. Je me suis aussitôt repris :

— Non... c'est-à-dire, pas très faim...

— Si tu ne te conduis pas bien, comme un enfant bien élevé, je t'envoie direct au paradis. Pigé ?

Après cette explication à voix basse, j'ai encore fignolé ma réponse.

— Nous avons un peu faim.

Quelques minutes plus tard, comme sous l'effet de la baguette magique d'une bonne fée, la table était couverte d'assiettes pleines. Cela faisait longtemps que je n'avais vu autant de bonnes choses et en telles quantités. J'étais littéralement hypnotisé, incapable de faire mon choix. Je me fichais pas mal des regards de Chimchone et de Sonia ; j'étais même prêt à risquer une paire de baffes. A chaque bouchée, le monde me paraissait plus beau et plus doux. Chimchone avait disparu, Sonia avait disparu, j'étais seul sur terre. Seul avec d'épaisses tranches de pain bis bien beurrées. Du pain couvert de grosses rondelles de saucisson, du pain avec des tranches de hareng rose comme le derrière d'un bébé, du pain avec de la graisse d'oie et des rondelles d'oignons, une tartine enduite d'une couche de confiture de l'épaisseur d'un doigt... J'aurais pu remplir la moitié d'un livre avec les descriptions de tout ce qu'il y avait sur la table. Chimchone et Sonia n'étaient pas très loin : assis tous les deux sur le divan, enlacés parmi les coussins. Chimchone semblait chercher quelque chose entre les jambes de Sonia — je crois que moi non plus je n'existais plus pour eux.

La fatigue commençait à me gagner. Ma tête s'affaissa sur la table et le monde disparut sous un amas de tartines de pain à la graisse d'oie ou de rondelles de saucisson. *Mazal-tov*, me disais-je, grisé, j'ai une nouvelle tante et elle s'appelle Sonia. Pour bien me faire sentir ce changement et afin qu'il n'y ait plus d'erreur au sujet de ma nouvelle famille, Chimchone leva le poing vers le ciel, puis l'approcha de mon œil, pour dire d'un ton menaçant :

— Dorénavant, tu ne l'appelleras plus Sonia, mais tante Sonia, c'est clair ?

Ah, que c'est bon de trouver une famille dont on ignorait jusqu'à l'existence. Et quelle famille ! Je l'ai appris trois jours plus tard, ou plus exactement trois nuits. La troisième nuit, j'ai entendu une vive discussion entre tante Sonia et Chimchone. Sonia se faisait visiblement du souci à mon sujet.

— Alors, ton *kaker*, demandait Sonia, qu'est-ce que tu vas en faire ?

— Sa mère veut l'envoyer au *héder*, mais actuellement, je n'ai pas d'argent. Et crois-moi, je vendrais ma dernière chemise pour lui.

Bien que dormant dans l'autre pièce, j'entendais chaque mot de ce qui se disait. Ensuite, tante Sonia et Chimchone se sont disputés au sujet d'un salaud du nom de Pessah, qui devrait de l'argent à Chimchone — beaucoup d'argent. Une si grosse somme qu'elle permettrait non seulement de me payer le *héder*, mais encore d'entretenir un *héder* de cent élèves.

— Ma petite Sonia, susurra Chimchone d'une voix soudain aussi douce que le miel, je lui ferai cracher le fric, je te le jure sur la mémoire de ma mère. Cet argent n'est pas pour moi, mais pour ce *kaker*. Et toi, c'est pas le fric qui te manque. Je te promets de te le rendre jusqu'au dernier sou.

— Bien sûr, comme tu me l'as toujours rendu... au moins une dizaine de fois.

— Ma petite Sonia chérie, mon âme... Cette fois, ce n'est pas pour moi.

La dispute s'est terminée par le choc de deux verres et un éclat de rire de tante Sonia, suivi, quelques minutes plus tard par une double respiration saccadée et rapide.

Le lendemain, Chimchone me dit que j'avais une tête terrible et qu'avec cette dégaine d'épouvantail, je pouvais sûrement effrayer les oiseaux, mais non fréquenter des gens civilisés.

— Avec l'argent de tante Sonia je vais t'acheter des vêtements et des chaussures, pour que tu sois convenable ; et, bien sûr, payer Reb Idel. Qu'on ne vienne pas dire que je ne m'occupe pas de toi. Et maintenant, nous allons au *héder*.

Toutes ces bonnes choses qu'il me fallait laisser ! Je savais que je ne reverrais pas de sitôt une table aussi bien garnie ; et j'en étais malade de dépit.

— Fais pas cette tête, Avrom Leib. Nous pouvons rester ici aussi longtemps qu'il nous plaira. Mais il faut y aller. Surtout ne fais pas de bruit en sortant, pour ne pas réveiller tante Sonia. Elle a travaillé dur cette nuit.

Mais, dans la rue, Chimchone modifia ses plans. Au lieu d'une boutique de vêtements, il décida de m'emmener au bistrot de Schmil Grib.

— Tu comprends, Avrom Leib, tu es comme un fils pour moi. Je ne peux me confier qu'à toi seul... (Il baissa la voix comme pour me révéler un secret.) Il faut que tu saches que lorsque ma mère m'apparaît en rêve et sourit, ça veut que le même jour, j'aurai le cul verni. Une fois, ma mère m'est apparue en rêve, toute souriante, comme aujourd'hui. Eh bien, tu m'écoutes bien, Avrom Leib, ce jour-là, avec deux zlotys, j'ai fait un pactole de plusieurs milliers. L'argent de Sonia nous rapportera un magot qui nous permettra de nous la couler douce pour le restant de nos jours. Et alors, ce n'est pas un, mais trois *melamdim*, que je te payerai. Mieux : le *héder*, je te l'amènerai à domicile, chez toi. Et je précise : chez nous, dans *notre* maison, que nous achèterons avec le fric que nous aurons gagné. Une maison avec de grandes armoires pleines d'habits et de chaussures. Pour toi seul — tu n'auras que l'embarras du choix. Aye, aye, aye, aye, tu verras la belle vie qu'on va se payer. Qu'en penses-tu, Avrom Leib ?

L'idée me paraissait si simple que je me suis demandé comment nous n'y avions pas pensé plus tôt. Il y avait bien quelque chose qui me turlupinait : de ce beau programme, tante Sonia était absente, forcément. Et je regrettais déjà de perdre une telle tante — c'est pas tous les jours qu'on en trouve des comme ça. Mais je l'oubliai vite. La pensée de tous ces beaux habits, des chaussures neuves, m'occupait déjà : noires ou marron ?

— Et il y aura aussi une armoire de chemises ?

— Autant que tu en voudras, et de toutes les couleurs.

Je dressai des plans : je changerai de chaussures chaque semaine, les culottes, chaque jour et les chemises chaque heure.

Lorsque nous sommes arrivés chez Schmil Grib, j'étais habillé de pied en cap : des chaussures marron vernies, avec une chemise bleue et une petite casquette noire. J'aurais voulu embrasser Chimchone et lui dire combien je l'aimais.

— Avrom Leib, tiens, prends un zloty et va t'amuser ; aujourd'hui, c'est fête.

Avant de me quitter, Chimchone me souffla encore tout bas :

— Je connais bien ma mère. Si elle vient me voir en rêve, c'est pas pour des prunes. Et si je ne profite pas de l'occasion aujourd'hui même, elle risque de le prendre très mal. Elle n'aime pas se déranger pour rien. Si je ne joue pas maintenant, elle en a fini avec moi. Elle est comme ça ! Et rappelle-toi, lorsque tu reviendras, on sera cousus d'or tous les deux.

Je me voyais déjà gosse de riche — je ne me mêlerais pas aux enfants miséreux et aux va-nu-pieds ; ce serait indigne de mon rang. Je me suis donc assis au bord du trottoir, non sans l'avoir d'abord épousseté pour ne pas salir mes beaux habits tout neufs.

Bon... où en étions-nous ? Ma garde-robe : m'habiller de neuf à longueur de journée... Quelle corvée ! J'en étais fatigué d'avance. Je n'aurais jamais cru que l'élégance causait tant de soucis et d'efforts. Après m'être reposé de toutes ces fringues, je me suis imaginé que j'amenais ma mère chez nous : assieds-toi, je lui dis, en l'invitant à prendre place à une table chargée d'assiettes et de plats débordant de bonnes choses. Et soudain, j'ai pensé à Chmelké et Godel. Jamais je n'avais autant regretté que le premier fût mort et le deuxième en prison.

Et si je faisais faire une tombe pour Chmelké ! ? On me dira que Chmelké n'était qu'un cheval, mais si j'étais riche, qui oserait m'en faire la remarque ? Encore faudrait-il que je me souvienne de l'endroit où il est enterré... Tant pis ! Je pourrais au moins faire dire un *kadich* pour le repos de son âme. Si on y met le prix, on peut toujours trouver un *minyane* de fidèles qui accepteront de réciter un *kadich*, même pour un cheval. Qu'est-ce que je pourrais encore bien faire avec tout l'argent qui me restera ? Au lieu d'aller au *héder*, j'irais à l'école, comme Bronek, le fils du fourreur. Je ne suis jamais entré dans une école, mais je suis sûr que les salles de classe sont immenses, avec des ampoules électriques au plafond et des rideaux de toutes les couleurs aux fenêtres. Et aussi que chaque élève, au lieu d'un banc dur, est assis sur une pile de coussins. Et à la récréation, on boit du cacao à volonté — et aussi qu'il est formellement interdit de battre les élèves. Et je ferais... Oh, mon Dieu ! j'allais oublier Estherké !... Où peut-elle bien être, à cette heure ? Si elle était là, à côté de moi, je lui dirais combien je l'aime et je lui achèterais des chaussures dorées.

Un jour, j'ai vu dans un livre de contes une princesse qui ressemblait beaucoup à Estherké. Elle avait une couronne d'or sur la tête et des chaussures dorées aux pieds. Je suis sûr que la couleur dorée lui irait très bien. Ah, si elle était là, maintenant ! Je ne saurai jamais si c'était un rêve ou non, mais tout à coup, j'ai entendu sa voix. Une voix enrouée, fatiguée, et grise comme la rue Zagreska.

— Avrom Leib, que fais-tu là ?

— Estherké !

J'aurais voulu lui poser des tas de questions et lui raconter tant de choses !.. Où était Kasziek ? Qu'était devenu le cirque ? Où étaient les autres ? C'était bien Estherké, mais on aurait dit qu'il y avait quelque chose de changé en elle. L'autre Estherké, la mienne, avait des dents aussi blanches qu'une robe de mariée. Celle-ci portait une robe jaune, et elle crachait régulièrement un jet de salive brune, comme un charretier. Ses lèvres étaient rouges, mais amères ; elles ne souriaient plus. Et même lorsqu'elles souriaient, on n'y croyait pas : elles faisaient penser à une lampe éteinte. Comme autrefois. Oui, c'était bien le sourire de l'Estherké de là-bas.

— Dis-moi, Avrom Leib, quel âge as-tu ?

— Je ne sais pas exactement. Je pense que j'ai huit ans. (On se souviendra peut-être que ma mère a raconté à Dieu que j'en avais sept.)

— Avrom Leib, promets-moi de ne jamais grandir. Tu le jures ?

— Mais je voudrais déjà être grand, parce que lorsque je serai grand, je n'irai pas au *héder*, où on se fait dérouiller.

— Avrom Leib, le monde entier n'est qu'un immense *héder*. Et partout on dérouille. Regarde-moi.

Je remarquai alors qu'elle avait un œil enflé.

— C'est Kasziek qui m'a fait ça. Je travaille pour lui.

Elle semblait lasse et énervée à la fois.

— Avrom Leib, qu'ont-ils fait de nous ?

J'avais du mal à l'écouter. J'aurais voulu monter sur le toit de la maison la plus haute et hurler ; oui, crier de toutes mes forces : Rendez-moi mon Estherké. Celle-là était une autre.

— Qu'ont-ils fait de nous ? répéta-t-elle.
— Qui ?
— Je ne sais pas.
— Estherké, dis-moi qui nous a fait ça. Je le tuerai.
— Avrom Leib, je suis vide. Je ne sais même pas haïr, et pas seulement aimer. Je ne suis qu'un pot de chambre. Les hommes viennent à moi, m'écartent les cuisses et me pissent dedans. Puis ils reboutonnent leur braguette et s'en vont. Je ne suis même pas un être humain pour eux.
— Mais pourquoi ils te pissent entre les cuisses ?
— Avrom Leib, je t'aime. Tu resteras probablement un benêt toute ta vie. Viens que je te serre dans mes bras, quelques minutes.

Estherké s'assit à côté de moi. La rue avait disparu et nous étions dans un palais, assis à une table. Estherké avait une couronne sur la tête, toute de blanc habillée, avec un sourire lumineux aux lèvres. En fait, ce n'était pas une table, mais un nuage, tout blanc et très doux, comme dans un rêve. La table-nuage flottait lentement. Perché sur l'un de ses coins, j'ai reconnu la rue Zagreska. Vue de cette hauteur, elle ressemblait à une tache, une ombre noire, une plaque d'égout. Puis le nuage se scinda en deux. Une des moitiés disparut — celle-là même où Estherké était assise. Il n'en restait qu'un vague parfum et une odeur de sueur.

Mais que faisait Chimchone devant moi ? D'où avait-il surgi ?

— Avrom Leib, espèce de morpion, où étais-tu ? ça fait une demi-heure que je te cherche.

Il m'observait d'un regard curieux.

— Qu'est-ce que tu as à me reluquer comme un idiot ? Ma parole, on dirait que tu rêves, comme si tu étais tombé d'un nuage, d'entre les bras d'une pute.

Il me fallut quelques minutes pour abandonner ma table-nuage.

— Avrom Leib, l'amitié n'est plus de ce monde... Il n'y a plus d'amis ; tous des faux-jetons qui ne pensent qu'à vous plumer en trichant. Jusqu'à ma propre mère, cette garce, qui m'avait promis une veine de cocu pour aujourd'hui — elle souriait même, la salope. Dis-moi, Avrom Leib, t'appelles ça une mère, toi ? Ils ont tous triché, leurs cartes étaient truquées, tu comprends ?

Chimchone jura, allant jusqu'à menacer Dieu en le traitant de fils de pute, et sa mère de fille de pute, et ses amis, ces salauds... « Mais il ne perdent rien pour attendre. Un jour, je leur montrerai qui est Chimchone Békel. »

Il en remettait, comme d'habitude. Mais moi, j'avais déjà compris : adieu chaussures, chemises de couleurs et belles culottes !..

— Ça veut dire que nous allons au *héder*, non ?

— Oui, Avrom Leib.

Au *héder*, Chimchone expliqua la chose à sa façon :

— Reb Idel, je veux que vous en fassiez un *tzadik*, un grand rabbi. Comme qui dirait un *lamed-vav*, vous comprenez, face de rat ! Et je vous donne un mois au maximum pour le former. Je reviendrai dans un mois, et s'il n'est pas prêt, je vous raccourcis d'une tête. Quant au fric, vous n'avez pas à vous en faire. Je saurai où le trouver. Ma mère m'en doit beaucoup ; et lorsqu'elle promet, elle rembourse. D'ici là, Avrom Leib étudiera à l'œil. Encore une chose : je ne vois pas d'inconvénient à ce que vous lui frottiez les côtes ; l'essentiel, c'est que vous en fassiez un *tzadik*.

Chimchone était bourré, ce qui explique qu'il avait oublié quelques précisions. Après en avoir terminé avec Reb Idel, il s'adressa à moi :

— Et toi, ne me regarde pas comme ça. J'ai promis à ta mère que je ferai de toi un *lamed-vav* ; et Chimchone n'a qu'une parole.

Reb Idel tremblait de tout son corps.

— Oui, Chimchélé, ne cessait-il de répéter en bégayant.

Lorsque nous sommes restés seuls, Chimchone se gratta la tête d'un air embarrassé.

— Avrom Leib, arrête de me regarder comme ça... Je sais, je ne suis qu'un salaud, une ordure, un joueur pourri jusqu'à l'os, et j'ai envie de me foutre en l'air. Crache-moi dans la gueule, c'est tout ce que je mérite. Crache-moi dans la gueule, j'te dis, ou je me crève la panse devant toi.

Jamais je n'ai craché sur quelqu'un avec une telle conviction.

Et maintenant, je suis au *héder*.

Nous sommes une trentaine d'élèves. Ils paient tous leurs études, à part nous quatre. Mais avant que je n'explique qui sont « nous quatre », il me faut décrire le *héder*.

D'abord, il est situé au troisième étage. Il est difficile de distinguer un étage de l'autre, parce que partout on sent le moisi, mêlé aux relents de choucroute et d'ail. Et pour couronner le tout, le pipi de chat. Le premier étage a quelque chose en plus : il pue la charogne, parce qu'on y travaille le cuir. Et il empeste tellement que je conseille à celui qui doit passer par là de le faire très vite, en courant et en se pinçant le nez, après avoir respiré un bon coup.

Au deuxième étage habite Zelta Schultz avec ses quatre filles. Un mystère entoure Zelta ; elle est ce qu'on appelle ici une *tzadik'esté* [1]. C'est une petit bout de femme courbée, toujours chargée de paquets ; personne n'a jamais su ce qu'ils contenaient. Zelta me rappelle Malka, et un peu Hayim le bossu. Elle a l'ardeur et l'énergie de la première et la résignation du second. Elle tranche sur son entourage par ses vête-

1. En yiddish, féminin de *tzadik*.

ments, toujours propres et méticuleusement repassés — comme s'ils venaient de sortir de la blanchisserie. Elle a un tablier blanc avec d'immense poches et j'essaie toujours de deviner ce qu'il y a dedans. Il arrive que Zelta disparaisse pour quelques jours. On dit que la nuit, elle s'occupe de vieillards et de malades. Le jour même où je suis arrivé au *héder*, la police est venue l'arrêter. La rumeur dit qu'elle aurait soigné un communiste évadé de prison. On raconte aussi qu'elle aide à faire partir en fraude des sionistes en Eretz-Israël. Quoi qu'il en soit, on n'a jamais entendu un mot méchant à son sujet. A droite, il y a la gargote de Reb Idel. L'endroit est plein d'odeurs qui permettent de savoir le jour de la semaine. Le dimanche, ça sent les *latkess*, les oignons frits, les cornichons au vinaigre et le hareng salé ; ce menu dure jusqu'à mardi inclus. Le mercredi, c'est l'odeur de volailles bouillies et de *tsimess*. Le jeudi et le vendredi, le fumet du *chaulent* et du *guéfilté fisch* [1] domine. Mais l'odeur la plus tenace est celle des pommes de terre : elle est présente tous les jours de la semaine. Toutes ces odeurs me font venir l'eau à la bouche et gargouiller les tripes. Je ne me souviens plus qui a dit qu'une bonne santé et un solide appétit sont une malédiction pour le pauvre. Si c'est vrai, je peux dire que je suis maudit, car je possède les deux, surtout l'appétit.

Le troisième étage, celui du *héder* de Reb Idel, pue l'eau de lessive, la sueur et le papier pourri. Il y a plusieurs cycles d'études : les classes d'hébreu, le degré supérieur, sont les plus vastes ; dans les autres pièces, de dimensions plus modestes, on étudie le Houmache [2]. Et enfin la dernière pièce, la plus petite, est réservée aux élèves dont les parents ne peuvent rémunérer Reb Idel et qui payent leurs études en travaillant. Nous sommes quatre dans cette situation : à part moi, il y a

1. Carpe farcie.
2. Pentateuque.

Moïchélé Touh'ess [1], Chmelké Bok et Avrom Kétzélé [2]. Nous réglons donc le prix de nos études par toutes sortes de corvées pour la cuisine de Reb Idel : les pluches de patates, le nettoyage des volailles et le coltinage de seaux d'eau de la cour à l'étage. Moïchélé ne quitte jamais son banc, d'où son surnom. Chmelké Bok est le plus grand de nous quatre ; c'est donc lui qui coltine des seaux d'eau à longueur de journée. Il a une grosse tête, de grandes mains rouges et des épaules étroites. Ses pieds ont une couleur bizarre, une sorte de brun violacé. Brun, parce qu'il est obligé de passer dans la cour toujours pleine de boue devant l'ancienne écurie ; et violacé à cause du froid. Chmelké Bok a des yeux inexpressifs et il est capable de s'endormir en marchant.

Avrom Kétzélé est chargé du nettoyage. Une étrange maladie lui a enlevé l'usage de la parole : il ne prononce pas un mot ; il est toujours assis dans un coin et baye aux corneilles.

Quant à moi, mon rôle consiste à surveiller un grand chaudron, où Mme Genia, la femme de Reb Idel, fait bouillir des volailles et des pommes de terre pour le restaurant. Mme Genia a une tête si plate qu'à mon avis elle a dû recevoir, après sa naissance, un coup de poêle à frire sur le crâne. Sa chevelure elle-même ne peut le cacher. Il est difficile de deviner la couleur de ses yeux, parce que, chez elle, tout est peinturluré : son visage est recouvert d'une couche épaisse de poudre, plus sombre sur les joues. Les yeux sont cerclés de bleu et les sourcils, très fins, sont soulignés d'un trait noir. Ce qui fait peur, chez elle, ce sont les lèvres et les ongles d'un rouge vif. Elle se tient toujours très raide, comme si elle avait un manche à balai à la place de la colonne vertébrale. Elle m'appelle *Metouki* [3] et elle a la manie bizarre de vouloir toujours me fourrer un caramel ou tout autre bonbon dans la

1. *Touh'ess* : en yiddish : cul.
2. *Kétzélé* : chaton.
3. De Matok : douceur.

bouche ; et à chaque fois je dois me retenir pour ne pas la mordre. Bien que je raffole des bonbons, je suis incapable d'avaler les siens et je les recrache aussitôt. Ce que je déteste encore chez elle, c'est qu'elle me caresse tout le temps le zizi. Je crois que je finirai par la tuer. Je ne sais pas encore de quelle façon, mais j'y pense souvent. Ainsi, cette nuit j'ai rêvé que je la tuais avec une fourchette géante. Ce qui m'arrête, c'est que je ne sais pas où aller. Autrement, ça fait longtemps que je me serais débiné. Je ne sais même pas où est Chimchone. Quant à Malka, qui sait si elle me reprendrait !

L'hiver est arrivé ce matin, avec sa première neige, qui a transformé notre rue en patinoire. Ici, au moins, j'ai mon coin et il y fait chaud. Dans la chambre où nous dormons, le poêle ne brûle que la nuit. Nous avons rapproché nos quatre paillasses près du poêle et je m'endors en écoutant le chant des tisons — une musique qui me rend triste, sans que je puisse dire pourquoi. Moïchélé Touh'ess a poussé sa paillasse si près du poêle que le tissu et la paille ont cramé. Il en a été quitte pour une paire de gifles de Mme Genia. Il faut dire qu'il s'en balance un peu, parce que dans ce domaine, il bat tous les records. A tel point, que j'ai honte de lui parler de ma propre expérience. Il en a fait une véritable science dont nous profitons tous. C'est d'ailleurs la seule chose que j'ai apprise au *héder*, si j'excepte les quelques jours où je criais, avec les autres, *kometz aleph O ; kometz beiss bo ; kometz daleth do* [1]. Dès la première leçon, je n'arrivais pas à comprendre pourquoi bo, et non bi, ou ba. Mais pour ne pas écoper un coup de baguette sur la tête, je beuglais de toutes mes forces avec les autres. Ce qui n'a pas empêché les coups de baguette ; il paraît que je criais trop fort ; et en plus, je gueulais *kometz*

1. La litanie de l'alphabet hébraïque ; correspond au b-a, ba.

aleph bé, bé, bé, comme une chèvre. Mais revenons à Moïchélé et son enseignement dans l'art d'encaisser les baffes.

— Faut pas croire, les coups sur la gueule ne se ressemblent pas toujours. Il y a la torgnole qu'on t'allonge comme ça, par ennui. Il y a la torgnole de la femme et celle de l'homme, et c'est pas du tout la même chose. Chez la femme, c'est plus rapide, à condition de ne pas écoper en même temps sur l'autre joue. Quand c'est un homme, le coup est plus lent, mais il fait plus mal. Et si tu n'en écopes que deux, tu peux t'estimer heureux. Autre chose : ça dépend où tu la reçois, la gifle. Si c'est sur la joue, et que l'œil n'a pas enflé, tu écrases. Quant aux gnons, c'est encore différent — et c'est bien plus sérieux. Mais c'est pas la peine de s'étendre là-dessus. Sauf si tu y laisses un œil ou une dent. Mais là encore, il y a des nuances. Une dent, c'est de la rigolade. Moi qui vous parle, on m'en a déjà arraché six d'un seul coup de poing — ce qui ne me gêne pas du tout pour bouffer. Et pourtant, une dent qu'on te fait sauter, c'est la baraka. A condition de savoir y faire. Vous m'écoutez bien ?

Moïchélé est toujours sérieux quant il parle de ce sujet. Il va droit au but, avec des mots très simples.

— Une dent qu'on te fout en l'air, tu la sautes pendant deux jours ; mais c'est pas terrible, parce que de toute façon, t'as pas faim. T'oublies aussi toutes tes emmerdes. Si t'as la bouche qui saigne, tu te barbouilles la gueule avec et tu gueules comme un putois : Bonnes gens, frères juifs, au secours, on m'a égorgé ! Parce que nous autres Juifs, nous somme très sensibles aux gifles. Et pour te faire taire, le mec ou la bonne femme peuvent se fendre d'un demi-zloty — ça ne loupe presque jamais. Mais surtout faut pas arrêter de gueuler — au contraire, t'en remets. On te file alors un gâteau. Ça ne compte pas — c'est du rab. Mais attention, t'arrête pas de brailler, surtout pas ! Le principe est simple : on t'a arraché une dent, tu leur arraches les tripes. Et le plus important : pendant un bon mois, on ne te touchera pas.

Nous buvons ses paroles et chacun en tire sa petite moralité personnelle. Moïchélé ouvre fièrement la bouche pour nous montrer les dents qui lui manquent, et nous comptons celles qui restent.

— Autre chose : méfiez-vous de Mme Genia. Elle a la main lourde et elle tape sec. Quant au gâteau, compte dessus...

En ce qui me concerne, je préfère encore une gifle à ses caresses, parce que ses caresses me dégoûtent. Hier, elle a prétendu que je lui avais volé une bague. Elle a fouillé mes poches et n'arrêtait pas de me frotter le zizi. Et tout en fouillant, elle fermait les yeux et respirait rapidement. Lorsque j'ai raconté la chose à Moïchélé, il m'a regardé avec envie.

— T'as de la veine. Maintenant, tu peux lui piquer tout ce qui te fait envie. Et si elle te bat, tu lui dis que tu raconteras ça à tout le monde.

Cette nuit, j'ai encore rêvé que je la tuais, mais cette fois d'un coup de marteau.

Voilà plusieurs jours que je n'ai pas mis le nez dehors ; j'ai l'impression que le monde entier est plongé dans le noir. L'unique fenêtre de la salle de classe est minuscule et haut perchée ; et le soleil a beaucoup de mal à y entrer. Lorsque quelques rayons réussissent à pénétrer, ils se noient aussitôt dans un tas de pommes de terre pourries et un amas de marmites.

Mon travail à peine terminé, je me couche sur ma paillasse. Mais je suis tellement fatigué que je n'arrive pas à m'endormir. Plus exactement, j'ai peur de m'endormir. J'ai à peine fermé les yeux que je vois des gueules grimaçantes ramper vers moi. En général, elles n'ont pas de dents, ou seulement un ou deux chicots. Toutes ces créatures ont les yeux enflés. Elles s'assoient à côté de moi et restent là sans bouger et sans ouvrir la bouche. Il faut croire qu'elles n'ont pas où aller.

Kétzélé, qui dort à côté de moi, a les mêmes rêves. A une différence près : chez lui, les créatures sont habillées de linceuls. « Sans voir leurs visages, je sais que ce sont mes parents », m'explique-t-il calmement.

Il se peut que les mêmes créatures viennent hanter les nuits de Schmil [1] Bok, mais comment savoir : il ne nous raconte rien ; et même s'il le voulait, il bégaie si fort qu'il est impossible de le comprendre.

Seul Moïchélé Touh'ess dort tranquille. Il a un seul rêve : être *hazan*, ou *mohel*, lorsqu'il sera grand. Comme son père.

Mais n'allez pas croire que les démons de mes rêves m'effraient. Au contraire : j'ai même réussi à m'en faire des amis. Ils excitent ma curiosité : je leur demande d'où ils viennent et ce qu'il font pendant la journée. Où se cachent-ils avant la tombée de la nuit ? Ont-ils toujours été démons ? Mais ils se contentent de me regarder sans répondre. Je leur parle alors de moi, de Chimchone Békel, d'Estherké et de mon amour pour elle. Une fois, j'ai vu un des démons en pleine journée. Il ressemblait beaucoup à Menachké. Aussi petit et aussi chauve que lui. Il était assis dans un coin et m'a fait un signe de la main, comme s'il avait voulu me dire : on se reverra cette nuit... Je l'ai très bien compris. De toute façon, s'il m'avait parlé, je ne l'aurais pas entendu. A cause de l'eau qui bout dans la grande marmite noire. Et de la bouilloire, aussi, qui crache sa colère par des nuages de vapeur.

Le monde pour moi se réduit aux marmites et aux démons. Je suis très distrait et assez mollasson. C'est peut-être à cause d'un nouveau jeu que je me suis inventé.

Un jeu très simple : Je ne suis pas Moi et je ne suis pas ici. Ou, plus exactement, ce n'est pas moi qui suis ici, mais un autre. C'est un autre qui surveille les marmites, remplit la bouilloire, coupe les oignons et pèle les pommes de terre.

---

1. Diminutif de Chmelké.

Et depuis quelques jours, cet autre est chargé d'un boulot supplémentaire : préparer de l'eau tiède pour le bain de Mme Genia.

Il y a donc Avrom Leib « A », c'est-à-dire moi, et Avrom Leib « B » ; et ils n'ont rien en commun. Avrom Leib « A » est petit, maigre, le crâne rasé ; il est pâle et toujours très fatigué. Même si on se rencontrait tous les deux, il nous serait difficile de nous entendre. Avrom Leib « A » est enfermé dans une pièce sombre et ne sait où aller. Par contre, Avrom Leib « B » est libre comme l'air et se promène à longueur de journée parmi les fleurs, en un lieu où le printemps dure toute l'année. Avrom Leib « B » est prince, fils d'un roi très célèbre, dont tous les manuels d'histoire vantent les exploits, le courage et la sagesse. Il s'appelle Zoubérian Ier. Au cours d'une de ses campagnes dans une contrée lointaine, il a enlevé la mère d'Avrom Leib « B » à un autre roi dont le nom m'échappe. Cette princesse était connue pour sa beauté et son bon cœur. Je pense qu'elle a eu une heureuse influence sur son royal mari. Avrom Leib « B » vit en Floridée, un pays situé entre deux immenses lacs bleus. Dans le pays de Floridée, tous les enfants sont heureux, grâce à ses lois d'une sagesse exemplaire. Ainsi, humilier un enfant y est considéré comme un délit très grave. Celui qui le commet est sanctionné par un tribunal et doit faire des excuses publiques. S'il récidive, on lui colle la bouche avec du sparadrap pour trois mois, mais on le lui enlève à l'heure des repas pour qu'il puisse manger. Et celui qui est accusé d'avoir battu un enfant est traîné en justice. Dans ce cas, le roi lui-même assiste au procès pour bien souligner la gravité de la chose. Et s'il est reconnu coupable, on lui attache dans le dos la main qui a frappé, pour une durée de trois mois. Et s'il recommence, on lui attache l'autre main. Le coupable finit par mourir, car sans ses mains il ne peut manger.

Dans le pays de Floridée, il n'y a pas de murs dans les classes d'école. Chaque salle d'étude est percée d'immenses fenêtres pour que les enfants puissent voir les oiseaux et les fleurs. Des fleurs de toutes les couleurs poussent partout, d'où le nom du pays. Dans les salles de classe, chaque élève est assis sur une pile de trois coussins de soie et non sur un banc de bois dur. Le cacao et le chocolat sont à discrétion. En Floridée, les femmes chaussent des sandales dorées et il est interdit aux hommes de leur pisser entre les cuisses. Cette loi a été votée au Parlement floridéen, sur une proposition d'Estherké, qui a expliqué longuement ce que cet acte avait d'humiliant et de vil. Le roi Zoubérian Ier et sa femme, la reine Hélène, habitent un château perché sur une colline d'où on a une vue panoramique sur tout le pays. Le souverain peut ainsi veiller au respect des lois qui protègent les enfants.

Avrom Leib « B » est chargé de passer entre les maisons pour recueillir les plaintes des enfants. Une seule chose attriste le roi et la reine, ainsi qu'Avrom Leib « B », bien entendu : l'existence d'un pays lointain habité par des goyim. Et qui dit goyim, dit méchanceté et vacheries ; c'est d'ailleurs pour cette raison qu'en Floridée il n'y a pas un seul goy. Dans le pays des goyim, on arrache les dents aux enfants à coups de poing et de gifles. On raconte qu'une certaine Genia y persécute les petits garçons. Mais on ne peut les aider à cause de la distance et du froid. Si vous rencontrez un de ces gosses, donnez-lui bien le bonjour d'Avrom Leib « B », le fils du roi Zoubérian Ier et de la reine Hélène.

Depuis qu'Avrom Leib « B » est parti, j'ai le sentiment d'être coupé du reste du monde et je ne sais plus ce que je fais. A titre d'exemple, j'oublie d'enfiler la deuxième manche de ma chemise ou je passe des heures à rêvasser. Et au lieu de mettre la bouilloire sur le fourneau, je la fourre dans l'armoire. Les cris de Mme Genia n'y font rien — j'ai la tête ailleurs. Tout ça, parce que Avrom Leib « B » me manque ; je ne le retrouve que lorsque je suis couché sur ma paillasse. Il me parle alors longuement de son merveilleux pays.

Il n'est pas le seul à venir me voir : il y a aussi les démons de mes rêves qui viennent s'asseoir près de ma couche et écoutent en silence, en approuvant d'un mouvement de la tête.

Vendredi, Mme Genia m'a informé qu' « aujourd'hui, je prends une douche ». En disant cela, elle souriait et me fixait avec un drôle de regard. Elle s'est enfermée à clé, « pour que tes compagnons de chambre, ces voyous, ne viennent pas reluquer par le trou de la serrure ».

Le vendredi, c'est la journée la plus pénible de la semaine. Il faut préparer de l'eau bouillante pour la soupe, de l'eau froide pour le thé et pour finir, de l'eau tiède pour Mme Genia.

J'essaye de mettre de l'ordre dans ma tête : l'eau bouillante pour la soupe, l'eau froide pour le thé et l'eau tiède pour la douche de Mme Genia. Des tas de petits marteaux tambourinent sous mon crâne : eau bouillante, eau froide, eau tiède, eau tiède, eau tiède, eau froide... Tout se mélange. Sur le fourneau, il y a trois grandes marmites. Une noire, avec un couvercle qui ressemble à la coiffe d'un moine. Elle a deux poignées très lourdes, comme deux mains qui tiendraient le ventre de la marmite pour qu'elle n'éclate pas. Puis il y a la marmite plate, à poignée tordue pour être tombée des centaines de fois. Et enfin, une rouge, haute, sans couvercle. C'est la marmite noire que je déteste le plus ; celle où on fait bouillir la volaille. J'aimerais qu'on m'explique un jour pourquoi le poulet cuit toujours les pattes en l'air, comme s'il voulait m'agripper. Bien qu'il n'ait pas de tête, il fait des glouglous comme s'il se noyait et m'appelle à son secours ; ce qui me fait bicher comme un pou. Bien fait pour sa gueule ! Les rondelles de carottes qui le recouvrent rappellent une plaie saignante. Le persil et les tiges de céléri qui nagent autour de la carcasse me font penser à la verdure qui pousse autour des pierres tombales. Quant à la couleur du poulet, elle m'écœure à chaque fois : blanchâtre, avec des points noirs. Comme la peau de Mme Genia. Sauf que Mme Genia a des taches de rousseur.

Tout était enfin prêt pour son bain : une grande bassine au milieu de la pièce, avec un petit escabeau à côté, une serviette et du savon. Lorsqu'elle a commencé à se déshabiller, j'ai tourné la tête... Je n'avais aucune envie de la voir à poil.

— Sois gentil mon trésor, avant que je n'entre dans la bassine, vérifie si la porte est bien fermée, pour qu'on ne nous dérange pas.

Je n'ai pas compris ce « nous ». Je ne suis pas dans le coup, pour autant que je sache. D'ailleurs, je ne me suis pas douché depuis mon entrée au *héder*. Moïchélé Touh'ess prétend que cette couche de crasse, qu'il appelle « fourrure des pauvres », est une bonne protection contre le froid. Lui-même ne se souvient pas de sa dernière douche.

Moïchélé sait tirer profit de toutes les situations et me fait bénéficier de son expérience. Ainsi, au lieu d'apporter les poulets au *choh'eth*, il les égorge lui-même avec un morceau de verre ; il prétend que les poulets préfèrent ça au couteau. De cette façon, il empoche l'argent destiné au *choh'eth*. Il dit qu'il le met de côté pour partir en Amérique, où il compte bien devenir millionnaire. Une fois riche, il nous fera venir là-bas. Depuis que je suis au courant de son projet, je prie Dieu d'enrichir Moïchélé le plus vite possible.

— Très bien, me dit Mme Genia. L'eau est exactement à la bonne température. Tu es un trésor. Et maintenant, prends l'éponge et savonne-moi le dos.

Ses jambes maigres aux ongles rouges me font un peu peur. Sur l'escabeau, son dentier a l'air de vouloir me mordre. Elle a également ôté sa perruque. Ce « débitage » d'elle-même a quelque chose d'effrayant et je l'imagine dévissant, par exemple, un pied ou une main, pour ne laisser dans la bassine qu'un dos blanc et gras...

Pour l'instant, c'est le dentier sur l'escabeau qui retient mon attention. Comme si Mme Genia avait perdu sa bouche. Ne plus entendre sa voix ! Mais je t'en fiche : ses ordres me ramènent à la réalité : de l'eau chaude ! de l'eau tiède ! Et soudain, je pense à Avrom Leib « B ». Ah, être ensemble ! nous promener, la main dans la main, nous abandonner aux caresses du soleil, sans être dérangés !

Des cris stridents m'arrachent à ma rêverie. Est-ce seulement une voix humaine, ou les cris d'un poulet qu'on égorge ? Mais la voix hurle en yiddish, et avec l'accent lituanien ! « Juifs, au secours, à l'aide, il m'a ébouillantée ! »

Dans la bassine, le poulet bat des ailes. Mais est-ce que je rêve ? il a des mains d'homme. Et plus étonnant encore, il a des seins qui lui descendent jusqu'au nombril et de longues guiboles torses. Les clameurs des élèves de la *yeshiva* viennent se joindre aux cris du poulet. Les casseroles et les marmites tombent, l'une après l'autre. La table bancale s'écroule, entraînant dans sa chute une pile d'assiettes qui se brisent en mille morceaux. A ce boucan infernal répond un formidable chambard dans ma tête : je vois passer comme dans un film des bras et des jambes, des morceaux de poulet glissent sur le plancher entre les pommes de terre, les rondelles de carottes, le céleri et le persil. Et au milieu de ce ramdam, des poings tendus et des visages grimaçants vocifèrent des insultes :

— Mécréant, assassin, attrapez-le ! hurle le poulet.

Affolé, je prends mes jambes à mon cou. En face de moi, Reb Idel, le *melamed*. Derrière lui, des jambes se mettent à courir et d'innombrables doigts crochus essaient de me harponner ; des poings fermés me martèlent la tête et le visage. Mes yeux enflés m'empêchent de voir où je vais. Je mords au hasard dans une main — c'est celle de Reb Idel. « Attrapez-le », crie la main d'une voix aiguë. Je fais plusieurs tonneaux dans l'escalier et atterris la tête la première sur un chat.

Devant moi, au bout du couloir, un carré de lumière. Le salut !

Dans la rue, les voix de mes poursuivants s'éteignent peu à peu. Une faiblesse soudaine me fait tomber. Des nuées de mouches bourdonnent dans ma tête et des millions de points noirs dansent devant mes yeux.

Puis j'ai entendu une femme crier : « *Gewalt*[1], Juifs, allez chercher Chimchone Békel. C'est son fils ! » Sa voix ressemblait à celle de Mme Genia. Je ne sais plus combien de temps je suis resté assis sur une caisse, près d'une clôture de planches. Quelqu'un m'a fourré un bonbon dans la bouche.

— Allons, allons, c'est fini... Calme-toi, ton papa va venir tout de suite.

— Avrom Leib, qu'est-ce qui t'arrive ? Quel est le salaud qui t'a battu ?

Chimchone Békel me serre tendrement dans ses bras. Il parle très vite et essaye de me calmer, mais je ne comprends pas un mot de ce qu'il dit ; et pour cause : il est complètement soûl. A tel point qu'il me confond avec un autre. Il m'accuse même de l'avoir trompé au jeu et donné à la police. Il finit par me remettre et dit, d'un air sentencieux :

— Avrom Leib, tu sais bien que tu ne peux compter que sur moi. Raconte-moi tout.

Il pue la vodka à plein nez.

— C'est chez Reb Idel... je voulais seulement...

— De quoi ? Reb Idel a osé te toucher ? Cet avorton puant, ce morpion, ce résidu de fausse couche !... Je vais lui dévisser le trognon, moi, et tout de suite !...

J'essaye de lui dire que ça s'est passé dans le *héder* de Reb Idel, mais que lui-même n'y est pour rien, que tout ça c'est

1. Prononcez *guévalt* : interpellation pour appeler à l'aide.

la faute à sa femme, Mme Genia. Mais Chimchone n'écoute plus.

— Elle aussi t'a battu ? C'est encore la faute à Idel, c'est tout vu ! Je le connais bien, ce salaud ; il triche toujours au jeu.

Et là sa voix se brisa, comme s'il allait pleurer.

— Le seul fautif, c'est moi, Chimchone Békel. Je leur ai confié un enfant innocent comme un agneau, blanc comme neige, un chérubin qui n'avait qu'un désir : étudier la Thora. Un gamin incapable de faire du mal à une mouche. Seule la mort d'Idel peut me laver du crime que j'ai commis envers cette âme pure. Viens avec moi. Nous allons le trucider ton Idel, pour lui apprendre à vivre.

J'ai encore essayé d'expliquer que, par erreur, j'avais versé de l'eau bouillante sur la femme d'Idel, mais Chimchone m'arrêta d'un geste.

— N'en crois pas un mot. J'ai moi-même déjà vu Reb Idel verser de l'eau bouillante sur sa femme. Et il ose mettre sur ton dos ses propres crimes. Non, Avrom Leib, cela ne se passera pas comme ça... Tu me suis.

— Chimchone, je suis fatigué.

— Ça ne fait rien : monte sur mon dos. Tu pourras y rester autant que tu voudras — jusqu'à ma mort, si ça te chante.

Pour l'instant, il était tellement bourré qu'il s'arrêtait tous les cinq minutes, et il me fallut le guider pour qu'il ne se perde pas.

— Tu m'écoutes, Avrom Leib ? tu m'indiqueras le bonhomme que je dois descendre. Parce que, autrement, je risque de tuer un innocent. Promis ?

— Promis.

En chemin, il arrêta des passants pour leur expliquer, en se frappant la poitrine, que c'est par jalousie que Reb Idel m'avait battu.

— Il a compris qu'Avrom Leib le surpasserait bientôt en

savoir, parce que c'est un génie, le génie du siècle. La jalousie, je vous dis !... En moins de deux semaines, il connaissait déjà le Houmache par cœur.

J'ai voulu dire qu'il se trompait, que ce n'était pas vrai. Mais il m'a coupé la parole :

— Vous voyez ! C'est la modestie en personne. Je vous le dis, un vrai *tzadik*.

A chaque passant, Chimchone inventait une autre histoire.

— Idel — que son nom et sa mémoire soient effacés — a volé les perles de la mère de cet enfant. Des perles qui valent une fortune. Vous imaginez un peu le bonhomme !

C'est cette histoire qui eut le plus de succès.

— Et c'est à ce filou que nous confions nos enfants !... Tfou, fit un des badauds en crachant avec dégoût.

— Je vais l'occire, Idel, et sans plus attendre. Et celui qui ne me croit pas n'a qu'à me suivre. Il verra comment je traite un salaud qui martyrise un enfant sans défense, par pure jalousie. Oui, je dis bien jalousie. Parce que ce gamin, tel que vous le voyez, c'est un *lamed-vav*. Son seul crime, c'est l'amour de la Thora. Il passe ses nuits à l'étude des textes sacrés. Il a de la chance, ce salaud, d'avoir pour femme une bonne Juive pieuse.

Devant l'entrée du *héder*, il y avait déjà foule. J'ai entendu des cris :

— A mort !

— Il faut lui donner une bonne leçon...

— ... Et d'abord, reprendre nos enfants.

Au bas de l'escalier, Chimchone me déposa à terre.

— Comme ça, je serai plus libre de mes mouvements. Puis frappant sur la porte à coups de poing : « Idel, ouvre la porte ! Ta dernière heure est venue. »

Comme la porte restait muette, Chimchone l'enfonça d'un coup de pied. Les bancs du *héder* étaient vides. Il faut croire que les élèves avaient pris la fuite après avoir appris les intentions de Chimchone envers Reb Idel.

— Idel ! Où es-tu planqué, salaud !... ordure !

Une ombre sortit en tremblant de dessous l'un des bancs.

— Chimchélé... je... je..., parvint-il à bégayer en claquant des dents.

J'ai ressenti soudain une profonde compassion pour Reb Idel. Toute sa frêle personne inspirait la pitié. On aurait dit que la peur l'avait encore ratatiné.

— Rends-lui les perles... les perles de sa mère, hurla Chimchone d'une voix plus puissante que celle du chofar lorsqu'il sonne la fin de Kippour.

— Rends les perles à cet orphelin, répétèrent les autres, qui se pressaient devant la porte. Non content de le dépouiller, tu martyrises ce pauvre orphelin. Même un goy n'aurait pas fait cela.

— Idel, tu es allé trop loin cette fois. Fais ta prière !...

— Oui, liquide-le, hurlèrent les autres.

Puis j'ai vu Idel entre les mains de Chimchone. Suspendu en l'air, il gigotait comme un poulet.

— Je rendrai les perles, Chimchélé, geignit Idel, le visage couvert de sueur.

— Trop tard... il faut que tu y passes. C'est une question d'honneur et de conscience.

La tête d'Idel était maintenant coincée dans une étroite lucarne, mais malgré ses efforts, Chimchone ne pouvait aller plus loin : la bosse du *melamed* bloquait l'ouverture. Ses jambes gigotaient toujours. Tous les efforts pour le jeter par la fenêtre furent inutiles. Finalement, Chimchone y renonça à regret.

— Il a vraiment une veine de bossu.

— Pitié pour lui, supplia une femme.

— Qu'il en soit donc ainsi, dit Chimchone d'une voix soudainement calme, puisque c'est la volonté de Dieu. Viens, Avrom Leib, on s'en va. Pourquoi Dieu lui a-t-il fait une bosse ?

Dehors, tout en marchant, il se souvint des perles.

— Tu vois, il les a bien volées les perles de ta mère.

— Chimchone, ai-je essayé d'expliquer, ma mère n'a jamais eu de perles.

— Ferme-là, *kaker*. Quand je dis qu'il a volé les perles, je sais ce que je dis. Tu piges ?

— Oui, Chimchone, bien sûr qu'elle avait des perles.

Quand Chimchone a un verre dans le nez, il vaut mieux ne pas le contrarier.

— Pour les perles, c'est fichu — même chose pour tes études. On n'y peut rien. Dieu lui-même ne veut pas que tu sois un *tzadik*. Tu n'as donc pas le choix : tu seras voleur.

Nous nous sommes arrêtés quelques minutes. Chimchone était à bout de forces. Il rappela encore plusieurs fois l'affaire des perles. Puis sa tête tomba sur ses genoux et il s'endormit. Par chance, le bistrot de Schmil Grib était à quelques pas. Zosa Klops, la cuisinière polonaise — une brave bonne femme aux mains toutes rouges et au visage souriant —, m'a aidé, avec un autre homme, à traîner Chimchone jusqu'à un entrepôt de bois. Nous l'avons couché sur un tas de sacs vides et enveloppé d'une couverture.

— Et toi, mon poussin ? Que vas-tu devenir, demanda Zosa d'un air soucieux.

— Je ne sais pas.

J'étais très embarrassé et j'avais la tête vide. Comme si tout ce qui était arrivé par ma faute ne me concernait pas. Je ne me souvenais seulement que des jambes d'Idel gigotant dans le vide.

Sans même poser de questions, Zosa me servit un plat de nouilles avec des morceaux de viande.

— Mange, Avrom Leib, ce que tu as dans le ventre est bien à toi ; pas comme tes perles.

Je n'avais plus faim, mais je ne savais toujours pas où aller. Je suis sorti dans la rue et j'ai erré au hasard entre les maisons, dans des cours inconnues ; et je ne sais plus comment je suis arrivé chez Malka.

6.

Ce matin, le boucher Guétzel a renvoyé Malka, Zelta, la maman de Motké, et Brakha, la maman de Nissim. Brakha et Zelta ont été engagées par Dvoïré la blanchisseuse. Mais elle n'a pas voulu de Malka.

— Vous devez comprendre, Malka, vous êtes vieille, et c'est un travail pénible. Ce n'est pas pour vous.

— Oui, oui, a bredouillé Malka, je comprends.

Zelta et Brakha se tenaient de côté, observant Malka d'un air embarrassé.

— On comprend votre situation, mais on n'y peut rien.

Zelta et Brakha sont sœurs. Elles sont toutes les deux petites, boulottes, avec un visage rond, le nez aussi rouge que les joues. Ce qui les distingue l'une de l'autre ce sont les lunettes à grosse monture de Zelta. Lorsqu'elles sont sorties toutes les deux de la pièce, nous avons encore entendu l'une des deux sœurs, mais laquelle ? leurs voix se ressemblent tout autant que leurs visages.

— Dommage pour elle. Une bien brave femme, mais elle a fait son temps.

— Malka, lui ai-je dit, ne vous inquiétez pas : je reste avec vous et je ne vous quitterai jamais.

Son teint, ordinairement brun avait tourné au gris et ses

yeux profondément enfoncés dans leurs orbites étaient comme morts sous les sourcils.

— Merci, Avrom Leib. C'est ça, nous resterons ensemble, a-t-elle répété.

J'aurais bien voulu refaire le serment (front contre front) qui m'avait lié à Chmelké : « Amis pour la vie et assistance commune ». En fait, Malka connaissait le même sort que Chmelké : personne n'en voulait plus, maintenant qu'elle était vieille.

— Asseyez-vous, Malka, je vais vous faire un verre de thé.

Et pour lui remonter le moral, je lui ai raconté des histoires sur Idel et Chimchone, mimant leurs expressions et leurs gestes : Idel, quand il bégaye, Chimchone, essayant de jeter Idel par la fenêtre.

Malka en oublia son chagrin et se mit à rire de bon cœur. Encouragé par mon succès, j'ai imité Mme Genia, Moïchélé Touh'ess et tous ceux que j'ai connus. Elle pouffait comme une enfant en se tenant les côtes :

— Arrête, Avrom Leib, tu vas me faire mourir de rire.

Ce jour-là, j'ai compris que j'avais le don de faire rire. Pour moi, c'était une révélation. En faisant rire les gens, je rirais moi aussi... Et ce don de répandre la joie autour de moi me donna un sentiment soudain de puissance.

Tout en buvant, j'ai encore mimé un vieillard sirotant un verre de thé, et aussi Mme Biczkowa.

Tout à coup, le rire de Malka se figea : la silhouette de Rah'el s'était encadrée dans la porte d'entrée.

— Qu'est-ce qui vous fait tellement rigoler ? — et sans attendre la réponse, elle se mit à faire sa valise.

La magie du rire disparut et la chambre retomba dans la pénombre et la tristesse. Nous suivions chacun de ses gestes. Un quart d'heure plus tard, Rah'el se tenait devant nous, une valise dans chaque main. La plus grande, en fer-blanc, était couverte d'étiquettes de couleurs, dont l'une d'Amérique. Je me suis souvenu qu'un jour j'avais essayé de la décoller, mais sans succès. On y voyait un cow-boy à cheval. Il ne restait qu'une jambe au premier et trois pattes au second.

— Je quitte la maison, annonça Rah'el sur un ton sec.

— Avant de partir, laisse-moi quelques zlotys pour payer l'épicier. Je dois de l'argent à Sroul.

— Si j'ai de l'argent, il est à moi.

Malka était assise sur l'escabeau, les bras pendants des deux côté du corps. J'ai regardé les veines sombres et saillantes de ses lourdes mains. Hier encore, elles étaient actives. Et maintenant, elles pendaient lamentablement, impuissantes, inutiles. Dans sa longue robe grise, Malka ressemblait à une vieille tombe oubliée.

— Je n'ai pas du tout l'intention de gaspiller ma jeunesse ici. Qu'est-ce que tu crois, que je vais vous entretenir, toi et ton *mamzer* ? Ne comptez pas sur moi.

Chacun des mots de Rah'el était comme autant de lourdes pierres noires sous lesquelles Malka se ratatinait.

— Je t'ai bien nourrie, moi, lorsque je travaillais, murmura Malka, comme pour elle-même.

— Qu'est-ce que tu m'as donné ?

— Je t'ai donné ce que j'avais.

— J'ai toujours gagné ma vie, et pour le lait de ton sein je suis prête à payer. Combien coûte un litre de lait de nourrice ?

Le visage de Rah'el était glacial et méchant. La bouche dessinée au rouge à lèvres s'ouvrait et se fermait comme une plaie sanguinolente, découvrant des dents blanches et aiguës. Tout en parlant, Rah'el se rapprochait de plus en plus de Malka, comme si elle avait voulu la mordre.

Cette fois encore, la formule du serment m'est revenue à l'esprit : toi et moi, sommes unis pour toujours. J'aurais voulu la protéger de mon corps, mais j'ai soudain ressenti une sorte de faiblesse dans les jambes. Malka resta bouche bée, comme pétrifiée, incapable de dire un mot. Lorsque Rah'el quitta la chambre, en traînant ses deux lourdes valises, le regard de Malka l'accompagna jusqu'à la porte — un regard mort.

Nous étions seuls, maintenant. Dehors, le soleil s'était déjà couché et le jour déclinait. Malka était assise près de la fenêtre. Dans la rue, les becs de gaz s'allumaient l'un après l'autre. L'ombre allongée de Malka rejoignait celles de divers objets que Rah'el avait jetés à terre, soit parce qu'elle n'avait plus de place dans sa valise, soit qu'elle les jugeât inutiles. Je ne savais pas que les objets aussi peuvent mourir.

Les ombres se croisaient ou se chevauchaient. Celle d'une chaussure à haut talon menaçait Malka. Des marmites et des gobelets ouvraient des bouches immenses, dans un cri d'épouvante muette.

— Malka, allez dormir, je rangerai la chambre, lui ai-je dit tout bas, vaguement inquiet.

Malka ne répondit pas. Seule son ombre hocha la tête en signe de refus. Puis l'ombre s'adressa à quelqu'un qu'elle était seule à voir.

— Alors, Guerchone, tu aurais imaginé qu'une telle chose puisse m'arriver un jour ? Réponds donc ! Tu vois, toi non plus tu n'as rien à dire.

J'ignore ce que Guerchone a finalement répondu, car je me suis endormi.

Malka, toujours si active et éveillée, perdit tout intérêt à ce qui l'entourait. En quelques jours, elle prit un sérieux coup de vieux. Je me sentais vieillir, moi aussi ; d'autant plus que j'étais chargé maintenant du ravitaillement. Zosa Klops m'aidait un peu. J'ignore comment elle avait appris le départ de Rah'el et l'état de Malka. Je comptais sur l'aide de Chimchone, mais selon Zosa, il était en prison.

— Il aurait dû se faire rabbi, et non pas voleur. Etre voleur, ça demande du cœur au ventre et beaucoup de cervelle. Il n'a ni l'un ni l'autre, commenta Zosa. Viens me voir chaque soir, avec une marmite. Tant que je serai là, ce n'est pas encore de faim que vous mourrez.

Je réchauffais les repas et je faisais manger Malka comme un bébé. Souvent, je la grondais doucement : « Allons Malka, soyez raisonnable, mangez, avalez ce que vous avez dans la bouche. »

Parfois, elle me fixait comme si elle me voyait pour la première fois et me disait :

— Pars, Avrom Leib, laisse-moi seule. Tu dois penser à toi.

A dire vrai, je l'aurais bien fait, mais quelque chose me retenait ici. Peut-être le regard impuissant et résigné de Malka.

Cette situation avait aussi de bons côtés. D'abord, depuis le départ de Rah'el, et aussi parce que Malka restait tout le temps assise devant la fenêtre, j'avais le lit pour moi tout seul. Quelle jouissance que de s'étirer sur toute la largeur du lit, avec quatre ou cinq oreillers sous la tête ! Un vrai plaisir de roi. Imaginez le tableau : je suis couché sur un grand lit, avec des tas de coussins sous la tête. Et en face de moi, les restes du repas, mais des restes dignes des meilleures bouches.

Mais il y avait des moments où je tremblais de peur. Surtout lorsque Malka était assise en chemise de nuit, émettant des sons bizarres, comme si elle parlait dans un tonneau vide ; et plus encore lorsqu'elle se mettait un fichu blanc sur la tête : « Je vais bientôt retrouver mon Guerchone et Hendélé. Là-bas, je ne gênerai personne. » Elle levait alors les bras au ciel et parlait d'une drôle de voix, qui semblait venir de loin : « Où es-tu, Guerchone ? Prends-moi avec toi. »

Il lui est même arrivé de se cacher derrière l'armoire et de disparaître dans le noir. Cette nuit-là, j'ai eu une telle frousse que je n'ai pas osé me lever pour allumer la lampe.

— Malka, où êtes-vous ? ai-je interrogé l'obscurité. Mais elle n'a pas répondu.

Je craignais surtout que Malka ne meure pendant la nuit,

dans mon sommeil. Parce qu'alors, son âme resterait près du corps jusqu'à ce qu'on dise un *kadich*.

Pourquoi a-t-elle besoin d'Hendélé ? me suis-je demandé. Elle craignait peut-être de s'ennuyer au ciel ! Elle se disputait toujours avec Hendélé.

La chambre de Malka et Hendélé était divisée en deux par une mince cloison tapissée de rose et piquée de taches brunes. Je n'ai jamais su s'il s'agissait de motifs de tapisserie ou de traces de punaises écrasées. Cette cloison avait des avantages : les deux femmes n'avaient pas besoin d'ouvrir une porte pour se disputer. Surtout en hiver. Ce n'était pas le cas avec Leizer. Nous étions obligés de tenir la porte ouverte et même, parfois, de sortir pour lui souhaiter, face à face, tous les malheurs du monde. Parce qu'en plus, Leizer était à moitié sourd.

Je pense qu'au ciel, Malka demandera à avoir pour voisins Hendélé et Leizer, avec une mince cloison entre eux. Et ce qu'ils n'ont pas eu le temps de se souhaiter mutuellement sur terre, ils le feront au ciel. Mais sur quoi pourraient-ils se disputer ? Godel m'a dit un jour qu'au ciel les âmes n'avaient besoin de rien. Là-bas, personne n'a faim, personne n'a froid, on n'a pas peur des goyim et on n'a pas besoin de vêtements, puisqu'on ne s'habille pas. Mais telles que je les connais, elles trouveront bien un motif. Après la mort d'Hendélé, la chambre a été louée par un certain David Schultz, commis en mercerie. Sa fille avait un nom goy : Anielcia. Sur le chapitre des disputes, Malka n'avait rien gagné au change — au contraire, elle était plutôt frustrée : David Schultz rentrait tard le soir et s'endormait aussitôt. Il ne vivait que pour sa fille et en dehors d'elle rien ne l'intéressait. Plus tard, nous avons appris qu'Anielcia était aveugle et que David Schultz mettait chaque sou de côté pour une opération qui devait lui rendre la vue. Cette opération coûtait très cher, mais, nous avait-il dit, les médecins promettaient le plein succès. Le monde d'Anielcia était peuplé de beaux princes, de rois et de fées. Elle en parlait comme s'ils étaient de sa famille.

Un jour, elle m'invita dans sa chambre pour chasser une souris.

— Tue-la, avait-elle supplié, sinon, la princesse se sauvera. Elle a très peur des souris.

J'avais été très impressionné par l'ordre et la propreté impeccable qui régnaient dans la chambre, après le désordre qu'elle avait toujours connu. Tout reluisait ici. Le sol était peint en rouge et des rideaux de couleurs habillaient les fenêtres. Les robes à fleurs d'Anielcia étaient accrochées aux murs. Jusqu'aux odeurs, qui étaient nettement différentes de toutes celles que j'avais connues. Anielcia ne parlait que le polonais. Pour elle, seuls les gens sans éducation parlaient le yiddish. A mes yeux, elle était un personnage de contes de fées. Même lorsqu'elle mangeait une tranche de pain, elle l'enveloppait d'abord dans du papier, en la tenant délicatement avec deux doigts.

— Toutes les princesses mangent ainsi, m'expliqua-t-elle, pour me demander ensuite : dis-moi, tu as une fiancée ?

— Non.

— Moi, j'ai déjà un fiancé. C'est un prince. Il vient me voir tous les jours.

— C'est lui qui t'apporte tous ces gâteaux ?

— Bien sûr, il m'en apporte toujours.

Si c'est comme ça, me suis-je dit, je peux bien lui en piquer un. D'abord, Anielcia n'y verra que du feu. Ensuite, il faut croire que ce prince possède une pâtisserie, et un gâteau de plus ou de moins, ça ne doit pas compter pour lui. Je ne sais pas comment Anielcia a senti qu'il lui manquait un gâteau. Elle était si dépitée qu'elle en avait les larmes aux yeux : « Tu as profité de ce que je suis aveugle pour me voler un gâteau. Tu n'as aucune éducation. Tu n'es qu'un voleur — et en plus, tu parles yiddish. »

J'étais mort de honte. Si j'avais pu, j'aurais été chercher le gâteau jusqu'au fond de mon estomac pour le remettre dans l'assiette. J'avais l'impression qu'on avait craché sur mon âme. Jamais je ne m'étais senti aussi sale. Lorsque je suis sorti, son regard mort m'a accompagné jusqu'à la porte. Le lendemain, j'aurais bien voulu lui demander pardon, mais je n'osais plus entrer chez elle.

Quelque temps après, Anielcia et son père disparurent. Ou alors elle avait été enlevée par son prince. Maintenant, sa chambre est vide et, la nuit, on y entend des voix. Cette nuit, j'ai entendu des pas lourds d'homme et des miaulements de chats. Notre chambre aussi est vide à faire peur. Fini le temps des visites. Jusqu'à Léa qui ne vient plus nous voir depuis qu'elle a un nouveau fiancé. Elle n'est venue qu'une seule fois pour nous le présenter. Malka ne leur a même pas accordé un regard. Contrairement à Chimchone, son fiancé est ennuyeux comme la pluie. Il ne sait pas raconter des histoires drôles. Il a un visage blanc et des yeux clairs et saillants, froids comme ceux d'une carpe. Il n'a même pas fait un jour de prison et n'a jamais tué personne. Léa l'appelle Kouki ; et Kouki est débardeur dans une manufacture de chaussures. Tout ce qu'il voit, il en estime d'abord le poids.

Je ne sais pas comment Wolf le proprio a appris que Rah'el avait quitté la maison et que Malka ne travaillait plus. Il s'est pointé un matin, très tôt ; et il n'était encore qu'au seuil de la porte qu'il braillait déjà comme un putois. Ses joues se gonflaient et son petit chapeau ridicule semblait trembler de colère sur sa tête. De ses courtes mains grasses, il se frappait le ventre, et, dans le gousset de son gilet, sa montre montait et descendait au rythme de son halètement.

— Vous me devez six mois de terme. Qu'est-ce que vous croyez, que je vais attendre éternellement ? La patience a des limites, même chez un bon Juif comme moi. Il faut bien que je vive, moi aussi.

Maintenant, je dois faire le portrait de Wolf, notre propriétaire. Il est courtaud, les épaules larges et, comme je l'ai déjà dit, il porte toujours un drôle de petit feutre noir à bords durs. En y mettant une poignée, il pourrait servir de pot de chambre. Ce pot de chambre est encadré de grandes oreilles charnues, qui me rappellent les « oreilles d'Aman [1] ». Si Wolf pouvait apprendre à les agiter, comme Avrémélé, le fils du boucher Guétzel, il pourrait chasser les mouches avec.

Des deux côtés des oreilles pendent deux fines papillotes qui font penser à des étrons tire-bouchonnés. Chimchone m'a expliqué un jour que ces papillotes servent de balançoires aux poux. Le nez, chaussé de lunettes à fine monture d'or, est épaté, avec deux narines béantes envahies par de longs poils. Quand Wolf parle, ou plutôt, pour être précis, lorsqu'il gueule, sa bouche découvre des dents en or, qui crissent comme sous la roulette du dentiste. Sous une barbe épaisse, un ventre énorme, soutenu par une ceinture, pour l'empêcher de tomber. Tout ce personnage s'appuie sur deux jambes grêles et courtes, habillées d'un pantalon noir, qui couvre des chaussures en daim. Pour l'instant, les jambes font un aller-retour incessant dans la pièce et les dents en or ne cessent de hurler :

— Je veux mon argent !

Ce même jour, il avait neigé à gros flocons et la chambre était glaciale. Nous n'avions pas de bois de chauffage et en plus, le poêle était détraqué. Comme d'habitude, Malka était assise devant la fenêtre, enveloppée dans une couverture, indifférente à tout. Pour ma part, je m'efforçais de me protéger du froid en me cachant sous un édredon. J'avais posé à côté de mon lit un tas de feuilles de choux apportées du marché, un jour plus tôt, pour tromper ma faim.

Je dois préciser que Zosa Klops ne travaillait plus au restaurant et que sa remplaçante ne voulait rien nous donner.

---

1. Pâtisserie que l'on mange à Pourim.

Pour faire enrager Wolf, je faisais la chèvre : mêêê, mêêê... Je suis champion pour imiter cette bête. Wolf en possède une, attachée à un pieu et répondant au nom de Sandro. Je défie quiconque de distinguer son bêlement du mien...

Mon mêêê attisa la colère de Wolf.

— Vous n'avez qu'à vendre les lits, les édredons, la table... tout ce que vous voudrez, mais je veux mon argent !...

Et pour le faire enrager, je bêlais de plus belle.

Finalement, Wolf comprit qu'il était difficile de discuter avec une chèvre et qu'il ne pourrait rien tirer de Malka. Derrière la porte, je l'ai encore entendu pester : « Vous aurez de mes nouvelles... vendrez vos meubles... comme Brakha. »

De quelle Brakha parlait-il ? J'en connais plusieurs. Il y a Brakha, la femme du cordonnier Ayzik ; il y a celle du marchand de poissons Itzik Hayim, et enfin, la femme du chapelier, qui tient boutique à l'enseigne de « Felix Hut ».

Le papa de Godel a dit un jour à leur sujet, en rigolant : « Avec de telles *brakhoth* [1], plus besoin de malédictions. » Je n'avais pas compris ce qu'il voulait dire. Mais maintenant, c'est clair : à chaque Brakha sa malédiction.

Prenons, par exemple, la Brakha du cordonnier Ayzik.

D'abord, ils ont neuf enfants, dans un logement minuscule d'une seule pièce — et comme l'a dit le papa de Godel : lorsque le soleil entre dans la chambre, toute la famille doit en sortir, faute de place. Ensuite, ils meurent de faim deux fois par jour. Je m'entends : ils ne meurent pas pour de vrai ; ils meurent d'envie de manger.

Lorsque le proprio Wolf les a expulsés de chez eux, et qu'ils étaient tous assis dans la cour, avec leurs baluchons, paquets, vaisselle, etc., tout le monde leur a apporté à manger. Leur fils Menahem, qui a mon âge, n'avait pas l'air de s'en faire

---

1. Pluriel de *brakha*, qui signifie bénédiction.

— au contraire. Sa mère était assise à côté de lui, tenant une grande assiette pleine de pommes de terre avec du yaourt.

Je ne m'adresse pas souvent à Dieu, mais cette fois j'ai vraiment prié de tout mon cœur : « Mon Dieu, faites qu'on nous expulse nous aussi. Au moins, je mangerai à ma faim, comme Menahem. » Je pense que Dieu a entendu ma prière, puisque nous nous avons reçu un ordre d'expulsion. Ce miracle a beaucoup renforcé ma foi en Dieu.

Les voisines de Brakha ont fait tout un foin de cette expulsion. Certaines ont souhaité à Wolf tous les maux de la terre. D'autres, plus pratiques, ont apporté de la nourriture. L'une d'elles a même donné à la plus petite, Pessi, de la compote de cerises, qu'elle a avalée avec les noyaux. A ce prix-là, je suis prêt à rester dans la cour jusqu'à la fin de mes jours.

Quant à Malka, elle a fourré dans la bouche de Feivel, qui a la teigne, des bonbons enveloppés de papier d'argent, dont nous avions confectionné une coupe [1] que le prophète Elie lui-même n'aurait pas dédaignée.

Peu de temps après la visite de Wolf, deux huissiers sont venus procéder à la saisie des meubles : l'un, une grande perche qui se dandinait comme un roseau et qui puait la vodka, tenait une serviette en cuir et des registres pour l'inventaire de tout ce que contenait l'appartement de Malka. L'autre avait un visage sombre et fatigué. Son crâne lisse et brillant comme une boule de billard intéressait prodigieusement une mouche à viande, qui atterrissait dessus comme sur une patinoire. Les deux fonctionnaires prétendaient nous chasser de la pièce en proférant des menaces contre les mouches et les Juifs.

---

1. Allusion à la coupe d'argent que l'on pose devant la porte, le soir du repas pascal, à l'intention du prophète Élie.

— Si je l'attrape, cette sale mouche juive, je la circoncis une deuxième fois.

— Petit, m'apostropha la grande perche, dis à ta tante de sortir ses perles. Tous les Juifs cachent des perles.

Zelta, qui était présente, se mit à chantonner en yiddish, comme on psalmodie une prière : Que Dieu te donne autant d'années de vie, à toi et à ta famille, que de perles cachées dans cette pièce.

« Amen », ai-je répondu mentalement.

Pendant tout ce temps, Malka était dans l'armoire, dont elle avait fermé la porte de l'intérieur, dialoguant avec son Guerchone, ce qui effraya un peu le chauve.

— Dis à ta tante de sortir de l'armoire.

— Elle n'est pas ma tante.

— Ça ne fait rien. L'essentiel, c'est qu'elle sorte ses perles.

L'autre fonctionnaire était assis, un registre sur les genoux, pour y inscrire tous les meubles et objets de la pièce : Un grand poêle, annonça-t-il, tout en chassant la mouche. Quoi encore, Janoch ?

— Une vieille chouette dans l'armoire... conviendrait bien à un carnaval.

— Arrête de plaisanter. Il faut terminer. Cette puanteur juive finira par m'asphyxier.

— Une montre cassée sans aiguilles, représentant Hérode. Un édredon et un oreiller en duvet doux comme le cul de ma femme. Une tonne de pestilence. Un régiment de punaises. Une bouilloire aussi tordue que la bosse d'un vieux Juif.

L'huissier sortit un flacon de sa poche et se mit à boire.

— Tu n'as pas trouvé un meilleur moment pour picoler ?

— La peste soit de cette mouche !

Mais la mouche, peste ou pas, avait eu la curiosité d'entrer dans l'oreille de l'huissier. Quelques minutes plus tard, elles étaient plusieurs à l'assiéger ; il agitait désespérément les bras, comme un homme en train de se noyer.

A ce moment, Malka fit entendre des sons bizarres ; c'était

une sorte de bourdonnement de mouches, mêlé à la plainte de quelqu'un qui souffre de maux de ventre.

— Doux Jésus !... viens, qu'on en finisse, fit le chauve en pressant son collègue.

— Ça va, on a fini.

Il ferma le registre, et nous annonça en hoquetant :

— Mesdames messieurs, nous en avons terminé. Enchantés de votre accueil... Puis me faisant une courbette : C'était vraiment un plaisir. A très bientôt.

Ils sortirent, me laissant seul avec Malka dans son armoire. Elle avait cessé ses plaintes et récitait maintenant le *kadich* avec des sanglots qui vous brisaient le cœur.

La peur me chassa au-dehors. En me dirigeant vers le marché, je me suis arrêté près de l'épicerie de Bluma, où l'on trouve tout ce qui est bon au palais. La vie est parfois bizarre : cette Bluma qui vit parmi ces bonnes choses, alors qu'elle-même est si mauvaise ! Ah, si j'étais à sa place ! Bluma a un visage tout fripé, avec l'air de quelqu'un qui vient d'avaler un kilo de raifort. Ce qui frappe chez elle, ce sont ses dents jaunes — ou plutôt son dentier. Lorsqu'elle se met en colère, il se met à danser dans sa bouche. Un jour, elle était si furieuse que le dentier en est tombé à terre. Pour moi, il en avait assez d'être dans une bouche aussi tordue. Ce jour-là, elle s'était emportée contre Malka, qui lui demandait, une fois de plus, de lui faire crédit.

— Du crédit, toujours du crédit !... Ils veulent ma peau... et tout ça parce que j'ai trop bon cœur. Ça finira par me mettre sur la paille !

— Avec l'aide de Dieu, murmura Yankel le menuisier, qui était présent.

Bluma n'a pas répondu.

Mais cette fois, il se passa quelque chose d'étrange. Bluma, oui, la même Bluma avec sa gueule toute fripée, s'est approchée de moi. Ses rides avaient disparu et son regard était bien plus doux que celui que je lui connaissais.

— Viens, Avrom Leib, m'a dit gentiment le dentier, qui n'avait plus cette couleur jaune. Je t'ai préparé un colis. Tu en auras pour quelques jours.

Puis les larmes se mirent à couler sur ses joues, pour entrer ensuite dans la bouche.

— Rentre chez toi, Avrom Leib. Malka a peut-être faim.

Je n'ai pas voulu lui dire que Malka avait pratiquement cessé de manger. Je craignais qu'elle ne change d'avis et reprenne le colis...

Sur le chemin du rctour, mon attention fut attirée par un cheval attelé à un fiacre. Il avait la tête baissée et semblait ensommeillé, comme si on venait de le réveiller. Le cocher avait l'air de chercher une adresse.

« Leibké », me suis-je entendu appeler deux ou trois fois. La voix m'était familière ; en me retournant, je me suis trouvé devant Zymund, le fils du concierge.

— On a expulsé ta vieille. Elle est assise sur une bassine et elle se marre comme une idiote.

Ainsi, les dés étaient jetés. Qu'allais-je devenir ? Où aller ?

Chemin faisant, j'ai rencontré d'autres personnes. On me parlait, mais je ne comprenais pas trop ce qu'on me disait. J'ai trouvé Malka au milieu de la cour, entre des monceaux de linge. A sa gauche, un poêle renversé, la porte ouverte. Elle était assise sur une bassine, entre les casseroles et les assiettes, comme me l'avait dit Zymund, avec un sourire niais sur le visage. Sur une petite chaise, quelqu'un avait posé quelques tranches de pain.

— Mangez, essayait de la convaincre Brakha la blanchisseuse.

Je me suis assis à côté d'elle, j'ai posé ma tête sur ses genoux ; elle me caressa doucement les cheveux.

— Tu vois, Avrom Leib, tu devras te débrouiller tout seul. Ta mère est très loin et moi je suis trop vieille.

Mais là où j'ai définitivement craqué, c'est lorsque Malka s'est mise à chanter une chanson que j'aimais beaucoup.

Malka le savait. C'était au temps où le poêle était encore au milieu de notre chambre et ronronnait des psaumes, comme elle disait. Je crois que c'était la dernière fois qu'elle a chanté pour moi.

Oyfen pripitchek, brent a fayerl
Oune ine chtoub is heis[1]...

J'ai hurlé :

— Arrêtez de chanter !

Je ne sais pas quelle folie m'a pris, mais je me suis mis à la frapper sur la tête.

— Arrêtez, je vous dis !...

Et Malka se tut.

— Mais tu l'aimais tellement cette chanson !

Son vieux visage fatigué me rappela mon cheval Chmelké. Puis un fiacre est arrivé et deux barbus, vêtus de noir, en sont descendus.

— Allons, Malka, viens avec nous. Là-bas tu seras bien soignée.

Malka ne réagit pas. Les deux hommes l'aidèrent à se lever. Elle avança lentement, indifférente à tout, entre deux rangées de gens silencieux et vaguement effrayés. Ce n'est que lorsque Malka fut installée dans la voiture par les deux hommes en noir que j'ai réalisé. Et je me suis mis à courir après le fiacre. Mais il s'éloignait rapidement et disparut à l'horizon.

---

1. Début d'une berceuse populaire yiddish : « Le feu brûle dans le poêle — et il fait doux dans la chambre. »

7.

Les gens pensent généralement qu'un corbeau, c'est un oiseau noir ou gris perché sur les arbres, les toits ou les dépotoirs. Mais il existe une espèce de corbeaux tout à fait différente, pratiquement inconnue — et nous en sommes les seuls spécimens vivants. C'est Pinhas le fou qui nous a collé ce surnom. Peut-être bien à cause des sacs noirs dont nous sommes enveloppés.

Donc, les corbeaux (puisqu'on nous appelle ainsi) sortent aux premières lueurs du jour, à l'heure la plus froide de la journée, pour attendre la benne des éboueurs, lorsqu'elle a terminé sa tournée dans les quartiers riches. Benny est le dernier arrivé de la bande. Un drôle d'oiseau, ce Benny. Avant de se joindre à nous, il travaillait avec un prestidigitateur itinérant dont il avait appris pas mal de tours. Par exemple, il fourre un foulard dans sa bouche et le ressort par une oreille. Il sait imiter une guitare avec les lèvres et jouer des airs tristes sur un peigne enveloppé de papier de soie. Ses parents ont divorcé et chacun d'eux s'est remarié de son côté. Mais ni sa mère ni son père n'ont voulu de lui. Nous l'avons adopté après que Moïchélé Touh'ess, Kétzélé et Chmelké Bok eurent quitté le *héder* de Reb Idel et de Mme Genia. La rumeur au sujet du vol des perles de ma mère, par Reb Idel, a contribué à sa fermeture. La plupart des parents retirèrent leurs fils, d'autres élèves passèrent à un autre *héder*, et d'autres encore abandonnèrent purement et simplement leurs études. Les trois derniers ne savaient que faire ni où aller. Faute de mieux, ils proposèrent leurs services à Dovidel Pentak — et Benny les suivit. Dovidel Pentak est corbeau depuis six mois et c'est lui qui m'a convaincu d'entrer dans la bande. A l'en croire, il n'existe pas un seul millionnaire qui n'ait été corbeau dans sa jeunesse. A titre d'exemple, il cite le cas d'un certain goy du nom de Ford. Aujourd'hui, il est si riche qu'il peut acheter n'importe quel dépotoir dans le monde. Dovidel nous a encore donné pas mal de noms de millionnaires, goyim et juifs, tous anciens corbeaux. Plus près de nous, Poznanski, riche à millions, était corbeau dans son enfance. Un jour, il trouva dans un tas d'ordures un sachet plein de diamants ; ce fut le début de sa fortune. Et ce coup de pot qu'ils ont eu, pourquoi ne l'aurait-on pas, nous aussi ?..

Dovidel est capable de convaincre le diable lui-même de mettre les *tephilines* [1]. « T'es assis sur ton tas d'ordures comme un roi sur son trône, m'avait-il expliqué. Ça te réchauffe les fesses et si, en plus, tu te mets un sac sur la tête, le froid, tu t'en fous comme de ta première chemise. Et c'est pas tout : tu trouveras toujours des restes de bouffe, surtout le vendredi ; ce jour-là, tu n'as que l'embarras du choix, comme si tu étais assis à une table de richard, la veille de chabbat... On peut aussi dénicher un froc, une liquette, une paire de godasses, ou des bouteilles. Tout ça peut rapporter gros, sans parler des vieux journaux et boîtes en carton, qui se vendent aussi. »

Dovidel Pentak n'avait pas exagéré. Un dépotoir peut vous réchauffer aussi bien qu'un poêle. Quant à la bouffe, on en trouve toujours. Au moins un morceau de pain ou des fruits

1. Phylactères : petite boîte carrée renfermant des bandes de parchemin sur lesquelles sont inscrits des versets de la Bible, que les Juifs pratiquants portent sur le front et sur le bras gauche pendant la prière du matin.

presque entiers, mais aussi, plus rarement, un morceau de poulet.

Notre dépotoir est bien plus petit que son voisin, situé a une cinquantaine de mètres plus loin. Celui-là, il appartient à des corbeaux polonais — normal : c'est leur pays, après tout.

Moïchélé Touh'ess nous console : « Quand le Messie viendra et nous ramènera dans notre patrie, tout le pays sera couvert de dépotoirs. Chaque enfant juif aura le sien ; et nous n'aurons plus à craindre les goyim. » Son explication est réconfortante, mais jusqu'à la venue du Messie, il nous faut verser aux Polonais près de dix pour cent sur chaque vente.

C'est pas croyable ce que les riches peuvent jeter aux ordures. Un chapeau de fourrure presque neuf, par exemple. Et d'autres choses encore, qui peuvent servir des années. Tout ça pour dire que les heures passées sur mon tas d'ordures ont totalement modifié ma façon de voir le monde. D'abord, parce que, assis comme ça, à attendre la venue de la benne à ordures, après sa tournée chez les riches, on a tout le temps de penser, surtout si on n'a ni froid ni faim. Sur ce chapitre, l'oncle de Moïchélé Touh'ess nous a beaucoup appris. C'est un oncle pas comme les autres : il a un nom russe, Micha, et il est communiste. Micha a passé presque toute sa vie en prison ; et lorsqu'il est en liberté, il consacre tout son temps à préparer la révolution. Micha est très petit avec un visage plat. Et au milieu du visage, un petit nez noir, mais si petit qu'il faut le chercher ; comme la truffe du chien Bourek. Ce petit bout de nez est chaussé d'une monture noire. Faute d'appui, les lunettes glissent sans arrêt jusqu'à la bouche, aussi étroite que la fente de la tirelire du Keren Kayémeth [1] de la synagogue de la rue Dolna. Micha a les cheveux coupés en

1. Fonds national qui avait pour vocation le rachat des terres en Palestine, avant la création de l'État d'Israël.

brosse, sous un bonnet de fourrure de cosaque. Le débit de son parler est rapide et nerveux et il avale la moitié des mots. Ses mains ne sont jamais au repos. La plupart du temps il frappe furieusement des poings sur ce qui est à sa portée. Les mots se bousculent sur ses lèvres comme un torrent après la pluie : « révolution... l'union des forces... les barricades... la commune... les Soviets... » — des mots bizarres que personne ne comprend. Sauf Moïchélé Touh'ess. Je me demande ce qui a pris à Micha de compter sur nous pour changer le monde. Par contre, ce que j'ai compris, suite à une discussion entre Moïchélé Touh'ess et son oncle, c'est une idée qui m'a littéralement emballé. Une idée simple et pratique : il faut partager, dit Micha, les biens en parts égales. Si, par exemple, tu possèdes deux paires de chaussures, tu m'en refiles une. Et si tu habites deux pièces, il y en a une pour moi.

L'idée m'a tellement plu que j'ai aussitôt adhéré au communisme ; pas pour longtemps, d'ailleurs : j'ai changé d'avis après avoir assisté à une discussion entre l'oncle Micha et son neveu. Micha parlait sans arrêt et sautait comme un cabri. En plus, il postillonnait et remontait tout le temps son bonnet de fourrure qui lui tombait sur les yeux.

— ... Un jour viendra... vous êtes la génération qui écrasera la classe des richards... Vous changerez le monde — un monde où il n'y aura ni riches ni pauvres...

Contrairement à son oncle, Moïchélé Touh'ess parle d'une voix calme et posée :

— Tu dis qu'il n'y aura plus de riches ?

— Oui, j'affirme qu'il n'y aura plus de riches. Et ce sera grâce à vous. Vous êtes l'avenir et l'espérance du monde.

Tous les corbeaux se sont rangés comme un seul homme derrière Moïchélé Touh'ess. Nous sommes très fiers de la façon dont il tient tête à son oncle, sur un sujet aussi grave que l'avenir de l'humanité.

— Plus de riches, hein ! ?... Mais sans riches, mon pauvre Micha, plus d'ordures dans leurs quartiers. Et ce que les paumés jettent à la poubelle, c'est tout juste bon pour crever de faim deux fois par jour.

Après cette discussion, j'ai abandonné l'idée d'égalité — et je n'étais pas le seul : Kétzélé et Chmelké Bok m'ont aussitôt suivi.

L'oncle Micha a bondi sur ses courtes jambes et s'est approché de Moïchélé d'un air menaçant. Il se frappait la poitrine comme un cosaque dans un pogrome, en hurlant :

— Vous êtes les ennemis du progrès et du genre humain... des suppôts de la société bourgeoise décadente. Vous êtes... vous... vous...

Bref, en quelques minutes, nous étions devenus le fléau du monde.

— ... Et, moi, Micha Blum, je n'hésiterai pas à tirer sur des crapules de votre espèce !

Ça commençait à se gâter...

C'est Pinhas le fou qui nous a sauvé la mise. J'ignore comment il s'est trouvé là ; on aurait cru qu'il avait surgi d'une poubelle. Il avait la tête couverte d'une sorte de fichu qui lui tombait sur les épaules, les pieds nus, comme d'habitude, les pantalons déchirés et tenait à la main un gros gourdin. Soudain, sans crier gare, il abattit sur l'oncle Micha une grêle de coups, à un rythme presque aussi rapide que son débit.

— Ne t'avise pas de les injurier, vermine... Parce que dorénavant, tu auras affaire à moi. Tu prétends, racaille, que les riches disparaîtront de la surface de la terre, hein ?... C'est possible, mais les fous, eux, ne disparaîtront jamais : ils sont éternels.

Et tout comme il était apparu, Pinhas le fou disparut soudainement dans le dépotoir. Micha décampa sans demander son reste, et plus vite qu'il ne l'aurait souhaité, puisqu'il fit quelques tonneaux sur lui-même. En tombant, il perdit son bonnet de fourrure et Moïchélé Touh'ess, son légataire naturel, le posa fièrement sur son crâne.

L'arrivée de la benne des éboueurs nous fit oublier la suite de la discussion sur la lutte des classes et l'humanité future.

Le butin ramassé dans les ordures est partagé en parts égales. Nous vendons le tout à Leib Ber, dont la maison est située dans une cour entourée d'une clôture. La cour est encombrée par des balles de chiffons compressés et ficelés. Dans l'angle droit, un tas de bouteilles de toutes les formes et de toutes les couleurs. Derrière les bouteilles, des monticules d'os. Leib Ber est un grand homme maigre. Quant à son visage, je préférerais ne pas en parler.

Qui a jamais vu des yeux pareils ! et ce nez, mes aïeux !... Tout le personnage rappelle la friperie. Son visage ridé ressemble à un vieux chiffon humide. Quelle que soit l'heure, on le trouve toujours assis à une table encombrée de cahiers, notant chaque détail. On dirait que tout ce qu'il porte a été ramassé, quelques minutes plus tôt, dans un dépotoir : son chapeau, son manteau en loques, ses chaussures... A se demander si sa femme elle-même, Rosa, ne vient pas d'une poubelle : elle a la même dégaine qu'une balle ficelée. On raconte qu'il a trouvé sa fortune colossale dans les ordures, à l'époque où il était corbeau. Un jour, il est tombé sur une bague sertie de diamants, dont la vente lui permit d'acheter une maison avec une cour clôturée. Leib Ber est resté corbeau, mais son âme a disparu entre les os desséchés [1]. Au début, j'avais pitié de lui. Mais depuis qu'il nous a blousés sur le poids de la marchandise, mes sentiments à son égard ont entièrement changé. Je lui ai même souhaité de ne jamais sortir de sa cour et d'être encore plus décharné qu'il ne l'est.

C'est Moïchélé Touh'ess qui a remarqué la triche. Moi, je

1. Allusion évidente à la « Vision des ossements desséchés » du prophète Ezéchiel.

n'y aurais vu que du feu. C'est pas une question de caractère, mais de tête ; et depuis quelques jours, ça ne va pas très bien de ce côté-là. Un exemple : lorsque je vois un os tout desséché, je pense automatiquement à une vieille vache triste, entre les pattes de Reb Herschel l'équarrisseur, tenant un long couteau rouge de sang. Je n'ai vu qu'une seule fois des *choh'atim*[1] égorger des poulets, et ça m'a dégoûté pour la vie. Pauvre animal ! Pendant qu'il agonisait en gigotant des pattes et des ailes, j'ai lu dans ses yeux la peur et l'impuissance. Et le pire, c'est que j'avais l'impression que le poulet me fixait et me suppliait de le sauver. J'ai alors décidé de ne plus jamais manger de viande. Mais quelques jours plus tard, lorsque j'ai vu un poulet bien rissolé, comme s'il avait bronzé en vacances, posé sur une belle assiette blanche, j'ai oublié mon serment. Je ne l'ai pas mangé, il est vrai, mais c'est sans importance, parce qu'il était exposé dans la vitrine de Reb Schmil Grib. Car si quelqu'un me l'avait donné, je n'aurais pas hésité à le dévorer, mais les yeux fermés, pour ne pas voir son regard.

Ou lorsque je vois un chiffon, j'imagine aussitôt un enfant souriant recevant un cadeau, avant qu'il ne devienne une loque.

Quand j'ai fait part de mes pensées à Moïchélé, il m'a répondu d'un ton catégorique : « Tu n'es qu'une cloche, un bon à rien, et tu ne seras jamais riche. » Quelque chose me dit que Moïchélé Touh'ess a raison. Pour sa part, il a l'air de suivre l'exemple de Leib Ber. Moïchélé a décidé de lui rendre la monnaie de sa pièce : puisqu'il nous a blousés, nous le blouserons aussi. Et maintenant, presque chaque nuit, nous entrons dans sa cour par un trou dans la clôture et nous remplissons des sacs de tout ce qui nous tombe sous la main.

Ces expéditions ont sensiblement amélioré notre niveau de vie ; ce qui a fait dire à Moïchélé qu'on ne peut s'enrichir

1. Pluriel de *choh'eth* : chargé de l'abattage rituel.

que par l'escroquerie et le vol. Il faudra que j'y réfléchisse, avant de décider de m'enrichir. Moïchélé soutient qu'en grandissant on ne pense plus qu'au fric. Il y a beaucoup de vrai là-dedans. Je n'ai qu'à regarder autour de moi pour m'en convaincre. C'est pour de l'argent que les hommes pissent entre les cuisses d'Estherké ; que Wolf nous a jetés à la rue, que ma mère travaille au loin et que Chimchone est en taule.

Et moi, plus tard, je serai comme les autres ? J'ai tellement de questions qui me trottent dans la tête au sujet de l'argent, mais à qui demander conseil ? Chmelké Bok et Kétzélé pensent exactement comme Moïchélé Touh'ess. Pinhas le fou et l'oncle Micha sont les seuls à ne pas penser au fric.

Ça fait plusieurs nuits que Pinhas dort avec nous dans notre baraque.

— Tu comprends, Avrom Leib, me dit-il doucement, j'ai froid à l'extérieur et j'ai froid dedans, dans la poitrine et dans le ventre. Parfois, j'ai tellement envie de voir quelqu'un..., mais ça ne colle pas entre les adultes et moi. Seul l'argent les intéresse.

Et brusquement, Pinhas éclate d'un rire sauvage.

— Oui, Avrom Leib, seuls les fous ne pensent pas à l'argent.

La nuit, il se couvre d'un long manteau de femme, la tête appuyée sur un sac ficelé d'une corde. Il refuse d'en révéler le contenu. Au début, il me faisait un peu peur, à cause de ses yeux. Il a un œil brun et l'autre bleu. L'œil bleu est vif et furieux. L'autre, par contre, est à demi fermé et triste. Ils sont cachés tous les deux par une longue chevelure grasse et sale. Il a le teint bronzé. On ne voit pas la bouche à cause de sa barbe, qui, parfois, se divise en deux ; on découvre alors trois dents énormes et aiguisées comme des couteaux. Son long nez étroit incline à droite. Tout son personnage est un curieux mélange de sauvagerie, de folie et de puanteur. Les mains ont l'air de ne pas adhérer au corps, les doigs sont blancs et effilés, comme ceux d'une femme. Ils bougent tout le temps et ont leur propre langage. J'ai toujours l'impression qu'il les a volés à quelqu'un. Certains jours, Pinhas me regarde de son œil brun, pendant que ses mains ont l'air de jouer au pipeau un air mélancolique et très lent. Souvent, ses doigts ont l'air de se noyer et tentent désespérément de s'accrocher à quelque chose.

Ce que j'aime, c'est lorsque ses doigts semblent caresser le monde avec une grande douceur. Mais ils peuvent se fermer brusquement, pour former un poing violent, agressif et impitoyable, un poing qui hurle et se cache à la fois. Quelques secondes après, les doigts s'évanouissent et pendent sans force, pour mourir dans une dernière convulsion. De ce qu'il raconte, il est difficile de démêler son histoire ; d'où vient-il ? qui sont ses parents ? avait-il des frères ? des sœurs ? où habite-t-il ? Lorsque nous discutons tous les deux, la plupart du temps c'est moi qui parle et pose les questions. Mais il me faut attendre que l'œil bleu, pénétrant, se ferme, pour laisser la parole à l'œil brun, caressant et serein. J'ai toujours l'impression que cet œil bleu, il l'a acheté ou volé aux goyim, parce qu'il est dur et méchant. L'œil brun est un œil de Juif, tranquille et doux comme du velours. Généralement, c'est avec l'œil brun que je parle. Ainsi, hier je lui ai demandé pourquoi Pinhas était fou.

— Parce qu'il n'a pas la force d'être normal, m'a répondu l'œil brun, d'un air triste et un peu moqueur.

— Et pourquoi Dieu l'a-t-il fait ainsi ?

Pinhas a des réponses très mystérieuses, que je ne comprends pas toujours.

— L'homme a été créé à Son image, ce qui veut dire que Dieu aussi est fou. Dis-moi, Avrom Leib, dans quel monde démentiel vivons-nous ? Il faut croire que Dieu a perdu le contact avec Sa Création.

Je ne saisis pas très bien ce qu'il veut dire, mais je devine vaguement une sorte de vérité terrifiante dans ces paroles. Pinhas n'a peur de rien. Ni de Dieu, ni de personne.

... Ça s'est passé la veille de Souccoth. Dehors, il faisait très froid. Nous étions assis sur notre dépotoir, nous laissant pénétrer par sa douce chaleur. Ce jour-là, la récolte en chiffons et en bouteilles avait été plutôt mince et l'atmosphère était triste. J'avais supplié Dieu de ne pas ruiner les riches, de leur laisser leur fortune, pour que nous en profitions un peu, fût-ce de leurs ordures. Nous ne voulions pas descendre de nos tas, en espérant que la benne des éboueurs finirait par arriver. En bas, des voisins avaient édifié une grande *soucca* [1] bien éclairée et décorée de rubans et papiers multicolores. Des hassidim coiffés de bonnets de fourrure et vêtus de caftans de soie s'affairaient autour de la cabane. Tout reluisait et respirait l'abondance. En se rendant à la *soucca*, ils nous regardèrent d'un air hostile. Soudain, Pinhas le fou surgit d'un tas d'ordures. Il était couvert d'un sac et s'appuyait sur un bâton. Ses cheveux étaient pleins de feuilles sèches — il avait probablement passé la nuit dans la forêt.

— Juifs, écoutez ! Moi, Pinhas fils de David, je suis venu vous dire des paroles de vérité.

Sa voix était calme, mais il en émanait une sorte de puissance et d'autorité. Les hassidim s'arrêtèrent, effrayés, et tournèrent leurs regards vers Pinhas :

— Moi, Pinhas fils de David, je m'adresse à vous du haut de ce mont Sinaï. Sur le fumier poussent les fleurs et le blé ; et la justice vraie, avec son impitoyable jugement, descendra vers vous de cette montagne. Vous serez jugés pour abandon et humiliation de l'homme. Moi, Pinhas fils de David, je vous annonce qu'un jour ces corbeaux descendront de la montagne du châtiment et déchireront de leurs becs vos cadavres, ceux de vos épouses et de vos enfants. Et ils

---

1. Cabane que l'on édifie pour la fête des Tabernacles.

mettront le feu à vos maisons. Grimpez sur cette montagne et prosternez-vous devant ces enfants. Implorez leur pardon, demandez-leur grâce, car ils sont les enfants de Dieu. Ils annoncent une ère nouvelle. L'ère du pain et des fleurs pour tous.

Un grand silence tomba sur toute la terre. Le monde trembla de peur. Le monde entier était en flammes. Pour moi, ce n'était pas Pinhas qui avait parlé, mais un prophète. Le prophète des poubelles et du fumier — Pinhas fils de David. Ce sermon sur la montagne fut suivi d'une scène qui me fit tellement bidonner que je me couchai à terre, incapable de retenir l'explosion de rire qui me secouait : Pinhas s'était déculotté et, la tête baissée, montrait son cul aux hassidim, à leurs femmes et leurs enfants.

— J'ai dit les paroles de Dieu, et maintenant, baisez mon cul, vous et tous vos faux rabbins.

Ce fut une belle panique : Les hommes vociféraient, les femmes s'enfuyaient en hurlant. Les enfants scandaient : « Pinhas le fou, Pinhas le fou... » Et une volée de pierres s'abattit sur nous et sur Pinhas.

Avant de s'enfuir avec nous, Pinhas s'arrêta près de moi et me fixa de son œil brun.

— Eh bien, je te l'avais dit, Avrom Leib, le monde est fou à lier. Quand je leur ai montré mon visage et les ai exhortés dans l'esprit de la Thora, ils n'ont pas bougé. Ils n'ont réagi que lorsqu'ils ont vu mon cul. Tu y comprends quelque chose à ce monde ? Moi pas.

Je n'ai plus revu Pinhas. Il faut croire qu'il est allé annoncer au monde une ère de pain et de fleurs. J'ai gardé en mémoire non pas Pinhas le fou, mais Pinhas fils de David. Je n'ai jamais oublié ses paroles et j'y pense très souvent. Je ne sais pas très bien ce qu'est une ère, mais le mot est joli ; il sonne bien et promet des tas de bonnes choses. Je pense que « ère », c'est quelqu'un qui nous donnera du pain. Quant aux fleurs, pour l'instant je suis prêt à m'en passer.

En attendant la venue de ce monsieur Ere, il nous est arrivé quelque chose de très bizarre. J'aurais pu vivre encore mille ans sans savoir que j'étais un citoyen polonais. Pas seulement moi : Moïchélé Touh'ess aussi, tout comme Avrom Kétzélé et Chmelké Bok. J'ai appris que non seulement j'étais citoyen polonais, mais aussi que le gouvernement polonais se souciait beaucoup de moi et ça, bien sûr, c'est toujours très agréable à entendre.

Ce jour-là, nous étions sortis de bon matin, comme d'habitude, pour attendre le déchargement des ordures des quartiers riches. En attendant, nous mangions du pain et des œufs durs — des œufs que Benny avait ramenés d'un restaurant.

— Je marchais tranquillement dans la rue sans penser à rien, nous raconte Benny. Tout à coup, j'entends une voix venant d'un restaurant : « Benny, Benny... » Bien entendu, j'ai eu très peur. Qui pouvait m'appeler ? Personne ne me connaît par ici. Je me dirige vers la voix ; elle me guide vers la cuisine d'un restaurant, après avoir traversé une cour. Dans le restaurant, pas un chat ! Je me suis dit que la cuisinière était peut-être allée pisser. Et voilà que j'entends une voix venant d'une marmite : « Benny, prends-moi ! » Je soulève le couvercle et qu'est-ce que je vois ? Un tas d'œufs durs — et bien entendu, je n'ai pu qu'obéir et les prendre.

Ce Benny est un drôle de ouistiti, capable de faire rire n'importe quel public, et aussi d'inventer des histoires en un clin d'œil. Ce jour-là, j'ai mangé tant d'œufs durs que j'en ai attrapé la jaunisse dans les yeux : le blanc était tout jaune. J'en ai fourré quelques-uns dans ma poche — on ne sait jamais. Et soudain, nous avons entendu le ronflement d'un moteur. Une voiture s'est approchée. Ce n'était pas des ordures qu'elle a déchargé, mais quatre flics et deux femmes, flics aussi. Coupable ou non, dans ces cas-là, le mieux, c'est de détaler ; mais les flics ont été plus rapides que nous. Nous avions très peur.

Benny nous souffla dans l'oreille : « Dites que vous avez trouvé les œufs dans les ordures. » Les flics portaient un revolver à la ceinture et tenaient un sifflet. Leurs vareuses étaient couvertes de boutons dorés portant gravé un aigle aux griffes pointues. J'ai encore eu le temps de noter que sur l'un des boutons, l'aigle avait la tête en bas. Il s'était peut-être évanoui ! Ils portaient tous des uniformes bleus, y compris les deux femmes. Avec tous ces boutons, ceinturons et baudriers, je n'ai pas vu leurs visages. Et les gens qui cachent leur visage me font toujours peur. L'un des uniformes nous expliqua d'une voix bourrue et hargneuse que nous étions en état d'arrestation. J'ai immédiatement décidé que je ne toucherais plus jamais à un œuf dur. Mais je n'en trouvais pas moins bizarre qu'on envoie six agents de police pour quelques œufs, durs ou pas. Avant de monter dans la voiture, une des deux femmes en uniforme, qui avait une grosse poitrine, nous expliqua :

— Vous allez venir avec nous dans une école. Parce qu'en Pologne, chaque enfant doit s'instruire pour faire un bon citoyen.

Je voulais lui expliquer que j'étais disposé à aller à l'école tout seul, sans être accompagné par des agents de police. J'y ai renoncé pour deux raisons : d'abord, je connais à peine le polonais, et ensuite, on ne discute pas avec un uniforme.

En route, nous avons encore ramassé six autre citoyens qui devaient donner du souci au gouvernement polonais. Parmi eux il y avait Faïvel Tasch. Tasch [1] est un pickpocket, qui était associé dans le vol à la tire au papa de Godel. Il avait l'air très heureux de me trouver.

— Tu as quelque chose à bouffer ? m'a-t-il demandé à voix basse.

Je lui ai immédiatement refilé tous les œufs durs et Faïvel les avala si vite que je craignis qu'il n'éclatât. Je ne sais pas

---

1. « Poche » en yiddish.

pourquoi nous nous sommes arrêtés, tout comme j'ignore la raison de la vitesse folle à laquelle nous avons ensuite roulé. Finalement, la voiture a freiné devant un immeuble gris à trois étages, avec des barreaux aux fenêtres. Deux drapeaux rouge et blanc flottaient à son fronton. Nous sommes entrés dans un couloir éclairé. Sur les murs, il y avait des portraits d'hommes en uniforme. Ils avaient tous une longue moustache et un regard sévère, et ils tenaient une épée à la main. Un des tableaux attira mon attention. On y voyait un homme qui avait, lui aussi, une épée à la main, mais il sautait dans un fleuve. Contrastant avec l'air sévère des autres, celui-là souriait. Il avait vraiment l'air heureux de se suicider. Il était entouré de hautes vagues — beaucoup d'autres hommes en uniforme se jetaient à l'eau, et tous les visages exprimaient une sorte de bonheur.

Nous sommes entrés, en rang, dans une grande salle où l'on nous a fait asseoir sur des bancs. En face de moi, des tableaux couvraient un mur tendu du drapeau rouge et blanc ; parmi eux, les portraits de deux hommes. L'un en uniforme, avec beaucoup de médailles et une longue moustache. Le second était chauve, avec un air constipé, comme s'il avait mangé un tas d'œufs durs qui lui donnaient des maux de ventre. Tous les deux me faisaient peur.

Moïchélé me dit tout bas qu'ils ressemblaient à des « pogromistes » et qu'il n'aimerait pas les rencontrer le soir, au coin d'une rue.

Après quelques minutes d'attente, un homme entra dans la salle, accompagné de deux femmes en uniforme de la police. Tout comme dans les portraits, celui-là aussi portait une longue moustache. Il était petit, râblé, avec une cicatrice rouge sur la joue gauche.

« Je m'appelle Zaremba », dit-il en se présentant. Sa moustache tremblait nerveusement et la cicatrice rouge gagna tout le reste du visage. « Je suis le directeur de cette école. » Après s'être approchées de nous, la moustache et la cicatrice exprimèrent une grimace de dégoût en reniflant nos odeurs. « Le gouvernement polonais a décidé de vous intégrer dans la société civilisée et de vous prendre en charge, pour que vous grandissiez en bons citoyens. »

Il faut croire qu'il lui était difficile de supporter notre puanteur car il s'éloigna aussitôt. Kétzélé me demanda tout bas s'il me restait encore des œufs durs, parce qu'il avait très faim.

— Non. J'ai tout donné à Faïvel Tasch.

— Cessez de parler yiddish ! s'emporta Zaremba, dont la tache rouge gagna le cou. Ici, on ne parle que le polonais.

Ce Zaremba était très coléreux et il nous faisait peur. Je n'ai rien compris de ce qu'il nous raconta par la suite, puisqu'il parlait polonais. Mais le tremblement de sa moustache me permettait de suivre les phases de sa colère et de juger combien nos odeurs l'incommodaient. Pour finir, il prit un morceau de craie et écrivit des mots sur le tableau noir.

— C'est l'hymne national et vous êtes tenus, en tant que citoyens polonais, d'en comprendre les paroles et le sens.

Nous n'osions pas avouer qu'aucun de nous ne parlait bien le polonais, à l'exception de Benny. Zaremba eut l'air de le comprendre.

— A titre exceptionnel, j'autorise la traduction en yiddish, finit-il par dire d'un air méprisant.

Les paroles de l'hymne polonais étaient très belles et me remuèrent profondément :

Jeszcze Polska nie zginela
Poki my zyjemy
Co nam obca przemoc wziela
Szabla odbierzemy.

Ce qui, traduit, donne ceci :

La Pologne ne sera pas perdue,
Tant que nous vivrons.

Ce que l'ennemi nous a pris,
Nous le reprendrons par l'épée.

Puis il nous raconta une histoire où il était question d'un certain goy nommé Dombrowski, et ce Dombrowski quitta un pays lointain qui s'appelle l'Italie pour venir vivre en Pologne. Mais Benny a été incapable de traduire le reste de l'histoire, ce qui rendit furieux Zaremba.

D'après certains mots, je compris que la Pologne était en fâcheuse posture. Le fait que pour la sauver on comptait sur nous : moi, Moïchélé Touh'ess, Kétzélé, Benny, Chmelké Bok et Faïvel Tasch, en disait long sur sa situation.

— Faut pas qu'ils comptent sur moi, ai-je soufflé à Tasch.

Je ne comprenais pas tellement le sens de mots tels que : « Tant que nous vivrons. » Il est certain qu'il est difficile de compter sur les morts. Mais allez comprendre ce qui se passe dans la tête d'un goy ! Je ne saisissais pas très bien non plus ce que l'ennemi nous avait pris. Dans ces conditions, comment pouvais-je le restituer ? Moïchélé Touh'ess me souffla qu'il était prêt à tout rendre, pourvu qu'on lui foute la paix. Pour sa part, Kétzélé se refusait à rendre quoi que ce soit. Pour la bonne raison qu'il n'avait rien pris. Quant à Chmelké Bok, il déclara qu'il se foutait pas mal de ce qu'on avait pris et de ce qu'on rendrait ou ne rendrait pas. « C'est un problème qui ne regarde que les goyim. » Pour lui, ils n'avaient qu'à se battre entre eux. De toute façon, les goyim cherchent toujours la bagarre.

Après une longue explication des paroles, nous avons dû nous mettre au garde-à-vous et Zaremba entonna l'hymne polonais d'un air drôlement sérieux. Après l'hymne, l'intérêt du gouvernement polonais pour nos personnes ne s'arrêta pas là — au contraire. Une femme entra dans la salle.

— Et maintenant, nous allons parler de l'hygiène, dit-elle. Un sujet que tout citoyen doit connaître.

Cette dame non plus n'avait pas de visage. Elle était vêtue

de blanc de la tête aux pieds — et sa figure était aussi blanche que sa tenue. Seule la bouche était rouge, comme si elle venait de vider un verre de borchtch. Elle avait une petite voix fluette, comme celle d'un bébé. Elle parlait polonais et là aussi Benny dut traduire en yiddish. Sa traduction était un peu comique :

« Mme Linceul dit... » Effectivement, son costume rappelait un linceul.

Nous avons éclaté de rire, pendant que Benny écopait une gifle de Zaremba.

— Nous ne sommes pas dans une synagogue ici, mais dans une école polonaise...

Mme Linceul se présenta comme étant infirmière au service du gouvernement polonais et, en tant que telle, elle était chargée de veiller à la salubrité des élèves en leur enseignant des rudiments d'hygiène.

« Si, par exemple, vos parents vous chargent d'aller vider le seau à ordures, votre tâche terminée vous devez vous laver soigneusement les mains au savon. Car elles portent alors de nombreux microbes, facteurs de maladies. »

Après que Benny nous eut traduit, Mme Linceul nous demanda : « Vous avez compris ? » Pour ajouter aussitôt : « Notre seul but est de veiller à votre santé. Et maintenant, vous allez tous vous laver les mains au savon ; ensuite, vous recevrez une assiette de soupe et du pain. » Tasch, qui était le dernier au lavabo, fit disparaître une savonnette dans sa poche.

Tout de suite après, nous avons vu arriver une petite table à roulettes portant une grande marmite. Son odeur — celle d'une bonne soupe maison — se répandit dans la salle de classe. Le directeur lui-même nous servit dans des assiettes creuses. C'était une soupe de pommes de terre, où flottaient de gros morceaux de viande. Moïchélé refusa de manger en disant qu'il était interdit aux Juifs de manger de la viande de porc. Mais, à en croire Benny, c'était de la viande de bœuf.

Je me suis aussitôt rangé à son avis. Pour être franc, cette soupe modifia un peu mes sentiments envers le gouvernement polonais. Kétzélé déclara de son côté que pour une telle soupe, il était prêt à chanter l'hymne polonais autant de fois qu'on le lui demanderait. C'est ainsi que se termina la première leçon de civisme et d'hygiène. Sur le chemin du retour, chacun montra la cuillère et la fourchette qu'il avait piquées. Sauf moi, parce que Chmelké Bok me les avait fauchées.

Les relations dans la bande des corbeaux se détériorèrent. Tout avait commencé par une discussion entre Benny et Faïvel Tasch, qui, entre-temps s'était joint à nous. Benny prétendait que le métier de corbeau était dégradant et que, si nous voulions être riches, nous devions nous convertir en troupe de prestidigitateurs et chanteurs. A en croire son expérience, l'argent coulerait à flots dans nos poches et nous n'aurions qu'à nous baisser pour le ramasser. Benny était soutenu par Moïchélé Touh'ess et Chmelké Bok. Par contre, Faïvel tenait à ce que nous restions dans ce qu'il appelait la « récupération », en améliorant la formule : corbeaux dans la matinée et au marché dans l'après-midi ; nous ferions ainsi fortune bien plus vite.

Finalement, c'est Benny qui l'emporta et nous étions déjà tous prêts à nous lancer sur les routes du monde. On me proposa d'entrer dans la troupe, vu mon expérience passée du cirque. J'aurais bien voulu me joindre à eux, mais je leur expliquai qu'il me fallait d'abord rendre visite à Chimchone, qui était toujours en taule. J'ai été profondément déçu qu'ils n'aient pas essayé de me faire changer d'avis — au contraire :

— Il est un père pour toi. Et lorsqu'un père est en difficulté ou en prison, c'est un grave péché que de l'abandonner.

Benny a été nommé d'office directeur de la troupe. Toute la journée, il les initie aux tours de passe-passe et leur apprend à chanter. Et, O prodige, Kétzélé a une très belle voix ; et lorsqu'il chante, il ne bégaye pas. Faïvel Tasch et Benny composent des chansons dont le thème doit être obligatoirement l'amour, un meurtre ou un mari cocu, mais la justice et le bon droit finissent par triompher et tout se termine bien.

— Les gens payent gros pour de telles chansons, affirme Benny pour convaincre ses gens et les motiver.

Il a appris à Moïchélé un truc qui consiste à avaler du feu et à souffler ensuite une fumée de couleur, ou avaler une montre pour la sortir d'une chaussure. Ces tours me plaisent énormément et je crois qu'immédiatement après ma visite à Chimchone, je me joindrai à la troupe. Et je saurai bien où les trouver.

Une discussion pendant la nuit entre Benny et Faïvel m'a fait comprendre que, pour ce dernier, ces représentations n'étaient qu'un prétexte pour faire les poches aux spectateurs.

— Comprends, Benny. Pendant une représentation, les gens sont distraits, ce qui rend le boulot bien plus facile.

Je n'ai pas entendu la réponse de Benny, car ils avaient tous deux baissé la voix. A ce propos, depuis ces messes basses entre les copains, je me sens très seul et je compte les jours qui me séparent de leur départ. A mon avis, si j'en juge par les répétitions, ils auront beaucoup de succès. J'ai décidé que pendant les quelques jours qui restent jusqu'au départ, je ne dormirai pas avec eux dans la cabane. Leur gaieté me fait mal, tout simplement. Je n'existe plus pour eux. Et je ne crois plus qu'ils me feront venir en Amérique lorsqu'ils auront fait fortune.

Aujourd'hui, ils feront leur dernière répétition. Demain, très tôt le matin, ils prendront la route et je ne sais pas quand je les reverrai. Je me suis promis de ne plus jamais trop m'attacher aux gens. De toute façon, tout finit par des séparations et toute séparation fait très mal !...

Pour ce dernier spectacle, le public, c'est moi seul. Tous les autres jouent. Leurs voix, leurs chansons et leurs rires me parviennent comme dans du coton ; je me surprends en train de les insulter et de leur souhaiter de collectionner les bides. De cette façon, ils reviendront peut-être plus vite.

Les jours où nous n'étions que des corbeaux me paraissent bien beaux maintenant. Et je sais que je passerai des nuits à les regretter. Les adieux ont été très pénibles. Bien entendu, je n'en ai rien fait voir. La période corbeau nous avait beaucoup rapprochés et créé une solide amitié entre nous. Et maintenant, ce lien s'est rompu. C'est surtout avec Moïchélé Touh'ess, Kétzélé et Chmelké Bok que la séparation a été difficile. Je les connaissais depuis l'époque du *héder.* J'ai voulu me convaincre de laisser tomber la visite à Chimchone et de me joindre à eux à la dernière minute. J'ai même essayé de lui en vouloir, à Chimchone, mais ça n'a pas marché.

Je pense que pour eux non plus les adieux n'ont pas été faciles. Excepté, peut-être, pour Benny et Faïvel Tasch : on se connaît depuis peu. Je les ai accompagnés tout au long de la rue Zagreska, jusqu'au marché Baloti. Là, ils sont montés dans une charrette louée d'avance. Je suis resté longtemps sur place après leur départ. J'espérais peut-être qu'ils feraient demi-tour et qu'ils me diraient : « Avrom Leib, nous restons jusqu'à ce que tu puisses venir avec nous. Nous ne partirons pas sans toi. » Mais ils ne sont pas revenus.

Ma décision est prise : fini le métier de corbeau. D'autant plus que notre dépotoir a été occupé par les Polonais. Jusqu'à ce que je trouve un autre boulot, je passe mes journées couché dans une caisse dont le fond est couvert d'une couche de sciure, qui sent bon la forêt et le soleil. Pour l'instant, j'ai de quoi manger : beaucoup de pommes, du pain et des feuilles de chou. La nuit, seul dans ma caisse, je tourne et retourne dans ma tête des tas de pensées tristes. Défilent devant mes yeux le visage de ma mère, les yeux de Chmelké, de tante Esther et de Malka. Ils sont tous tristes et comme perdus. Et il y a aussi la dernière chanson que m'a chantée Malka, qui me revient sans arrêt en mémoire. Dans ces cas, vaut mieux ne pas rester enfermé ; je vais donc me coucher sur le toit de notre cabane, couvert de quelques sacs qui me tiennent chaud. Tout au fond de moi-même, j'espère les entendre revenir, une nuit : Moïchélé Touh'ess, Kétzélé et Chmelké Bok.

Il m'est très difficile de raconter ce qui m'est arrivé hier. Tant d'événements en une seule nuit !... Je vais donc essayer de mettre un peu d'ordre dans mon récit.

... Je montais sur le toit de la cabane, peu avant la tombée de la nuit, lorsque j'ai entendu frapper à la porte. Puis, quelqu'un a appelé mon nom, plusieurs fois. D'abord, j'ai senti mon cœur se gonfler de bonheur : j'étais certain que la bande des corbeaux était revenue pour me dire : « Sans toi, c'est impossible. » Je savais bien qu'ils finiraient par revenir !... Je voulais jouer les indifférents, mais au fond, j'étais prêt à les serrer très fort dans mes bras.

— Avrom Leib, Avrom Leib, répétait la voix.

Mais non... cette voix ne rappelait aucun des membres de la bande ; et d'abord, c'était une voix de femme. Pas celle de ma mère, parce que, dans de tels cas, elle m'appelle Avrom Leibinké. Les coups sur la porte redoublèrent.

— Oui ! ai-je finalement répondu, un peu effrayé. (C'était peut-être Malka qui était revenue ?)

— Avrom Leib, ouvre. C'est moi, Estherké...

J'ai aussitôt ouvert. Estherké était devant moi, enveloppée dans un fichu qui lui cachait presque tout le visage. Elle sentait la misère, qui a une odeur de moisi et d'abandon.

— Estherké, comme je suis content de te voir !

— Alors, laisse-moi entrer. (Sa voix trahissait une sorte d'impatience sous le fichu.)

— Avrom Leib, je passerai cette nuit ici, et peut-être même plusieurs nuits. Ferme bien la porte pour que personne n'entre. Et si quelqu'un me cherche, je ne suis pas là.

J'étais fou de joie à l'idée qu'Estherké restait avec moi.

Mais une sorte d'inquiétude se mêlait à mon bonheur. J'avais en face de moi une autre Estherké. Je ne comprenais pas pourquoi elle gardait son fichu, ni la raison de cette nervosité dans les gestes. Comme si elle était traquée. Ses yeux, qui brillaient sous le fichu, me scrutaient avec méfiance.

— Avrom Leib, je dois dormir seule. Je suis très fatiguée, et aussi un peu malade.

Elle s'assit ensuite sur une pile de sacs. Elle baissait la tête et parlait au sol.

— Avrom Leib, tu as vu mon père ?

— Non.

Sa question m'étonna. Tout le monde savait que son père était mort. Et l'on disait qu'elle en était responsable pour s'être enfuie de la maison.

— Et ma mère ?

— Je ne l'ai pas vue non plus.

Plusieurs personnes avaient essayé de réconcilier le père et la fille, avant sa mort, mais ç'avait été inutile. Pour lui, elle était morte. Surtout après avoir fait *Chiva*.

— J'ai le cœur si lourd. Peut-être que je suis vraiment morte !

J'aurais tant voulu la réconforter, la consoler, mais je ne savais comment m'y prendre.

— Estherké..., ai-je commencé. (Les mots s'arrêtent toujours dans ma gorge.)

— Avrom Leib, jure-moi que tu n'épouseras jamais une goya.

— Je le jure. Mais pourquoi tu me dis ça ?

— Je t'expliquerai peut-être demain. Mais il y a une chose dont je suis certaine : si je m'étais enfuie avec un Juif, mon père m'aurait pardonné. J'ai enterré mon père, et ma mère l'a suivi dans la tombe. Par ma faute. Oui, par ma faute, parce qu'ils avaient raison.

— Je lui ai dit que pour l'instant, je n'avais pas du tout

l'intention de m'enfuir avec une goya — je m'efforçais ainsi de changer de sujet.

— Avrom Leib, je suis à bout et je veux dormir. Où puis-je poser ma tête ? Puis elle ajouta : Ne me réveille pas, même si je dors très très tard.

Je lui ai montré la grande caisse, celle qui est matelassée d'une bonne couche de sciure. Elle appartenait à Moïchélé Touh'ess et contenait encore ses oreillers de paille.

Estherké se coucha, ou plus exactement se laissa tomber sur la sciure. Elle s'endormit aussitôt et je l'ai couverte de plusieurs sacs. Je ne savais que penser ; toute son attitude me paraissait bizarre. Son sommeil était agité. Elle avait l'air de se disputer avec un charretier — en tout cas, c'était le style. Elle criait des injures contre un homme qui semblait lui vouloir du mal. Ses paroles exprimaient une haine intense, comme : « Arrête de braire comme un âne... tu le vides, ton pot à lait, au lieu de me ramoner la cramouille !... »

Puis filtra entre ses dents, une voix qui me donna le frisson : « Pour toi, je ne suis qu'un trou !... Je suis un être humain, tu m'entends ! La femme aussi est un être humain... » Parfois, elle pleurait comme une enfant : « Avrom Leib, qu'ont-ils fait de nous ? » Elle eut l'air de se lever à plusieurs reprises en criant, d'une voix terrifiée : « C'est pas normal. T'as un zob de cheval. Il n'y a qu'un cheval pour avoir un zob pareil... T'es comme tous les autres... Vous n'êtes pas des hommes, mais des bêtes... »

D'autres fois, elle s'asseyait, avec un regard fixe et sans expression sous son foulard. Comme si elle se demandait : Comment suis-je arrivée ici ?

J'avais peur de rester dans la cabane ; peur de quelque chose que je ne m'expliquais pas. L'air était étouffant, il m'a fallu sortir. Dehors, une nuit d'encre noyait les maisons et les arbres. Des chiens aboyaient. De gros nuages couraient dans le ciel vers une destination mystérieuse.

Je ne suis pas revenu dans la cabane ; j'ai préféré trouver

un abri dans une des charrettes de la société des charretiers « Mordekhay & Chaoul ». Le lendemain, très tôt le matin, je suis allé au marché pour ramasser des fruits tombés à terre ou toute autre chose bonne à manger. Malgré l'heure matinale, il y avait foule au marché. Parmi tous les visages étrangers, j'ai été heureux de rencontrer une tête connue, celle de Zosa Klops.

— Avrom Leib, que fais-tu ici de si bon matin ?

Je lui ai parlé d'Estherké, des jours heureux de notre cirque, de Chmelké, de Kasziek, pour qui elle travaillait, sans savoir exactement ce qu'elle faisait. Je savais seulement qu'il l'exploitait jusqu'à la moelle. Je lui dis encore qu'il en avait fait une femme dévorée par la haine, l'injure à la bouche et le visage caché par un voile. Je lui aurais encore parlé longtemps d'Estherké, mais Zosa m'arrêta.

— Calme-toi, Avrom Leib. Ce que tu dois faire maintenant, c'est la faire manger.

Et tout en parlant, elle sortit de son cabas un pain, un hareng salé, des poires...

— Prends ça, Avrom Leib, et donne-le à ta princesse.

Je l'ai remerciée des yeux.

Estherké dormit jusqu'à midi. Son sommeil était plus calme — elle a même ri à plusieurs reprises. J'ai posé les provisions de Zosa près de sa tête et suis ressorti me promener. Tout en marchant, j'ai imaginé la surprise d'Estherké en trouvant ces bonnes choses, les mangeant, et me serrant dans ses bras à mon retour.

Mais en rentrant, j'ai été déçu de la trouver assise dans la caisse, le visage toujours voilé. Elle n'avait touché à rien.

Je me suis assis à côté d'elle.

— Avrom Leib, ne t'assois pas à côté de moi. Avrom Leib, je suis très malade.

— Eh bien, raison de plus pour manger, si tu veux guérir.

Elle ne répondit pas.

— Tu n'as pas faim ?

— Si.

— Alors, pourquoi tu ne manges pas ? C'est Zosa qui m'a donné tout ça pour toi. C'est une chrétienne, mais elle est gentille.

— Avrom Leib, je ne peux pas manger. J'ai des plaies pleines de pus dans la bouche et sur la langue. Avrom Leib...

Elle ne termina pas sa phrase.

— Montre-moi tes plaies.

— Tu le veux vraiment ? Eh bien, tu vas les voir, et tout de suite, encore...

Elle criait maintenant comme une hystérique, et je ne comprenais pas pourquoi. Je ne lui avais pourtant rien dit. Estherké hurlant, hurlant... Et moi, tout bête devant elle, paralysé par la stupeur, cherchant la raison de cette colère.

Effrayé, j'essayais de lui dire qu'au bout de la rue Zagreska habite Jan Braun, le meilleur médecin de la ville, valant à lui seul une douzaine de médecins, et qu'il peut guérir n'importe quelle maladie. Il est connu dans le monde entier et les gens les plus riches viennent le voir. J'ajoutai que je le connaissais personnellement (ce qui est un mensonge) et qu'il ne me prendra pas d'argent.

Mais au lieu de la calmer, mes paroles avaient l'air d'augmenter sa fureur. Derrière son voile, une sorte de folie allumait ses yeux. Tout en parlant et gesticulant, elle s'approcha de moi ; si près qu'elle me frôla presque. Je sentais sa respiration lourde. Puis d'un geste rapide, elle ôta son fichu : son visage était couvert de boutons très foncés, petits comme une tête d'épingle, avec un pus jaune au milieu.

J'étais atterré. J'ai fermé les yeux, essayant de me convaincre que c'était un mauvais rêve ; et lorsque je me réveillerais, je retrouverais une Estherké bronzée, rieuse, avec des yeux noirs et brillants. Mon Estherké à moi.

— Ne ferme pas les yeux, petite salope. Regarde-moi... Regarde ce qu'elle est devenue, ton Estherké !

J'ai ouvert les yeux. Il n'y avait pas que les pustules ; il lui manquait aussi plusieurs dents. Ses lèvres enflées saignaient. Je comprenais maintenant pourquoi Estherké m'avait caché son visage. On sentait dans sa voix une joie mauvaise d'offrir cet horrible spectacle.

— Je te plais toujours ? cria-t-elle en éclatant d'un rire qui me fit mal.

Je lui ai dit de m'attendre ici, le temps d'aller chercher Jan Braun. Mais elle m'en empêcha.

— Te sauve pas, morpion ! Tu chies dans ton froc, hein ! Tu as la trouille... mais tu n'as encore rien vu. Tiens, regarde !

En quelques secondes, elle se débarrassa de ses vêtements : tout son corps était couvert de pustules.

— Et maintenant, approche, et regarde bien !...

Je n'avais pas la force de lui résister et je fis ce qu'elle m'ordonnait. Elle se coucha rapidement sur le tas de chiffons, les jambes écartées. Les lèvres de son pipi étaient toutes rouges et enflées, laissant couler un liquide épais de couleur brune. L'horreur me fit reculer.

— Tu vas pas te tailler, mon salaud. Plus tard, tu seras exactement comme eux. Cette vérole, ce sont les mecs qui me l'ont filée, en me pissant entre les jambes.

J'ai filé jusqu'à la porte et je me suis enfui, le ventre tordu par la nausée et la panique.

Dehors, le monde entier me semblait couvert de pustules : les maisons, les murs, les gens, et même le ciel. Il était voilé par les nuages comme le visage d'Estherké sous son fichu. Je m'attendais à ce qu'il se découvre pour me montrer la face pustuleuse de Dieu, comme le visage d'Estherké. Je le Lui souhaitais, en tout cas... Il ne me restait plus qu'à courir pour aller chercher le médecin. Il saurait certainement ce qu'il fallait faire.

J'ai couru aussi vite que j'ai pu. Et tout en courant je me fouettais comme on fouette un cheval : Vite !... plus vite !... Il faut que j'arrive à temps. Il faut qu'il guérisse Estherké.

Le Dr Braun habitait une maison à un étage, avec une

plaque de cuivre à son nom sur la porte. Dans le couloir, trois femmes attendaient. L'une avait un emplâtre. Son œil valide me scruta méchamment.

— Qu'est-ce que tu fais ici ? C'est un médecin pour femmes !

J'ai essayé de lui expliquer avec des gestes rapides le but de ma visite : c'est un cas urgent. Estherké a le pipi tout rouge et enflé. Je suis sûr qu'il peut la sauver.

Les trois femmes se mirent à pousser des cris avec des visages menaçants. Il était clair qu'elles voulaient me chasser de la salle d'attente. Je ne comprenais pas ce qu'elles disaient et, d'ailleurs, ça n'avait pas d'importance. Il m'a fallu m'expliquer une deuxième fois.

— Je voudrais vous y voir, si vous aviez le pipi aussi rouge et enflé qu'Estherké...

Comme si elles s'étaient donné le mot, elles m'ont poussé toutes trois dehors. J'ai bien essayé de résister, mais elles étaient plus fortes que moi.

— Docteur Braun ! ai-je crié de toutes mes forces.

La porte du médecin s'ouvrit. Une femme en blouse bleue, avec un bonnet blanc sur des cheveux gris, se tenait dans l'encadrement. J'ai ressemblé toutes mes forces pour me dégager des trois bonnes femmes et j'ai couru vers elle.

— Je vous en supplie... il faut sauver Estherké, elle a le pipi rouge et tout gonflé !

On ne m'a pas laissé continuer : la blouse bleue se joignit aux trois femmes pour me jeter dans l'escalier.

Sur le trottoir, je me suis dit que puisqu'on ne m'avait pas écouté, je pourrais peut-être convaincre Estherké de venir elle-même. Le médecin lui donnerait certainement une pommade qui ferait disparaître tous ses boutons. Mais il fallait faire vite.

Devant la porte de la baraque, j'ai crié de toutes mes forces :

— Estherké, j'ai vu le médecin. Il a une pommade pour toi. Je lui ai parlé et il t'attend dans son cabinet !

Mais tout était silencieux dans la baraque. J'ai crié encore plus fort. Toujours rien. Lorsque j'ai ouvert la porte, ma tête a heurté deux jambes. Puis les choses se sont déroulées avec une lenteur étonnante, comme si j'avais nagé entre deux eaux. Au-dessus de ma tête, les deux jambes chaussées de sandales dorées balançaient doucement, sous la jupe en lambeaux. Les seins nus ressemblaient à deux grandes plaies. Le visage était couvert par une nuée de mouches, et une énorme langue bleue pendait hors de la bouche. Les yeux saillaient, prêts à sauter de leurs orbites.

— Il faut appeler le médecin, ai-je bégayé. Il la sauvera, lui. Je le sais. Il la sauvera, il doit la sauver...

Et soudain, dans ma panique, j'ai vu derrière moi Guétzel le boucher, avec ses larges épaules, son gros ventre, caché par un tablier blanc taché de sang.

— Ça devait finir ainsi. Une pute de moins.

Je me demande encore aujourd'hui où j'ai trouvé la force de le jeter à terre. J'ai senti sa joue entre mes dents et un liquide chaud sur le menton. Guétzel réussit à se dégager, mais je ne l'ai pas laissé se relever. Le sang coulait sur une de ses joues. J'ai frappé de mes deux poings tant que j'ai pu, en hurlant :

— C'est pas une pute, c'est pas vrai... c'est pas une pute, tu entends, Guétzel, c'est pas une pute... c'est Estherké... Estherké... c'est pas une pute...

8.

POURQUOI ?

Depuis quelques jours, ce mot m'obsède et me vrille la tête comme une toupie. J'ai tellement de questions à poser, mais à qui ? Et d'abord, *pourquoi* la mort d'Estherké ? *Pourquoi* me détestait-elle avant de se pendre ? Et la mort, c'est quoi ? Et qu'arrive-t-il après la mort ? *Pourquoi* chaque question entraîne-t-elle une autre question ? J'ai l'impression de marcher dans une forêt dense, si dense... et autour de moi, il fait noir comme dans un four. J'ai peur d'avancer, mais suis incapable de revenir à mon point de départ. Quelqu'un m'a abandonné ici et s'est enfui ; ou peut-être m'a-t-il oublié.

J'ai une telle frousse que je me cache ; je ne veux pas qu'on me trouve. Au moindre bruit, je sursaute, prêt à détaler comme un lapin. Pour l'instant, je suis planqué dans une caisse. J'ai peur d'en sortir, mais aussi d'y rester. Je ne veux voir personne... je ne fais plus confiance aux hommes. Des images horribles défilent devant moi. J'ai beau fermer les yeux, lorsque je les ouvre, elles sont toujours là, encore plus réelles, plus effrayantes. Surtout l'image d'Estherké, après sa mort, dont l'énorme langue essaye de me toucher. Gluante et toute bleue, on dirait qu'elle se moque de moi. Une nuée de mouches bourdonnantes s'engouffre dans mes oreilles et me couvre les yeux. Une langue noire couverte de pustules à tête jaune rampe vers moi. Des yeux exorbités m'observent de chaque coin de la caisse. Les mouches bourdonnent de plus en plus fort dans mes oreilles. Je m'efforce de les chasser — elles reviennent de plus belle, visqueuses et froides. La caisse en est pleine, mais je n'ai plus la force de lutter — j'abandonne.

J'ai peur aussi de sortir à cause d'Estherké, qui m'attend dehors. Elle est assise à côté de la caisse, silencieuse et immobile. Ses yeux saillent toujours autant et sa langue est encore enflée. J'essaye de me raisonner : « De quoi as-tu peur, puisque tu as vu toi-même l'enlèvement du corps ? » Presque tout le quartier était là — beaucoup de femmes, dont certaines portaient un fichu sur la tête qui leur cachait les yeux. Tout le monde se taisait. Ils semblaient tous ahuris. Seuls des enfants jouant à la marelle couraient à quelques mètres du corps et emplissaient l'air de leurs rires. Je me souviens d'une ambulance blanche avec une croix rouge peinte sur les portes. La croix ! symbole de la mort, du sang et de la peur. Tout autour, il y avait beaucoup d'agents de police aux uniformes rutilants de boutons et galons dorés, avec leurs képis surmontés d'un aigle aux griffes pointues.

J'ai voulu m'approcher du brancard où était couché le corps d'Estherké, couvert de sacs, mais quelqu'un m'a repoussé. « Ce n'est pas un spectacle pour toi. Tu vas en rêver cette nuit. » Il avait raison.

Une heure plus tard, la cour était de nouveau vide. Pour les autres, il y avait eu une certaine Estherké et elle n'était plus là. Mais moi, je suis resté longtemps sur place, à l'endroit même où elle était encore présente, il y a moins d'une heure. Invisible sous les sacs, il est vrai, mais encore un peu présente. Et maintenant, plus rien. Quelque chose m'empêchait de retourner dans ma baraque, dans cette caisse où Estherké s'était couchée — et en même temps, une force mystérieuse m'y poussait. Je n'y serais pas revenu, n'était-ce la nourriture à laquelle Estherké n'avait pas touché : une boîte de fromage blanc, un pain de campagne aux raisins secs et un hareng salé. Tout ce que Zosa Klops m'avait donné pour elle.

Me revoici couché dans ma caisse, me débattant avec mon problème : comment sortir d'ici ? Estherké veut que je reste auprès d'elle. J'essaye de lui expliquer doucement qu'elle est déjà morte et que ce n'est pas par ma faute. Au contraire : j'ai tout fait pour qu'elle guérisse. Mais comment convaincre un silence ? Je sens qu'elle me déteste, et je ne sais pas pourquoi.

Il ne me reste plus une miette de nourriture. Estherké le sait et elle attend. J'ignore s'il fait jour ou nuit dehors, et depuis combien de temps je suis dans ma caisse. J'ai essayé plusieurs fois de filer en douce, mais Estherké veille...

Je suis assis, évitant de faire le moindre bruit. Estherké est aussi immuable qu'un roc. Un dialogue muet entre deux silences. Je soulève le couvercle de la caisse avec mille précautions, sors la tête, pour rencontrer, encore une fois, ses yeux exorbités. Je risque une question : « Que veux-tu, à la fin ? Qu'est-ce que je peux faire pour toi ? » Mais d'un geste, elle montre sa bouche pour me faire comprendre qu'avec une telle langue, il lui est difficile de parler. Je me rassois dans ma caisse. Dans ce combat entre nous deux, c'est elle la plus forte. Parce qu'elle n'a pas faim. Pour ma part, mon estomac crie famine et la soif commence à me torturer. Je rêve d'un grand lac d'eau fraîche, limpide et bleue comme un ciel d'été. Je rêve d'arbres aux branches croulant sous les fruits. Estherké sait très bien que dès que je sortirai de ma caisse, elle ne me reverra jamais plus. Elle est sûrement très triste là où elle se trouve et elle voudrait bien que j'aille la rejoindre.

J'entends de loin des voix de gens que j'ai n'ai plus vus depuis très longtemps. Je reconnais celle de Malka, et j'en ai peur. C'est de cette voix qu'elle a chanté une dernière fois la berceuse que j'aime tant, avant qu'on ne la mette à l'asile. Je crois distinguer aussi la voix de Zosa Klops. En l'entendant,

Estherké disparaît aussitôt. Et j'en suis un peu triste. Zosa est debout à côté de moi, l'air inquiet. La lumière du jour m'éblouit et me fait mal aux yeux. Je voudrais revenir dans ma caisse. Dans le noir. Estherké elle-même me fait moins peur maintenant. Zosa me pose une foule de questions en m'expliquant que des tas de gens m'ont cherché. Il m'est difficile de lui répondre. Plusieurs femmes parlent autour d'elle :

— Comme il est pâle.

— Normal, il a sûrement très faim.

— Il doit être très faible.

Je n'ai même pas la force de mordre la main qui me caresse.

— Avrom Leib, tu viens avec moi. Je suis revenue travailler chez Schmil Grib, me dit Zosa sur un ton qui ne souffre pas de réplique.

Zosa occupe une petite chambre située à gauche de la cuisine, près de l'escalier. Les fenêtres en sont si basses qu'en étant couché j'ai une vue plongeante sur la rue. Sous ma fenêtre, je vois plusieurs charrettes près desquelles sont attachés des chevaux qui reluquent l'intérieur de la chambre, et ça m'amuse beaucoup. J'en ai baptisé un Daless [1], à cause des taches noires et blanches de son pelage. Comme si le charretier, trop pauvre pour lui payer une robe unie, s'était contenté d'une harde rapiécée trouvée au décrochez-moi-ça.

Lorsque Zosa n'est pas là, je gave Daless de morceaux de sucre. La plupart du temps, les chevaux ont la tête dans leur musette à picotin, ce qui les fait ressembler à des sacs vivants aux oreilles en perpétuel mouvement. Zosa n'aime pas Daless, et encore moins les charretiers ; elle dit qu'ils la reluquent par la fenêtre. Je ne l'ai pas remarqué, mais si elle dit vrai, je

1. Prononciation yiddish du mot hébreu *dalouth* : mouise.

ne sais pas ce qu'ils lui trouvent. Parce que lorsqu'elle est nue, vue de derrière, Zosa ressemble à une planche à repasser recouverte d'une peau. Avant d'aller se coucher, elle s'agenouille devant trois images encadrées, accrochées au mur. Dans celle du milieu, Jésus tient dans ses bras un agneau à tête de chien. Le visage de Jésus est éclairé par une forte lumière. Si ce n'étaient la barbe et les oreilles, il pourrait servir de bec de gaz dans la rue Zagreska. Dans l'image de droite, Jésus enfant est dans les bras de sa mère, Marie. Et Marie me plaît beaucoup, parce qu'elle me rappelle tante Esther. L'image de gauche représente un homme à longue barbe, dont une bonne partie du visage a été effacée par une grosse tache d'humidité. Un des yeux, épargné par l'eau, me fait de l'œil d'un air coquin. Parfois, je lui rends son coup d'œil. C'est la Sainte Famille, m'a expliqué Zosa.

Les trois images ont en commun la couleur marron des visages. Les oreilles sont brun foncé, presque noir. L'auréole lumineuse qui couronne les têtes est faite de trois couleurs : très claire près de la tête, puis, un beau rouge et enfin une teinte violet sombre. Tous les visages font penser à la couleur des pommes de terre du *chaulent*, quant on le retire du four du boulanger Feldman, le samedi matin, après avoir mijoté toute la nuit. J'aime beaucoup Zosa, malgré qu'elle soit goya. Les journées que nous passons ensemble me font l'effet d'un beau rêve : près de mon lit, elle pose une assiette toujours pleine de bonnes choses. Mais comme dans les rêves, tout disparaît au réveil. Dommage qu'elle soit obligée de partir. Elle retourne dans son village pour s'occuper de son père malade. Elle me manquera beaucoup. J'espère seulement qu'après son départ je pourrai continuer à dormir dans sa chambre. Schmil Grib me le promet solennellement :

— Tâche seulement de reprendre des forces pour travailler à la cuisine.

De son côté, Zosa me dit que si je n'ai pas où dormir, et

si j'ai faim, je pourrai toujours venir chez elle, dans son village.

Pour l'instant, je me sens encore un peu faible. La moindre petite promenade me donne des vertiges. Pour me remettre sur pied, Zosa me bourre de boulettes de viande et elle est furieuse lorsque j'en laisse une dans l'assiette. Pour ne pas la contrarier, je me force à les avaler au point d'en éclater. Toutes ces boulettes m'ont donné une forte chiasse. Et maintenant, il m'est interdit de manger quoi que ce soit — je n'ai droit qu'à du thé. J'ai très faim et je regrette les boulettes.

Mercredi prochain, j'irai rendre visite à Chimchone, dans sa prison. La maman de Godel et Schmil Grib se joindront à moi. J'espère que d'ici-là ma diarrhée sera passée, et avec elle mes vertiges.

Je regrette beaucoup d'être venu. C'est bien Chimchone qui est en face de moi, mais c'est comme si on l'avait peint en gris. Sa tenue est grise et cette couleur déteint sur toute sa personne : sur le visage, autour des yeux et dans le regard. D'ailleurs, tout est gris autour de moi, y compris le ciel. Et même le soleil qui brille aujourd'hui est grisâtre. Ici, le monde sent la vieillesse, la fatigue et la peur. Et en plus, je souffre de ne pas pouvoir aider Chimchone. Dans cette cour entourée de murs, je me sens moi aussi vieux et sans forces. Chimchone s'en aperçoit et fait son possible pour me remonter le moral.

— Qu'est-ce qui t'arrive, Avrom Leib, tu en fais une tête ? Te fais pas de bile, va ! Dans quelques semaines, je serai libre.

Je n'ai pas répondu — quelque chose s'était bloqué dans ma poitrine.

Pour changer de sujet, Chimchone me demande d'un air soucieux, et sans me regarder :

— Où est-ce que tu crèches, maintenant ?

— Chez Schmil Grib, avec Zosa Klops. Mais elle part, et je ne sais pas ce que je vais devenir.

Chimchone et moi sommes assis sur un banc de pierre. Il m'entoure tendrement les épaules.

— Ecoute, Avrom Leib, dans quelques semaines, je sors de taule. Nous louerons alors une piaule tous les deux.

Je ne l'écoute pas. Je sais que Chimchone ne tiendra pas sa promesse et que je ne dois compter que sur moi-même. La voix de Chimchone se perd dans le vide entre les murs aux fenêtres fermées par des barreaux noirs. Des grincements de portes de fer parviennent à mes oreilles, mêlés au bruit des clés dans les serrures rouillées. J'entends aussi des ordres hurlés par les geôliers, qui me font penser à des aboiements de chiens méchants, attachés par des chaînes. J'ai soudain peur de ne plus jamais pouvoir sortir d'ici. Le désespoir me glace jusqu'aux os. Zosa est debout près de Chimchone avec une grande marmite rouge dans les mains. Elle en tire des boulettes de viande dont elle gave Chimchone, comme on fait avec un petit enfant.

— Mange, mange, mon pôv' chou...

La main de Chimchone se promène sous la jupe de Zosa.

Quelqu'un qui ressemble à Godel me sourit d'un air engageant et me raconte quelque chose. Des gens crient autour de moi. « Alors, Leibké, on dirait que tu as grandi ! Fais voir tes muscles ! » me lance Godel, en faisant le geste de me tâter les bras. Mais je ne me laisse pas toucher, ce qui vexe Godel. Il me tourne le dos et parle à sa mère. Elle semble encore plus courbée et plus ratatinée que la dernière fois. Leur entretien me fait comprendre que le père de Godel est également en taule, mais dans une autre ville. La mère pleure et essuie ses larmes avec un mouchoir gris. Il avait peut-être une autre couleur dans le temps, mais ici tout est gris. Godel s'efforce de consoler sa mère en lui caressant les cheveux :

— Allons, maman, calme-toi. Ce n'est pas la première fois, non ? alors cesse de chialer.

Schmil Grib chuchote quelque chose dans l'oreille de Chimchone et ils se serrent la main en clignant de l'œil. Visiblement, ils viennent de conclure un marché.

— Schmil, prends soin d'Avrom Leib.

— T'en fais pas, Chimchone, tu peux compter sur moi.

Godel me désigne du doigt à sa mère en lui glissant quelque chose à l'oreille.

— Tu peux dormir tranquille, ma porte lui sera toujours ouverte, promet la vieille.

Chimchone me pose des tas de questions, mais je suis incapable de lui répondre. Plus exactement, je ne le veux pas. Je ferme les yeux. Je ne veux rien voir. Ni entendre. Je ne me pardonne pas d'être venu. Tout ça est tellement idiot... A cause de cette visite, je ne reverrai jamais les copains de la bande de Moïchélé Touh'ess... Ils sont peut-être millionnaires à l'heure qu'il est. Ils me cherchent sûrement, pour m'emmener avec eux en Amérique. Tout est fichu maintenant. Je m'en veux et j'en veux au monde entier. Je ne viendrai plus jamais voir Chimchone, même s'il est condamné à perpette. Et cette visite, je veux l'oublier. Mais je crois que je me souviendrai encore longtemps du grincement des portes de fer et des aboiements des gardiens.

9.

De toutes les grands-mères du monde, la mienne est sûrement la plus moche.

D'abord, elle est très vieille, bien plus qu'une grand-mère. Ensuite, elle est ridée et jaune comme une feuille de papier racornie par le soleil. Elle est toute ratatinée et elle a un œil recouvert d'une peau blanche. L'autre œil est très petit, vert, avec un regard méchant. Dieu a dû se dire que cet œil mauvais, c'était pas encore assez. Et pour faire bonne mesure, Il a collé sur l'autre cette peau blanche. Sous un long nez, on devine la bouche plutôt qu'on ne la voit. Ma grand-mère est toujours enrouée et elle se dandine en marchant. En plus, y a pas plus radin qu'elle ; elle ment avec un culot incroyable et fauche tout ce qu'elle peut. Elle ne m'aime pas — d'ailleurs, elle n'aime personne, pas même ses enfants, qui ne la voient plus depuis des années. Personnellement, je ne les connais pas, excepté tante Esther. La seule chose qu'elle veut bien admettre, c'est qu'elle leur doit beaucoup d'argent.

Après ce portrait, on peut se demander comment je suis arrivé chez elle et pourquoi j'y reste.

Alors, voilà comment ça s'est passé : il faut vous dire que ma grand-mère est marchande de fruits. Elle a une poussette à deux roues — vestige d'un landau — chargée de pommes, qu'elle vend dans les cours. A mon avis, les gens lui achètent ses pommes pour ne pas entendre son cri de corbeau. J'ai compris plus tard que c'est à force de picoler qu'elle avait attrapé cette voix rauque et cette façon de marcher en zigzag. Pas étonnant : elle est presque toujours bourrée. Je ne saurai jamais comment elle m'a trouvé ce jour-là. A mon avis, dans son rapport à Dieu l'ange de la rue Zagreska a dû Lui dire : « Seigneur, la vieille Léah est tellement beurrée qu'elle n'est pas capable de pousser sa charrette. Alors Dieu a ordonné à l'ange : “ Débrouille-toi pour qu'Avrom Leib rencontre sa grand-mère. ” » Et c'est ce qui est arrivé.

Après ma visite à Chimchone, au lieu d'aller directement chez Schmil Grib, j'avais eu envie de me balader un peu. Quelques minutes plus tard, j'ai rencontré ma grand-mère — qu'on appelle Léah la pocharde — soûle comme Loth, assise à côté de sa poussette. Si j'avais su alors, je me serais taillé. Malheureusement, c'est elle qui m'a vu d'abord. Et puis, il faut bien le dire : toute soûle qu'elle était, elle m'a fait pitié ; et elle en a aussitôt profité pour m'embobiner avec de belles paroles.

— Avrom Leib, qu'est-ce que tu fais là ? Ça fait une éternité que je te cherche.

Comment a-t-elle fait pour roucouler comme une colombe, avec sa voix de corbeau !

— Aide-moi seulement à pousser ma voiturette dans quelques cours et je te donnerai vingt groschens. A part ça, tu pourras dormir chez moi. Je suis vieille, je n'en ai plus pour longtemps. Et après ma mort, tout ce que j'ai sera à toi.

Là encore, mon magouilleur d'ange gardien m'a soufflé à l'oreille : « Accepte... » Et essayez voir de dire non quand votre ange gardien et Dieu sont de mèche ! J'ai donc accepté.

Ça fait quatre jours que je suis chez elle.

Elle habite un petit logement obscur qui pue la pomme pourrie et l'humidité ; tout, ici, sent la pomme, y compris le chat, un énorme matou au pelage roux qu'elle appelle Chloïmé et que je ne peux pas encaisser.

Dès le premier jour, nous nous sommes bagarrés pour une place dans le lit. Il faut dire qu'il est si étroit que lorsqu'on s'y couche l'un de nous deux est de trop. Chacun se bat avec ses armes : Chloïmé sort ses griffes et fait kss... kss... en montrant ses crocs, et moi je lui lance des allumettes enflammées.

La plupart du temps, on se nourrit de pommes, Chloïmé y compris. Il pourrait varier son menu en attrapant une des souris qui se baladent librement dans la pièce, mais il s'en fout éperdument. Pour ma part, les pommes me sortent déjà par les oreilles et je crois que j'en suis dégoûté pour le reste de mes jours.

La chambre de ma grand-mère est bondée de sacs de pommes ficelés avec de grosses cordes. C'est une manie chez elle ; à tel point qu'elle met un sac dans l'autre. Comme si elle voulait ensacher le monde entier. C'est tout ce qu'elle peut me laisser en héritage. Et Chloïmé en plus. Je me demande ce que je pourrais bien tirer de tout ça. Pour l'instant, au nom de ce futur héritage, elle ne me donne pas un sou.

— Mais puisque après ma mort, tout ira à toi — et ça chiffre dix fois plus que ce que je te dois, me promet-elle.

La pièce est tendue d'un fil sur lequel pendent ses culottes. Il y a en a de toutes les couleurs et elles sont toutes rapiécées. Pourquoi tant de culottes ? Moi, je n'ai pas de caleçon et je n'en ai jamais eu. Il faut croire que c'est une question d'habitude.

La seule chose que je pourrai vendre peut-être, c'est un gros livre relié cuir avec des lettres dorées, qu'elle lit chaque soir. Il a un drôle de titre : *Tzeyna ou-Reyna*[1]. Il est plein de taches d'huile et pue la pomme pourrie, comme tout le reste chez elle. Il compte en tout deux chapitres et, lorsqu'elle les

1. Textuellement en hébreu : « Venez voir. » Sorte de bréviaire consacré aux devoirs religieux des femmes, qui était répandu dans les communautés juives d'Europe centrale et orientale.

lit, ma grand-mère se gondole comme une bossue. Je suis curieux de savoir ce qu'il raconte, ce bouquin, et ce qui la fait tellement rire. Mais lorsque je lui pose la question, elle devient muette comme une carpe. Pour me venger, je l'ai déchiré en morceaux. Le lendemain, il fallait la voir ! Elle était comme folle... Moi, dans mon coin, je jubilais ; et j'ai pris mon air le plus innocent pour lui dire que c'était Chloïmé le fautif. Elle lui est tombée dessus avec une godasse et l'a presque tué. J'espérais qu'elle irait jusqu'au bout : j'aurais tant voulu le voir crevé, la gueule ouverte... Le même jour, il s'est payé une de ces chiasses que j'ai failli en mourir axphyxié. A mon avis, c'était sa façon de se venger.

A toutes les raisons qui me font détester Chloïmé, il faut en ajouter une : ma grand-mère l'aime beaucoup. Et tout ce qu'elle aime, moi je ne peux pas l'encadrer — et *vice versa.* Ainsi, grand-mère hait mon père, et ne rate pas une occasion de lui souhaiter les pires malheurs.

— Dommage qu'il n'ait pas été tué à la guerre, dit-elle, lorsqu'elle parle de lui.

Je ne peux pas dire que j'ai souvent pensé à mon père. Mais depuis quelque temps, il m'intéresse de plus en plus.

— Dommage que tu vives encore, que je réponds alors, du tac au tac.

Depuis peu, j'ai l'impression qu'elle voudrait se débarrasser de moi — et pour l'emmerder, je suis bien résolu à m'accrocher. Mais pour adoucir la pilule, je me promets de tuer Chloïmé à la première occasion — et la vieille avec, si possible.

Parce que j'ai perdu l'espoir de la voir mourir d'elle-même. C'est bien simple : elle se porte de mieux en mieux. Il suffit de voir son appétit et les quantités de vodka qu'elle biberonne pour s'en convaincre. Parfois, je panique à l'idée qu'elle ne mourra jamais.

Le soir, elle ne picole jamais seule : le chat lui tient compagnie. Grand-mère boit au goulot et Chloïmé lape dans son écuelle. Quelques minutes après, ils se mettent à faire de drôles de grimaces. Grand-mère pose son dentier sur la table et sourit — et le dentier a l'air de lui rendre la pareille. De son côté, Chloïmé montre les dents, ferme les yeux et roule des petits gloussements comme s'il se poilait.

Après avoir bu, grand-mère beugle une chanson aux mots incompréhensibles. Chloïmé se met alors à courir comme un fou autour de la chambre, la queue dressée. Ça fait beaucoup rire la vieille, qui l'encourage à faire des pirouettes. Hier soir, lorsque j'ai voulu l'en empêcher, il a essayé de me griffer et j'ai riposté en lui lançant une boîte d'allumettes enflammées. Je donnerais cher pour le voir flamber comme une torche.

Après avoir bu, grand-mère s'endort la bouche grande ouverte, sans son dentier, et se met à ronfler comme une forge. Chloïmé se cache sous le lit pour cuver son alcool à son aise. Hier, j'ai voulu profiter de l'occasion pour lui fracasser le crâne à coups de marteau. Mais tout beurré qu'il était, il ne dormait que d'un œil et, d'un seul bond, il s'est réfugié en haut de l'armoire. Mais ce n'est que partie remise et nous savons tous les deux que c'est une guerre à mort entre nous. Je resterai ici mille ans s'il le faut pour voir son cadavre. Et peut être aussi celui de grand-mère.

Vendredi, nous avons travaillé dur. Je me suis coltiné trois chargements de sacs de pommes et j'étais sur les genoux en rentrant. Je me suis couché aussitôt, mais j'étais si fatigué que je n'ai pu m'endormir. Ce jour-là, grand-mère avait bu plus que d'ordinaire. Chloïmé le chat était assis sur ses genoux et tous les deux étaient partis pour un duo : grand-mère braillait sans son dentier, et le chat lui répondait par des sons étouffés, comme font les ventriloques. J'ai fait semblant de dormir, tout en les épiant d'un œil.

— Nous avons fait une bonne journée aujourd'hui, tu ne crois pas, mon minet ?

J'ai dressé l'oreille.

— ... Bientôt, fini la poussette, les cours, les sacs de pommes. Et alors, à nous la belle vie !

Grand-mère est descendue du lit et s'est penchée sur moi pour voir si je dormais. Elle puait tellement que j'ai dû faire un effort pour ne pas vomir. Lorsqu'elle m'a touché d'un doigt sec et froid, j'ai redoublé les ronflements. Elle est alors allée prendre une boîte de chicorée sur l'étagère et y a fourré quelque chose dans un froissement de papier — tout ça, sans me quitter du regard. Persuadée que je dormais profondément, elle s'est recouchée et a presque vidé la bouteille, après avoir rempli l'écuelle du chat.

— Bois mon trésor, nous sommes tous les deux vieux et c'est le seul plaisir qui nous reste.

J'ai attendu quelques minutes. Lorsqu'elle s'est mise à ronfler, je me suis approché d'elle. J'ai d'abord jeté son dentier par la fenêtre. Puis, sans faire de bruit, je me suis emparé de la boîte de chicorée et suis sorti pour la cacher dans la rue, sous plusieurs grosses pierres. Je suis revenu aussi discrètement que j'étais sorti et j'ai pris le marteau. Chloïmé dormait toujours. J'ai dû frapper plusieurs fois pour lui casser la tête. Après une dernière grimace, il n'a plus bougé. Je ne suis jamais plus revenu chez grand-mère.

Ici, je tiens à mettre en garde les cœurs sensibles qui seraient tentés d'avoir pitié de ma grand-mère. Ne l'aidez surtout pas ; je l'ai fait et j'ai commis la faute de ma vie. Ne croyez pas un mot de tout ce qu'elle vous racontera, surtout s'il s'agit d'argent.

Si vous n'êtes pas convaincus, écoutez ce que ma mère et tante Esther m'ont raconté.

... Mon père n'avait que seize ans lorsqu'il s'engagea dans les légions de Pilsudski pour se battre pour la Pologne. Il aimait les Polonais comme je les aime moi-même, m'a raconté tante Esther, c'est-à-dire comme on aime un furoncle sur les fesses. Mais il préférait encore mourir sur le champ de bataille plutôt que de rester chez sa mère, soit ma grand-mère.

La fin de la guerre le trouva très affaibli par une sérieuse blessure au ventre. Elle lui valut une pension de l'Etat de quatre zlotys par jour, pour « services rendus à la Pologne ». Mais il avait un problème : il n'avait pas où loger. Il proposa alors à sa mère sa maigre pension militaire pour qu'elle l'héberge jusqu'à sa guérison, lorsqu'il serait en état de travailler. Elle répondit sans même broncher : « Pour six zlotys par jour, tu peux rester chez moi... » C'est ce que rapporte la rumeur, et moi qui la connais, je suis convaincu que c'est la pure vérité.

Mon père quitta la maison pour ne plus jamais y revenir.

J'étais déjà dans la rue lorsque je me suis souvenu de cette histoire. Je suis revenu et, avec le même marteau, j'ai cassé toutes les assiettes et les vitres des fenêtres. Mais c'est lorsque j'ai réduit sa poussette en un tas de ferraille que je me suis senti vraiment satisfait.

Chimchone est sorti de prison en même temps que son compagnon de cellule, un certain Arthur. Nous habitons tous les trois une grande pièce coupée par deux armoires. Un drap tendu sur toute sa largeur divise la chambre en deux parties : la première est occupée par Chimchone et moi, et l'autre par Arthur. Chimchone dort sur le seul lit que nous possédons. Moi, je couche dans l'armoire, dont les planches mal jointes me permettent de suivre chacun des gestes d'Arthur. Cette armoire offre beaucoup d'avantages. D'abord, l'endroit est tout ce qu'il y a de plus intime et je m'y sens vraiment chez moi. Ensuite, aucune mouche ne vient me déranger. Et le plus important : je peux choisir l'étagère que je veux. Enfin, presque... Parce qu'une nuit, celle du haut a lâché et je suis tombé la tête la première sur le casier du bas. Comme il est rempli de vêtements, j'en ai été quitte pour la peur. Nous allons bientôt acheter deux tables, des chaises et des ustensiles de cuisine, pour faire notre popote nous-mêmes. Chimchone a fauché des assiettes et des couverts dans une boutique. La seule chose qui nous manque, c'est un réchaud à pétrole. Mais Chimchone nous a promis d'en piquer un à la première occasion. Pour l'instant, nous mangeons chez Schmil Grib, grâce à la boîte de chicorée de ma grand-mère. Qui aurait cru qu'elle contenait six cent quarante-quatre zlotys ? Chimchone dit que je suis né coiffé et que Dieu m'a à la bonne. L'avarice de ma grand-mère en serait la preuve.

— Tu comprends, Avrom Leib, si ta grand-mère était une de celles qui pètent plus haut que leur cul et claquent leur fric à tort et à travers, t'aurais trouvé peau de balle et roupie de Sansonnet, dans sa boîte. Moi, j'ai jamais eu un pot pareil dans la vie.

Grâce à la boîte de chicorée, j'ai droit à tout le respect de Chimchone et d'Arthur, qui ne décident plus rien sans me demander mon avis. Ainsi, hier on a discuté tous les trois de la meilleure façon de faire fructifier nos zlotys. Pour Chimchone, le meilleur placement est dans l'achat d'une panoplie de cambriolage, le dernier cri en la matière. On peut se la procurer chez Zalman. Ou alors, ouvrir une salle de jeux... « C'est une mine d'or ! » assure-t-il, les yeux brillants. D'autant plus que ces derniers temps, sa mère lui apparaît en rêve avec un beau sourire ; et que c'est toujours bon signe.

Arthur, lui, est pour l'ouverture d'une agence matrimoniale. Il dit qu'il suffit de publier quelques petites annonces dans les journaux, acheter deux ou trois meubles et les femmes viendront en foule.

Personnellement, je penche pour l'idée de Chimchone, depuis qu'il nous a solennellement assurés, en se frappant la poitrine, comme d'habitude, qu'il ferait de nous des millionnaires : « J'ai commis des erreurs dans ma vie, mais elles m'ont beaucoup appris. Cette fois, j'ai un filon qui nous enrichira en moins de vingt-quatre heures. »

Pendant toute une nuit, Chimchone et Arthur ont discuté

à voix basse sur un plan dessiné au crayon, avec de nombreuses flèches autour de quelques cubes.

— Tu as bien compris, m'explique Chimchone, tu suis ces flèches jusqu'à ce que tu arrives à une porte. Pour le reste, j'en fais mon affaire. Avrom Leib, dis-toi bien que ton fric fera des petits ; je te promets de le multiplier par cinq... Et je n'ai pas oublié ma promesse de faire de toi un bon Juif.

Après cette nuit blanche, nous avons décidé de fêter nos futurs millions.

Mais je m'aperçois que je n'ai encore rien dit d'Arthur.

Il est tout le contraire de Chimchone. Tous ses mouvements sont pleins de douceur. Ses mains sont blanches et délicates comme celles d'une femme. A côté d'elles, les pognes de Chimchone, avec ses veines saillantes, sont des battoirs. Arthur a une chevelure épaisse parsemée de quelques fils d'argent. Ses grands yeux noirs sont abrités par de longs cils et son regard fascine les gens. Sous la bouche, éclairée par un éternel sourire, une petite barbiche lui donne un air respectable. Tout chez lui inspire la confiance et la sympathie.

Je ne compte plus les fois où je l'ai surpris en flagrant délit de mensonge — et pourtant, j'avale toujours ce qu'il dit. Je crois que je n'ai jamais connu un homme comme lui. Il parle au moins six langues. Il connaît tous les pays et ses histoires tiennent tout le monde en haleine. Arthur a été clown dans un cirque et, jusqu'à ce jour, il en conserve les accessoires dans une sacoche. Il est capable de se fabriquer un nez très rigolo avec de la pâte à modeler et quelques morceaux de craie lui suffisent pour se faire une bouche qui lui fend la gueule d'une oreille à l'autre. Et pour finir, il s'enduit le tour des yeux avec une crème blanche et y colle d'énormes sourcils. Il est alors méconnaissable. Dans cette même sacoche miraculeuse, il a une paire de souliers énormes, un nœud papillon bleu à pois rouges, une casquette et un pantalon fait de morceaux de toutes les couleurs. Sapé ainsi, il mime la démarche d'un homme piqué aux fesses par un moustique ; Chimchone et moi nous nous tordons de rire. Lorsqu'il fait son numéro, l'« espace Arthur » de la chambre se transforme comme par enchantement en piste de cirque. Les gris et marron ternes font place aux couleurs vives. Arthur fait des courbettes au public et s'applaudit lui-même. Habillé en clown, une guitare à la main, il chante en français, en anglais et en yiddish, une chanson comique où il est question d'un homme qui achète un parapluie pour se protéger des seaux d'eau que sa femme lui verse dessus à longueur de journée. Pendant qu'il chante, Arthur vous fixe dans les yeux comme s'il voulait toucher le fond de votre âme. Les mots de sa chanson sont autant de fils de soie qui, insensiblement, vous entortillent comme une mouche prise dans une toile d'araignée — et qui en serait heureuse. Je crois que plus tard, je serai clown. Existe-t-il un plus beau métier ? Quelques hardes suffisent pour donner du bonheur aux gens et les faire rire. Et déjà, je laisse courir mon imagination : le public m'applaudit... Je vais jouer dans des prisons et le gris des murs disparaît pour faire place aux couleurs gaies. Ou alors, je joue dans un hôpital, et pour quelques heures les malades ignorent leurs maux, les vieux oublient leur âge, perdent leurs rides et retrouvent leur enfance. Cette nuit, j'ai composé une prière spéciale dans ce but. J'ai un peu honte d'en parler parce qu'elle n'est pas géniale ; elle demande seulement à Dieu de m'accorder le talent de clown pour faire rire les gens. Comme je ne sais pas écrire, j'en ai oublié les mots et je le regrette beaucoup. Faut-il savoir chanter pour être clown ? J'espère que non, parce que j'ai une voix de crapaud — et je ne suis pas fichu de distinguer un air d'un autre.

— Arthur, apprends-moi le métier de clown, même si je ne sais pas chanter. Je t'en supplie.

Arthur sourit et me prend dans ses bras pour me consoler :

— Un bon clown est un homme qui a beaucoup souffert,

qui a connu la pauvreté et les humiliations. Et toi, Avrom Leib, tu es né clown et tu l'es même sans grimage.

Je pense qu'il dit ça pour se débarrasser de moi, parce qu'il ne veut pas me révéler les secrets de la profession. La nuit, seul dans mon armoire, je m'entraîne à faire des gestes et des grimaces qui, je crois, pourraient faire rire les enfants. Et je me souviens alors de la troupe de Moïchélé Touh'ess, Kétzélé, Chmelké Bok et Faïvel Tasch. Où sont-ils à présent ? Que font-ils ? Sont-ils devenus millionnaires ? Ils sont peut-être en Amérique et m'ont déjà oublié !

Arthur n'a pas été seulement clown ; il était aussi danseur dans une troupe. Lorsqu'il nous montre des pas de danse, c'est le miracle. Il plane, bras et jambes détachés de son corps, comme libéré des lois de la pesanteur.

Arthur sait aussi dessiner un portrait d'un seul coup de crayon. Et la ressemblance est prodigieuse. On dirait qu'il vole les traits de son modèle pour les fixer sur le papier. Il invente des histoires en un clin d'œil sur n'importe quel sujet. Hier, par exemple, il m'a raconté l'histoire d'une chaise, la seule que nous ayons. Et la chaise a cessé d'être chaise pour devenir quelque chose de vivant. Je la regarde et ce n'est plus la même chaise que je vois.

« Il y a bien des années, raconte Arthur, cette chaise était un arbre dans la forêt. Et cet arbre était couvert de feuilles et de fleurs. Au printemps, les oiseaux et les abeilles venaient se poser sur ses branches. Les rossignols lui chantaient le soleil, la rosée, et les abeilles suçaient le miel de ses fleurs. L'arbre n'était pas seul ; il était entouré d'autres arbres, ses frères et sœurs, et même sa mère et son père. Un jour, des hommes vinrent à lui, avec des cognées et des scies ; ils l'abattirent sans pitié et le transportèrent jusqu'à une scierie, où il fut débité en planches. Les planches furent vendues à un menuisier, qui en fit une chaise. Si tu as l'oreille fine, tu peux l'entendre gémir, surtout la nuit. Elle se souvient alors de l'époque où elle était encore un arbre couvert de feuilles et de fleurs. Elle pleure la forêt et ses frères arbres. Aujourd'hui, elle est seule dans cette chambre nue, d'où sa tristesse. »

L'histoire de la chaise m'a tellement ému que j'en ai les larmes aux yeux. Ce n'est pas le cas de Chimchone, qui se gratte la tête avec ses grosses pattes et tranche d'un ton catégorique :

— Une chaise, c'est fait pour y poser son cul.

Et tout l'enchantement laissé par le récit d'Arthur s'avanouit aussitôt.

Mon Dieu, pourquoi avoir accordé tant de dons et talents à Arthur ? J'en crève de jalousie au point de le haïr, presque. Mais rien à faire : je ne puis m'empêcher de l'aimer. Il faudra que je lui demande d'où il appris tout ce qu'il sait.

Un jour que nous étions seuls, tous les deux, alors que Chimchone rôdait en ville, à la recherche d'un « coup » qui ferait de nous des millionnaires, je demandai à Arthur, après avoir tourné autour du pot, de m'expliquer l'art et les artistes. Comment s'y prennent-ils pour exprimer leurs sentiments ?

— Je ne peux te donner qu'une opinion personnelle, me répond Arthur. Mais à mon avis, un artiste est un chasseur. Il y a de bons chasseurs et des moins bons. Les bons chasseurs, cela va de soi, ramènent plus de gibier. Prenons, par exemple, un écrivain. Il se promène parmi les hommes et chasse les mots, ceux qui ont été dits et ceux qui ne l'ont pas encore été. Le monde est plein de lettres avec lesquelles l'écrivain compose des mots, dont il fait des phrases, qui font des chapitres, qui forment des livres. C'est très simple : armé de ses écouteurs, l'écrivain se branche sur une âme, enregistre ses soupirs, ses soucis et ses rires, et avec tout ça il construit l'histoire d'une vie. Car le commun des hommes n'a ni le temps ni le courage de reconnaître ce qui se passe en lui. La seule différence entre un bon écrivain et un mauvais réside dans le fait que le bon possède un instrument plus sensible, qui capte les profondeurs. Un autre exemple : le peintre ne s'intéresse qu'aux couleurs. Et tu sais que le monde est plein de couleurs avec toutes leurs nuances. Le peintre observe le ciel et voit un bleu merveilleux. Il prend alors son pinceau, qui est très long, touche le ciel et capture le bleu sur sa palette. Il se promène dans un pré et saisit toutes les nuances du vert. Pour les fleurs, ce sont les rouges, les violets et les jaunes. Et les couleurs qu'il a ainsi réunies sur sa palette, il les fait passer sur la toile — et c'est ainsi que naît un tableau. S'il est bon, il réchauffera les cœurs et montrera à l'homme la beauté du monde. Même chose pour le compositeur ou le musicien. Il entend le bruissement des feuilles, le chant des oiseaux, les plaintes du vent ; il fait entrer tous ces sons dans son violon, puis les lâche, lorsqu'ils sont à point pour être écoutés par les oreilles et les cœurs. Je dirais que Dieu a créé les arts pour embellir la vie de l'homme et la rendre plus facile.

Ça, c'est un des côtés d'Arthur. Un Arthur d'une profonde sagesse, sensible et doux. Mais il existe aussi un autre Arthur, très différent du premier : menteur, grossier et indifférent à la souffrance de son prochain. Et je ne comprends pas qu'on puisse être l'un et l'autre à la fois.

Mais le pire, c'est encore Arthur l'ivrogne.

Celui-là est un sale bonhomme, un être ignoble, et souvent effrayant. C'est un Arthur qui ment comme il respire et ne pense qu'à flouer les gens. Champion du boniment, il est capable de rouler dans la farine n'importe qui — et surtout les femmes. Il faut l'entendre leur parler, comme si chacune d'elles était une reine : il ne pense qu'à elle ; c'est elle seulement qu'il attendait... Un jour, je l'ai vu à l'œuvre avec une certaine Elisabeth. Couché dans mon armoire, l'œil collé à une fente, je suivais la scène.

« Vous seule pouvez me rendre heureux », susurrait Arthur. Puis il se mit à chanter en s'accompagnant de sa guitare. Il en tirait des sons magiques — on aurait dit le chant d'une source qui charrierait des parfums. Sa voix se fit encore plus tendre, comme la caresse d'une main timide dans la pénombre.

Ce diable d'homme sait même embuer ses yeux quand il le veut, ou encore jouer l'émotion en faisant trembler ses lèvres. Son charme opère à distance et pénètre la porte de mon armoire pour m'envoûter. Arthur, magicien du mensonge...

— Elisabeth... si je pouvais seulement vous dire ce que j'ai sur le cœur... mais hélas... Arthur interrompt sa phrase. Tout son corps est agité d'un tremblement. O Elisabeth, si vous saviez !

— Arthur, vous pouvez me raconter tout. Je suis à vous, et seulement à vous.

— Il y a quelques mois, j'ai connu une femme, Rosa, elle s'appelle. J'étais alors très riche. Elisabeth... J'ai déposé toute ma fortune à ses pieds.

Là, Arthur s'enferme dans un long silence.

— Et qu'est-il arrivé, mon amour ?

— Un jour, reprend Arthur, en rentrant chez moi, j'ai trouvé la maison vide. Tout avait disparu. Les perles, l'or, les bijoux. Le plus terrible, c'est que tout cela ne m'appartenait pas. Des gens qui avaient confiance en moi m'avaient confié leur bien. Et maintenant, je suis poursuivi en justice. Et si je ne rends pas les bijoux, je risque des années de prison.

La voix d'Arthur trahit une telle sincérité douloureuse que, dans mon armoire, je suis aussi ému qu'Elisabeth. Elle semble très calme et j'entends à peine sa réponse. Je crains aussi de faire du bruit, de trahir ma présence. Des bouts de phrase me parviennent :

— Je suis à vous, Arthur... Je suis riche... Je ferai tout pour vous...

Elle lance des chiffres : mille, mille cinq cents, deux mille... Arthur refuse, la main d'Elisabeth le caresse pour le convaincre. J'ignore la suite. J'ai dû sortir de l'armoire à cause des cris de Chimchone. Il était soûl et menaçait quelqu'un de lui arracher une jambe du cul. Je l'ai calmé et couché dans son lit. Il s'est aussitôt endormi.

Lorsque je suis revenu dans mon armoire, Elisabeth n'était plus là. Seul, un parfum subtil témoignait encore de son passage. Plus tard, Arthur prit une cuite et se mit à jouer sur sa guitare un air de danse, accompagné de hoquets. Bientôt, l'air dans la chambre devint si poisseux que je dus sortir. Le soir, en rentrant, alors que je n'étais encore que dans l'escalier, j'ai entendu des cris et une chanson hurlée sauvagement par Chimchone et Arthur. Ils étaient assis par terre, devant plusieurs assiettes pleines de hareng salé, de tranches de saucisson et de cornichons.

— Avrom Leib, m'accueille Arthur d'un air rigolard, assieds-toi avec nous. Tu sais ce que nous fêtons ?

— Non.

— Tu as vu la poufiasse qui était là ce matin ?

— Oui.

— C'est Elisabeth. Et elle m'a promis beaucoup de pognon, à part celui qu'elle m'a déjà filé.

Ils éclatent tous les deux de rire et Arthur refait le numéro auquel j'avais assisté de mon armoire.

« Elisabeth, mon âme, tu es mon ange... tu es l'amour lui-même... » Il rit si fort qu'il en dégueule. La chambre empeste le vomi, la vodka et le hareng salé. Et Chimchone se bidonne à en pleurer.

Il s'arrête soudain et me regarde :

— Avrom Leib, crache-moi dans la gueule... Fais vite, autrement je me crève la peau. Avrom Leib, je suis un faux frère... j'ai encore joué et j'ai claqué tout le fric de ta grand-mère. Mais cette fois, ce n'est pas ma faute, je te le jure. C'est Avraham Chomp, ce salaud. Il a encore triché. Je lui arracherai les yeux, ou je ne m'appelle plus Chimchone. Je t'ai ruiné et ça me rend dingue. Ce n'est pas seulement Chomp..., ma mère aussi, cette salope. Elle l'a aidé à tricher. La nuit, elle est tout miel avec moi, elle me pousse presque au cul. Va, mon petit, qu'elle a l'air de dire, va jouer, je suis avec toi. Et le lendemain, je t'en fiche ! elle se fout de ma gueule ! Avrom Leib, je suis orphelin. Je n'ai plus ni mère ni père. Je n'ai plus que vous deux au monde. Tuez-moi, parce que je suis irrécupérable. Allez, frappez droit au cœur ! Mais avant de mourir, promets-moi de dire *kadich* sur ma tombe.

Après ce discours, Chimchone ouvre sa chemise et m'indique l'endroit où je dois frapper pour que la mort soit immédiate.

— Permets-moi, Arthur, mon frère et ami, de t'embrasser une dernière fois. Pas toi, Avrom Leib, car je ne suis pas digne de te toucher.

Chimchone et Arthur tombent dans les bras l'un de l'autre et pleurent. Soudain, Arthur se dégage de l'étreinte — il vient de se souvenir de quelque chose.

— Chimchone, avant de mourir, il faut que tu me rendes un service. Tu dois me venger et faire rendre gorge au plus grand fumier que la terre ait porté.

— Parle, Arthur, et j'obéirai. Pour toi, je suis prêt à donner ma vie.

— Tu te souviens de ce que je t'ai raconté au sujet de mon frère, Ignacy, lorsque nous étions en taule ?

— Oui, parfaitement.

— Eh bien, ce n'est pas un frère, mais un truand. Il m'a plumé comme un poulet... oui, il m'a piqué ma part d'héritage. Avant de mourir, je veux être vengé.

Chimchone se gratte la tête, ce qui est toujours chez lui un signe de profond embarras.

— Qu'est-ce qui ne va pas, Chimchélé ?

— Ecoute, Arthur, je dois mourir, mais...

— Chimchone, si tu meurs, je n'ai plus aucune raison de vivre. Je mourrai avec toi.

Chimchone le fixe longuement sans dire un mot.

— Bon, Arthur, je ferai ce que tu me demandes. A une condition : le fric que je ferai dégorger à ton frangin doit aller à Avrom Leib. C'est une dette d'honneur. En plus, ça lui permettra de payer ses études ; il sera le *tzadik* du siècle. Toi, Avrom Leib, va nous chercher deux bouteilles de vodka. Avant de mourir, on peut bien se payer ça.

Lorsque je suis revenu avec les bouteilles, ils étaient assis et discutaient gravement d'un plan d'action pour reprendre l'héritage à Ignacy. Schmil Grib, venu en visite, était également soûl. Il était tout rouge et une sueur fine perlait sur son crâne chauve. Lui aussi voulait mourir avec eux.

— Si vous mourez, je n'ai plus rien à faire sur terre...

Le sacrifice de Grib est accepté comme une chose naturelle et confirmé par des poignées de main. Arthur est le premier à revenir aux choses sérieuses et raconte dans le détail comment son frère l'a estampé.

— Et où il perche, ton frère ?

— 46, rue Zagreska, une maison à trois étages. Ce salaud habite le troisième. Une porte peinte en marron. Tu n'as qu'à frapper et dès qu'il ouvre, tu le prends par le kiki et tu ne dis qu'un seul mot : Arthur. Et surtout, tu lâches pas prise tant que tu n'as pas le pognon en main.

— Pour ça, t'occupe pas, Arthur, c'est mon affaire.

Quelques minutes plus tard nous partons tous les quatre chez Ignacy. Chimchone, pour lui serrer le kiki, et nous trois pour reprendre l'argent de l'héritage. Chimchone marchait devant, en zigzag. Derrière lui, Arthur et Grib se tenaient par les épaules. Nous nous sommes trompés de chemin à deux reprises et en avons profité pour entrer dans le restaurant de Grib et faire des provisions de route : une bouteille de vodka et quelques miches de pain. A l'angle des rues Zagreska et Pliczewska, nous tombons sur un attroupement de gens très excités aux visages menaçants.

— Il faut le lyncher ! crie quelqu'un.

— C'est peut-être mon frangin Ignacy, espère Arthur, qui tient à peine sur ses jambes.

Derrière un agent de police plein d'importance, qui retient la foule, un garçon très pâle, la tête et le visage ensanglantés, est appuyé au mur. Il a un œil au beurre noir ; l'autre exprime la panique.

— C'est Heinech le pickpocket, chuchote Chimchone.

Arthur est tout près de Heinech. Chimchone lui file une miche de pain : « Prends, lui dit Arthur, mange. »

Une femme habillée d'un long manteau marron et coiffée d'un chapeau à plume proteste vivement :

— C'est un voleur et un filou.

— Madame, intervient Chimchone, tout voleur qu'il est, il peut avoir faim.

— Nourrir « ça », c'est encourager le crime, fulmine la femme dont l'indignation fait trembler la plume de son chapeau.

— Même les idiots veulent manger lorsqu'ils ont faim. Et je vous promets une miche à vous aussi, au cas où...

Les badauds éclatent de rire et la femme s'enfuit.

Nous sommes repartis à la recherche de l'adresse d'Ignacy, vers le milieu de la rue Zagreska. Après s'être fait répéter les instructions d'Arthur, Chimchone nous a quittés d'un pas mal assuré.

En attendant le retour de Chimchone, nous nous sommes assis tous les trois au bord du trottoir. Pour faire passer le temps, Arthur nous parle de sa famille : son petit frère Maurice, ce salaud, sa sœur Helena, cette salope, son père, ce fils de pute. Mais pour sa mère il a un mot gentil.

— Une très brave femme, précise-t-il, mais pas de cervelle ; sa tête n'était bonne qu'à loger les poux.

— Arthur, pourquoi on t'a mis en taule ?

— Parce que j'abuse les femmes.

— Qu'est-ce que ça veut dire, abuser les femmes ?

— Comment t'expliquer ?... Je leur prends leur fric. Mais pourquoi me gêner ? Ce sont toutes des putes.

— Pourquoi tu fais ça ?

— Ce n'est pas moi, fiston, c'est le diable qui m'habite.

— Comment est-il entré ?

— Il entre dans chaque trou qui pue.

Ils s'esclaffent tous les deux — ce qui me fout en rogne. Ma question était très sérieuse.

— Et comment il fait pour sortir, j'insiste, pour me faire une idée des pouvoirs du diable.

— Si tu as une âme puante, le diable y est comme chez lui. Alors pourquoi sortirait-il ?

Tout ça me semble très compliqué. En tout cas, je plains ce pauvre diable, obligé de supporter cette puanteur.

J'avais encore pas mal de questions à poser, mais mon attention fut attirée par une meute hurlante qui courait vers nous. Chimchone les devançait d'une vingtaine de mètres, tête nue, les traits tordus par l'effort et la peur. Plusieurs de ses poursuivants brandissaient des bâtons ; je crois qu'il s'agissait de pieds de table. L'un des hommes tranchait sur les autres par sa haute taille. Il portait un costume noir et un nœud papillon, et tenait un couteau à la main. A côté de lui, une jeune femme en robe de mariée et pieds nus.

Tout en courant, Chimchone cherchait désespérément une issue. En nous apercevant, il redoubla de vitesse et lança une série de jurons à l'adresse d'Arthur.

— Faux frère ! Pourquoi tu ne m'as pas dit que tu avais une si grande famille ? Et des chrétiens, encore ! Qu'ils crèvent !...

Schmil Grib est le premier à reprendre ses esprits et ordonne la retraite :

— On se taille ! Chacun pour soi et sauve qui peut !

Vu leurs enjambées, mes chances d'échapper à nos poursuivants étaient nulles. Faute de mieux, je me suis caché sous un escalier donnant sur la rue. Les fentes entre les marches me permettaient de suivre, le cœur battant, tout ce qui passait devant moi.

Arthur, Schmil et Chimchone ont disparu. Ma mère m'a toujours recommandé : « Quand tu vois un cheval emballé, un tram qui dévale la rue ou un goy en train de courir — tu déguerpis sans réfléchir. »

La meute est maintenant à quelques mètres de ma cachette ; j'ai une telle frousse que mes mâchoires jouent des castagnettes. L'homme au papillon et au couteau, et la femme en robe de mariée sont passés en coup de vent devant moi. Un groupe de Polonaises s'est arrêté juste devant mon trou. Elles ont toutes les yeux bleus, la peau rose et des cheveux couleur de lin.

« ... Les tuer, je vous dis », s'égosille une des femmes à robe violette. Une énorme croix brillante oscille au rythme des mouvements de sa poitrine. « Vous imaginez ça... En pleine noce, on frappe à la porte. Le père Piotr va ouvrir, comme le veut la tradition d'hospitalité chrétienne. Et qui était-ce, pensez-vous ? Un truand juif. Il a commencé par cracher sur notre sainte croix, en débitant des horreurs sur Notre Seigneur Jésus. Puis il a saisi le prêtre par la gorge, avec un air féroce... Hérode lui-même n'était pas plus cruel... : " Où est l'argent d'Arthur, salaud ? », qu'il se met à hurler. "

« C'est pas tellement l'argent qui les intéresse, intervient une autre goya, tout ce qu'ils veulent, c'est nous mettre à genoux, nous humilier... Il faudrait les étrangler au berceau. »

Tout s'expliquait. En se trompant d'étage, Chimchone était tombé sur une noce chrétienne. Et la goya à la croix entre les seins cherchait maintenant un enfant juif pour le tuer — le premier qui lui tomberait sous la main ! Tout en claquant des dents, j'essaye de me souvenir d'une prière qui me protégerait contre leur rage meurtrière. « Modé ani »... c'est la seule que j'ai à l'esprit. Elle me semble un peu trop longue et je crains qu'ils ne me tuent avant d'en prononcer le dernier mot. Une autre prière me revient : la bénédiction du pain.

Elle est courte et on y rappelle aussi le nom de Dieu. Fermant les yeux, pour ne pas être vu des goyim, je récite à toute vitesse, comme si j'avais des nouilles brûlantes dans la bouche :

« Béni sois-Tu Adonaï, qui tires le pain de la terre » ; à tout hasard et pour faire bonne mesure, j'ajoute : « Et qui sauves les enfants juifs des pattes des porcs chrétiens. »

J'espère que Dieu me pardonnera d'avoir brouillé les cartes. Il n'appréciera pas mon texte, mais j'espère qu'Il en a compris l'intention et qu'Il me sauvera de ces enragés du pogrome aux yeux clairs. Pour plus de sûreté, je suis resté sous mon escalier jusqu'à la tombée de la nuit. Puis je suis sorti tout doucement, en inspectant soigneusement les alentours.

Devant notre porte, j'entends les voix d'Arthur et de Chimchone, chantant à tue-tête pour remercier le ciel d'avoir échappé à la meute. Une femme au rire hystérique, et qui m'est inconnue, est avec eux. Leur joie de me revoir me paye largement de toutes mes peurs. On me fête en me couvrant de baisers aux relents de vodka.

— On s'est rongé les sangs pour toi, mon chérubin, bégaie Arthur, la bouche pleine de petits gâteaux. Mange quelque chose, tu as sûrement faim. Tu n'as rien pris de la journée.

Chimchone, comme d'habitude, pleure, les yeux rougis par l'alcool.

— Si par malheur, il t'était arrivé quelque chose, je n'y aurais pas survécu.

Et tous les deux, comme s'ils s'étaient donné le mot, me gavent de tout ce qui leur tombe sous la main. On aurait dit qu'ils rivalisaient de zèle. Tout y est passé. D'abord les gâteaux, puis du hareng salé, du raifort, des pommes de terre, du saucisson. Ensuite, ils se disputèrent pour savoir qui des deux m'aimait le plus et qui veillerait sur moi. La discussion tourne à l'aigre et ils en viennent presque aux mains — pour m'oublier quelques minutes plus tard. Réconciliés, ils entonnent une chanson sur un rabbi qui, ne trouvant plus son épouse dans le lit conjugal, demande à son bedeau de la chercher. La femme, à moitié nue, se joint au chœur, tout en essayant de me fourrer un énorme téton noir dans la bouche.

— Tu ne veux pas téter le lolo de maman ? Vas-y, suce, c'est du meilleur... Tu pourrais être mon fils...

Elle a fini par me laisser tranquille lorsque je lui ai montré les dents.

L'humeur des deux compères changeait à mesure que les bouteilles de vodka se vidaient — et bientôt ils se lancèrent à la figure accusations et menaces.

— Tu m'as donné une fausse adresse, criait Chimchone, une bouteille à la main.

— Si tu ne t'étais pas gouré d'étage, nous serions riches à l'heure qu'il est.

Dans le feu de la dispute, Arthur perd l'équilibre et s'affale sur la table. Chimchone tente de le remettre sur ses jambes, mais il glisse et tombe sur le raifort qui couvre le plancher. C'est dans cette position que, étroitement enlacés, ils se promirent une amitié éternelle.

La nuit chassa les fumées de l'alcool et fit place à la tristesse. Chimchone, surtout, était sombre.

— Tu comprends, Arthur, je ne suis plus tout jeune ; j'ai quarante-deux ans. Et si je fais le bilan, j'obtiens un beau zéro. J'ai pas de famille, pas d'enfants, pas de métier — même comme voleur, je ne casse rien. Je vous demande donc, mes amis, et surtout à toi, Avrom Leib, de me cracher dans la gueule.

Le verre de vodka tremblait dans sa main. Il fixait la bouteille à demi vide : « Le voilà, mon démon, mon malheur. Je n'ai plus qu'à vider ma coupe d'amertume. » Il remplit son verre vide, qui déborda sur le sol. « Autrement dit, me suicider. Arthur, toi seul peux encore nous sauver, Avrom Leib et moi. Parce que toi et moi, nous sommes responsables de son éducation et de son avenir. L'argent que t'a filé Elisabeth doit servir à quelque chose d'utile. »

Arthur était assis et nous tournait le dos, la guitare à la main. Il essaya de jouer, mais y renonça. Son visage était jaune — cela faisait quelques jours qu'il se plaignait de douleurs au foie.

— Tu as dit un beau zéro, mon frère et semblable ? Tu n'es pas seul, si ça peut te consoler. Il tenait sa main gauche sur le cœur et la droite était dressée. Sa voix était caverneuse.

— Anges du ciel, descendez jusqu'à nous, dans ce cloaque appelé aussi la terre. Messagers de Dieu, je vous attends, mon verre à la main. Rendez-moi l'espérance. J'ai toujours rêvé et je rêve encore de fonder un théâtre où ne se diront que des vérités. Toi, Chimchone, tu interpréteras dans ma troupe les personnages de couillons — le rôle d'un mec paumé parmi des êtres méchants et corrompus. Pour ça, pas besoin de talent. Il te suffira d'être nature. Et toi, Avrom Leib, tu joueras les âmes pures, l'enfant ballotté par un sort cruel, qui claque son enfance entre deux misérables coquins — j'ai nommé Chimchone Békel le Casse et un certain escroc dit Arthur. Amère est ta vie, fiston. Lève-toi et secoue la poussière du destin... Ce sera un spectacle comme le monde n'en a jamais vu.

Le projet de fonder un théâtre fut repoussé par deux voix contre une, pour des raisons de dignité : Chimchone refusait de passer pour un con et moi, je ne voulais pas jouer les malheureux.

Arthur n'insista pas et proposa illico d'ouvrir un bordel, dont il serait le gérant.

— Un bordel, honorable assistance et messieurs Avrom Leib Eckstein et Chimchone Békel, fils de Yitzhak — un bordel, disais-je, est l'affaire la plus rentable du monde. C'est une institution d'utilité publique placée sous le signe exclusif de l'intromission — mot savant s'il en fut, et qui signifie, nous dit le dictionnaire, « introduire », « mettre dans ». Bref, des entrées seulement, avec un zéro au chapitre frais et débours. Toi, Avrom Leib, tu seras à la caisse. Aucun homme, eût-il un cœur de pierre, qui ne soit ému à la vue d'un enfant pur parmi des putes des deux sexes. Pour ce qui est de ces dames, je m'en charge. Quant à toi, Chimchone, tu veilleras au maintien de l'ordre — que nos pensionnaires ou clients ne viennent pas foutre le bordel dans la bonne marche de l'établissement. Je vous le dis, messieurs, une affaire d'or.

Tout comme la première, cette proposition tomba également par deux voix contre une, à cause de Chimchone, qui disait que sa conscience lui interdisait de me pourrir ; il n'avait pas oublié, disait-il, sa promesse à ma mère de faire de moi le *tzadik* du siècle. En outre, a-t-il ajouté, si on me confiait la caisse, ils ne verraient pas la couleur d'un zloty : je suis né voleur ; il suffit de voir mes yeux...

Arthur était du même avis. Cette même nuit, les projets naquirent l'un après l'autre, pour être aussitôt abandonnés. Finalement, le dernier, suggéré par Chimchone, fut accepté à l'unanimité : il s'agissait d'ouvrir une salle de cinéma, parce que, a-t-il dit, une salle de cinéma, c'est à mi-chemin entre le théâtre et le bordel. Restait le nom, et là, le désaccord était total. Arthur voulait la baptiser : « Mondes enchantés », mais Chimchone refusa tout net en disant que ça rappelait une église. Pour sa part, il proposait « Hollywood » — qui fut finalement approuvé, par deux voix contre une. J'ai voté pour, parce que Chimchone m'avait menacé tout bas de me casser tous les os, l'un après l'autre, puis d'évider mon crâne et d'y coller une anse pour en faire un pot de chambre. J'ai aussitôt levé la main. Ensuite, on m'a envoyé chercher une bouteille de vodka pour arroser ça. Après quelques verres, ils s'endormirent tous les deux sur le plancher, jusqu'au lendemain midi.

La première phase du projet : louer une salle. Chimchone s'est souvenu d'un dépôt de cuirs désaffecté, que l'on pourrait transformer en salle de spectacle. On convoqua le propriétaire, *Panie*[1] Janosz Kiczok, qui vint avec sa femme. Chimchone l'avait décrit comme une « punaise desséchée », et sa femme, une « grenouille qui est passée deux fois sous les roues d'un tram ». Pour Arthur, ce Kiczok ressemble plutôt à un point d'interrogation. Non seulement il en a l'air, mais aussi la chanson, car, dit-il, en le voyant, on peut se demander s'il appartient à l'espèce humaine. Naturellement, c'est Arthur qui se chargea de négocier l'affaire. Et là, il fit merveille. Il déploya tous ses charmes dans une envolée lyrique sur l'amour de son prochain, la souffrance d'autrui, à laquelle il est si sensible... Kiczok était littéralement conquis.

— Je suis prêt à vous céder la salle au quart de prix, car vous m'avez rendu la foi en l'Homme.

Quant à son épouse, le regard dont Arthur l'enveloppait lui fit venir les larmes aux yeux.

— *Panie* Arthur, bien que vous soyez juif, j'ai une confiance aveugle en chaque mot qui sort de votre bouche. Comme il est réconfortant de rencontrer un Juif à l'âme si noble, une authentique âme chrétienne. Ah Jésus, si tous les Juifs étaient comme vous, notre pauvre Pologne n'en serait pas là !

— *Panie* Kiczok, si tous les Polonais étaient comme vous...

Là, Arthur poussa un profond soupir et fixa Mme Kiczok d'un œil de velours. « Mon cœur me dit qu'il nous sera facile de conclure l'affaire avec vous », lâcha-t-elle très vite, pour cacher son émotion.

Finalement, le couple accepta de louer la salle sur la seule base d'un pourcentage sur les recettes. Après le départ des Kiczok, Arthur le séducteur céda la place au pédagogue.

---

1. Monsieur, en polonais.

— Avrom Leib, je veux t'enseigner le sens véritable du mot « mensonge ». Admettons que tu rencontres une femme à quatorze jambes et deux têtes — une sorte d'araignée... un caprice de la nature ou une farce atroce de Dieu. Toi, tu n'y peux rien, car tu n'es pas Dieu, mais seulement un être humain, avec ses sentiments et sa sensibilité d'homme. Et si tu lui dis, à cette femme monstrueuse : vous êtes très sympathique et très douce... c'est, bien sûr, un mensonge. Mais ça ne gêne personne. Pourquoi ne pas lui faire oublier, ne fût-ce que quelques minutes, sa triste vérité ? Et d'ailleurs, cette vérité, qui s'y intéresse ? A qui est-elle utile ? Certainement pas à elle. Tout ça pour te dire de te méfier des gens qui prétendent parler au nom de la vérité, de Dieu ou de la justice.

Les mots d'Arthur ne sont pas tombés pas dans l'oreille d'un sourd ; ils m'ont fait même beaucoup réfléchir. De son côté Chimchone a écouté avec toute l'attention dont il est capable.

Mais le premier verre de vodka fait disparaître Arthur le sage, qui connaît si bien la nature humaine. Arthur n'est maintenant plus qu'un poivrot aux yeux rouges, au teint jaunâtre, à la lippe molle.

— Tu comprends, dit l'ivrogne, sans le cinéma, l'humanité ne vaut pas grand-chose, et je suis généreux... A quoi rêve l'homme ? Se payer le cinéma une fois par semaine ; ça suffit à son bonheur. Et à Lodz, il y a un demi-million d'habitants. Le calcul est simple : même si la moitié de la population se paye une séance par semaine dans notre salle, à un demi-zloty le billet, en un rien de temps, on aura du fric à ne plus savoir qu'en faire. Avrom Leib, fais un saut chez l'épicier et achète tout ce que tu trouves. Le temps des vaches maigres est fini. Pour nous, de la vodka, et pour toi, ce qui te fait envie.

Lorsque je suis revenu, Arthur était en pleine discussion avec Chimchone, sur la répartition des bénéfices.

— *Fifty fifty*, disait Chimchone.

— Et pourquoi s'il te plaît ? Tout le capital investi m'appartient, non ! ?

Avant de répondre, Chimchone se mit à frapper sur la table, puis sur sa poitrine.

— Puisque c'est ainsi, je renonce à ma part. Arthur, tu es le meilleur ami que j'ai jamais eu. Prends tout le paquet.

— Non, Chimchélé, pas question. Tu viens de me donner une leçon de grandeur d'âme... et d'amitié. A toi toute la recette.

La discussion tourna vite à la bagarre. Elle se termina par un coup de bouteille sur la tête pour Chimchone et une entaille sur la joue gauche pour Arthur. Finalement, ils se mirent d'accord sur une formule qui leur éviterait toute dispute à l'avenir : ils renonçaient à leurs parts en ma faveur.

— Pour qu'il grandisse en bon Juif. Et maintenant, Avrom Leib, tu dois boire, *le-hayim*, en l'honneur de tous tes millions, proposa Arthur.

J'ai essayé de me dérober, prêt à renoncer à ma fortune, mais mon refus ne fit que ranimer leur colère.

— De quoi, de quoi ! tu offenses tes aînés et bienfaiteurs, espèce de morpion, ingrat...

Je ne sais pas qui m'a envoyé le coup de poing, mais il m'a valu une dent branlante et les lèvres enflées.

Chimchone se mit à pleurer :

— Admire cette âme noble, Arthur. Tu en connais beaucoup, toi, des mecs qui renoncent à des millions ?

Craignant de laisser encore quelques dents et peut-être un œil, j'ai dû boire en l'honneur d'une fortune que je venais d'abandonner.

Trois jours que nous ne sommes pas sortis — surtout à cause de Chimchone, qui a failli tourner de l'œil des suites du coup de bouteille sur la tête.

Pour l'instant, il est couché sur le lit et chante des chansons tristes. Elles parlent de la maison de son enfance, des joies simples de la famille, des enfants qui réciteront le *kadich* après sa mort. Ces chansons, il les compose lui-même, mais sa voix fout tout en l'air ; on dirait qu'il a mal au ventre. Et en plus, il a le hoquet des ivrognes. Arthur le menace que s'il continue de lui écorcher les oreilles, il lui promet un *kadich* sur sa tombe dans les vingt-quatre heures.

Aujourd'hui, c'est le grand jour : nous inaugurons la salle de cinéma, en affichant : *Tarzan, roi de la jungle*. Avant-hier, Chimchone et Arthur se sont battus comme des charretiers au sujet du film. Chimchone était pour *Tom Mix et les voleurs de bétail*, en faisant remarquer que la jungle était plutôt rare à Lodz, mais qu'il y avait beaucoup de voleurs — donc, le film intéresserait tout le monde. Arthur admit que pour la jungle, Chimchone disait vrai, mais que, par contre, les bêtes sauvages pullulaient dans la région. Finalement, ils me laissèrent le soin de trancher. Parce que, dirent-ils, Dieu parle par la bouche des simples d'esprit et des enfants. Comme je refusai, ils jouèrent à pile ou face, et c'est finalement Arthur qui l'emporta.

La salle compte près d'une centaine de places. Nous avons ajouté des planches entre les sièges, ce qui nous permet d'augmenter ou de réduire le nombre de places assises, suivant les besoins. Chimchone est à la caisse, très élégant avec sa chemise blanche et sa cravate marron. Il sourit à chaque client, comme un garçon de café empochant un pourboire. Arthur est derrière l'appareil de projection, installé sur une table, perchée elle-même sur quatre chaises. Lui aussi est en chemise blanche et cravate marron. Quant à moi, je nage dans une des liquettes de Chimchone. Comme on en a retroussé six fois les manches, elles m'arrivent presque au col, lequel me couvre les oreilles. Nous sommes tous les trois coiffés de bérets couleur furoncle mûr. On m'a expliqué que c'est à ce béret que le public reconnaît en nous les propriétaires de la salle.

Le mien est deux fois trop grand et me tombe sur les yeux. Entre le col de la chemise et le béret, une fente étroite me permet de voir la lumière. Pour me consoler, Chimchone et Arthur m'ont promis qu'avec la première recette ils m'achèteraient un costume à mes mesures. « On te sapera comme un lord. » J'ignore ce que *lord* veut dire et je m'en fiche pas mal. L'essentiel, c'est que je puisse voir ce qui se passe autour de moi.

Dans un souci d'économie, Chimchone a tendu deux draps rapiécés en guise d'écran. L'extrémité droite est pleine de grands trous, ce qui fait que les personnages du film sont toujours amputés d'une demi-tête, d'une jambe ou d'un bras. Les murs ont été badigeonnés à la chaux. Mais ce sont les fleurs, surtout, qui donnent un air de fête à la salle. Elles n'auront duré que le temps d'une projection, parce qu'à la sortie tous les spectateurs tenaient une fleur à la main, comme s'ils venaient d'un mariage.

Je passe entre les rangées de chaises, un plateau accroché au cou, chargé de bonbons et de cacahuètes, que je dois vendre cinq groschens le sachet. La tentation est trop forte et, toutes les cinq minutes, je croque un bonbon. Vers la fin du spectacle, quelqu'un m'a fait un croc-en-jambe et je me suis étalé entre les chaises, au milieu de ma marchandise éparpillée. Je m'en suis tiré avec une seule gifle de Chimchone.

Pour cette première, la salle était presque pleine et la recette s'est chiffrée à près de deux cents zlotys. Nous avons donc affiché relâche pendant trois jours, pour fêter ça chez Schmil Grib. Chimchone et Arthur ne dessoûlent pas et invitent tous ceux qui entrent à trinquer en l'honneur de leurs futurs succès. Quant à moi, ils me font avaler de force du jarret de veau à la gélatine, des haricots et des pommes de terre pour activer ma croissance. Surtout du jarret, parce que, disent-ils, ça fait pousser les jambes. Elles n'ont pas bougé d'un millimètre, mais par contre, j'ai failli rendre mes tripes à force de vomir. Ce qui m'a presque achevé, c'est le « foie haché aux oignons du patron », ce qui veut dire qu'il est chez Grib depuis trois semaines, d'où son appellation. Chimchone a fait don de nos derniers quarante zlotys à un *Talmud Thora* et Arthur s'est engagé à verser quinze pour cent de nos bénéfices aux *yeshivoth*, pour que Dieu soit avec nous. Avec un tel associé, dit-il, nous n'avons plus à nous en faire.

Sur ce chapitre, nous avons un grave cas de conscience : faut-il, oui ou non, ouvrir la salle le vendredi soir ? Arthur est pour, parce que, dit-il, quinze pour cent, c'est une somme, et puis, Dieu est si occupé le vendredi qu'Il ne remarquera pas si le « Hollywood » est ouvert ou fermé.

Après une discussion orageuse, c'est l'avis d'Arthur qui l'a emporté. Il faut croire que cela n'a pas plu à l'associé à quinze pour cent. Mais qui aurait pensé que Dieu s'arrête à de tels détails et qu'Il prendrait la mouche ! Cette ignorance nous a coûté très cher. Voilà comment ça s'est passé :

Quelques minutes après l'ouverture, une bagarre éclata entre deux femmes au sujet de leurs moutards. Bien entendu, les hommes s'en mêlèrent et bientôt les planches entre les chaises se mirent à voler. J'en ai même vu une atterrir sur le chapeau de fourrure d'une vieille, dont les lunettes firent un vol plané au-dessus des têtes.

« Mes lunettes ! » qu'elle gueulait, après avoir mordu un voisin. Je me suis planqué dans un coin pour ne pas écoper quelque chose sur le crâne. Finalement, Arthur réussit à grand-peine à calmer le public, après avoir promis à la vieille de lui acheter des lunettes neuves. Mais un malheur ne vient jamais seul. Il faut dire que le « Hollywood » souffrait d'un grave inconvénient : la distance entre la salle et les toilettes. Le public avait résolu le problème à sa façon : on pissait dans le noir, sur place — surtout les enfants, qui pour rien au monde n'auraient voulu perdre une scène du film. Ils se soulageaient donc debout sur les chaises, et généralement sur celui ou celle qui se trouvait devant eux. Un des spectateurs ainsi arrosé le prit très mal et allongea une baffe au coupable.

Je l'ai vu quelques minutes plus tard, la gueule tout égratignée.

— Il faut bien qu'il pisse, ce petit ! Il ne sait pas se retenir... piaillait la mère du gamin. Ce n'est qu'un enfant ! Et en plus, il s'est refroidi. Dieu vous punira pour l'avoir giflé — et je vous souhaite de ne plus jamais pisser, espèce de gros porc.

— Il n'a qu'à vous pisser dans les poches, votre moutard, criait l'autre. C'est une salle de cinéma, ou des chiottes ? Faudrait savoir !...

Et comme si ce n'était pas assez, plusieurs pickpockets, profitant de l'incident et de l'obscurité, opéraient tranquillement dans les travées. De temps en temps, on entendait des cris : « Au voleur, on m'a volé mon argent ! »

J'ai fait le bilan des sept premières projections : neuf personnes ont nécessité des soins médicaux, deux bonnes femmes ont été dépouillées de leurs perruques et une troisième a prétendu avoir été violée. Il ne reste plus un siège intact. Enfin, une cigarette allumée a provoqué un incendie durant la dernière représentation. Suite à tous ces désordres, la police a ordonné la fermeture du cinéma « Hollywood ». Cette décision nous a beaucoup déprimés.

— Tant d'efforts pour rien, a soupiré Chimchone. Nous n'aurions pas dû ouvrir le vendredi soir. C'est la cause de tous nos malheurs.

Arthur n'a pas répondu. A en juger par l'expression de son visage et les plis de son front, il pensait déjà à la prochaine opération.

— C'est ce qui s'appelle de l'ingratitude ou je ne m'y connais pas. Tous les débuts sont difficiles, c'est bien connu. Au lieu de nous tendre la main, on ferme la salle. Mais ce n'est pas fini, je n'ai pas dit mon dernier mot. Ils apprendront à connaître Chimchone Békel.

Personne n'a jamais su comment Arthur s'y est pris pour obtenir de la police l'autorisation d'une dernière projection, gratuite, cette fois, pour que le public se souvienne de nous et de notre générosité.

Penché sur une grande page de bristol, Arthur rédige le texte de l'affiche annonçant la représentation. Sous son pinceau, les lettres ornées de fleurs naissent comme sous une baguette magique. Chimchone et moi sommes littéralement fascinés par son habileté. L'affiche annonce la projection d'un « film de cow-boys, avec Tom Mix et Ken Maynart. L'entrée est gratuite. La direction du cinéma s'excuse auprès du public pour l'inconfort de la salle ». Sous le mot « direction », nous avons apposé tous les trois notre signature, moi avec l'aide d'Arthur, qui a guidé ma main. J'étais très fier de voir mon nom à côté de ceux de Chimchone et Arthur.

La nouvelle est rapidement parvenue au restaurant de Schmil Grib. Les habitués, Avrom Chomp, Velvel Litvak, Heniek le Blême et Leïzer le Bossu s'efforcent de nous consoler.

— Il faut savoir perdre, déclare Velvel Litvak, d'un ton sentencieux. Et puis, tu n'as pas mangé le pain d'un seul et même four [1]. Tu retombes toujours sur tes pattes, surtout avec Arthur à tes côtés.

Tout le monde approuve d'un mouvement de tête. Les lampes à pétrole font briller la mousse de la bière sur les moustaches et éclairent des moitiés de visages — les autres parties sont noyées dans la pénombre. Les ombres gigantesques sur les murs miment les gestes des buveurs lorsqu'ils lèvent leurs verres. On dirait même qu'elles répètent leurs paroles. Au début, on boit très peu, mais à mesure que les verres se vident pour se remplir à nouveau, on se dit que non

1. Proverbe populaire yiddish. En français, on dirait : « Avoir plusieurs cordes à son arc. »

seulement la fermeture de la salle n'a rien de catastrophique, mais qu'au fond, c'est encore une chance... Personne ne saurait dire pourquoi — ni les buveurs, ni leurs ombres sur les murs. Avrom Chomp, auquel il manque toutes les dents de devant, bégaie péniblement des mots que personne ne comprend.

La bonne humeur est revenue. Un des buveurs tend à Arthur une guitare et l'engage à jouer, par des tapes amicales sur l'épaule.

— Avec le talent que Dieu t'a donné, mon salaud, tu ne vas pas te laisser aller à cause d'un bide. Tu en as vu d'autres.

Arthur caresse la guitare, en tâte les cordes et commence à chanter. Et comme toujours, nous sommes ensorcelés par sa voix.

Le jour de la dernière représentation (entrée gratuite), une foule dense se presse aux portes. On remarque pas mal de rupins, avec femmes et enfants sur les talons — ce qui fait rager Chimchone et Arthur.

— Non mais, regardez-moi ces rats ! A peine ils ont flairé quelque chose à l'œil que les voilà au rendez-vous !

On m'a collé un panier de bretzels, que je dois vendre à l'entrée.

Chimchone me donne ses instructions en me pinçant la joue.

— Avrom Leib, pour les riches, c'est double prix ; pour les autres, les paumés, c'est gratuit.

A vingt heures tapantes, Arthur ouvre toutes grandes les portes et la foule s'engouffre dans la salle. Poussé de tous les côtés, il m'est de plus en plus difficile d'avancer et je me retrouve bientôt dans un coin avec ma corbeille vide — sans avoir vendu un seul bretzel. Une demi-heure plus tard, on ferme les portes. Arthur a attendu ce moment pour lancer sa bombe : resté dehors, il annonce au public, en collant sa bouche entre les deux battants de la porte :

« Lèche-culs du veau d'or, vampires et balayures de la terre, c'est à vous que je m'adresse... Celui qui veut sortir d'ici devra casquer ; et ceux qui n'ont pas d'espèces laisseront un manteau ou une paire de chaussures... »

J'étais plutôt surpris, mais je comprenais parfaitement la colère d'Arthur contre les gros bourgeois qui n'en perdent pas une pour rogner quelques groschens. Pessi, par exemple, celle qui tient une boutique de lingerie au marché de Baloti. Elle a pourtant de quoi. Elle est justement près de moi, appuyée contre le mur, et dégueule sur son voisin ; un filet de bave verte lui coule de la bouche. Près d'une porte à doubles battants, fermée par une chaîne, j'aperçois un tas de chapeaux, de manteaux et de chaussures. L'air me manque et je crie de toutes mes forces : « Arthur, Chimchone ! faites-moi sortir d'ici, j'étouffe ! » Un géant avec une barbe jusqu'à la ceinture me pousse brutalement de côté — et je me retrouve au milieu de la salle. Les rupins avancent vers la sortie avec une lenteur effrayante, en poussant brutalement les gens du peuple. En plus, ils pinaillent et marchandent leur sortie. Arthur a bien précisé que les paumés peuvent quitter librement la salle, mais la bousculade est telle qu'ils étouffent et dégueulent comme les autres. Bientôt, nous pataugeons littéralement dans les vomissures. J'entends dire autour de moi qu'il existe une grande ouverture cachée sous la scène par un tas de rideaux. Elle est obstruée par un grille de fer, mais c'est la seule issue possible.

La nouvelle se répand rapidement. Ce n'est plus seulement une sortie — c'est la liberté, l'espoir, la vie. Tout le monde se précipite. Impossible de m'arrêter, même si je le voulais : je suis entraîné comme par un torrent. D'ailleurs, celui qui s'arrête risque d'être piétiné. Des femmes avec enfant dans les bras, des gamins de mon âge — tous s'élancent vers l'ouverture. Autour de moi des gens crient « Chema Israël » avant de sauter. Une poussière noire et des cris étouffés nous parviennent d'en bas : « Hannah, où es-tu ? — Chloïmé, je suis ici. — Dvoïré, donne-moi la main. — J'ai peur de sauter... — Qu'est-ce qu'ils foutent en bas ? Où est-ce que je vais atterrir ? Cette poussière noire, qu'est-ce que c'est ?... »

Soudain, Doubik Kneidel, le fils du tailleur Schmil Mendel, surgit devant moi. Doubik a à peu près l'âge de Godel, mais il est beaucoup plus grand, plus large d'épaules, avec une bonne bouille toujours calme. Je ne l'ai jamais vu s'emporter. Ni son père, d'ailleurs ; et ni sa mère, Scheindel. Ils sont tous comme ça dans la famille : grands, forts et tranquilles. Pourtant, je me souviens que nous allions souvent chanter sous leur fenêtre des couplets idiots sur les tailleurs qui rapiècent la peau des fesses. Mais au lieu de nous en vouloir, Scheindel sortait avec un bon sourire et nous invitait à entrer pour nous donner une tartine de pain avec de la confiture de cerises.

— Avrom Leib, viens avec moi... N'aie pas peur. Donne-moi la main, me dit Doubik.

Mais quelqu'un nous pousse de côté. C'est le marieur de la rue Pliszka, Nouh'em Ber. Il est petit, avec un grand nez, des yeux vifs et mutins. Son manteau est maculé de vomissures, où l'on reconnaît des peaux de tomates et des morceaux de betterave rouge. Sa barbe est pleine de miettes de pain et une rondelle de carotte est collée sur son œil gauche. Mais, même dans cet état, il reste de bonne humeur.

— *Cholem aleikhem*, Reb Avrom Leib, *cholem aleikhem*, Doubik Kneidel. Vous vous demandez peut-être où je cours ainsi. Eh bien, je vais chercher des fiancées pour vous. Qu'est-ce que vous en dites ?

Doubik et moi éclatons de rire et, d'un seul coup, ma peur panique disparaît. Nouh'em Ber est déjà loin, mais j'entends encore sa voix : « Rendez-vous sous la *houpa.* » Doubik et moi sautons vers la grille. J'atterris sur le dos d'une grosse dame, qui m'envoie une gifle en pleine figure.

— Tu es encore trop jeune pour me sauter dessus.

— C'est pas ma faute, madame, on m'a poussé.

Mais je ne peux lui en dire plus : une poussière épaisse m'emplit la bouche. Autour de moi, l'obscurité est à couper au couteau. Doubik et le marieur Nouh'em ont disparu. Devant moi, des démons tout noirs courent en gesticulant. C'est ainsi que j'imagine l'enfer. Une Polonaise hurle comme si on lui avait arraché une dent :

— Staczek, aide-moi à chercher mon chapeau.

— Conasse, tu as bien choisi ton moment !

Son Staczek lui a sûrement envoyé son poing dans la gueule car elle s'est mise à brailler :

— Salaud, tu m'as poché un œil. Mais tu ne perds rien pour attendre... cette nuit, je te les coupe d'un coup de rasoir !...

Au loin, j'aperçois un carré de lumière ; j'y cours de toutes mes forces — je ramasse une pelle, puis une deuxième. Tout autour, des démons noirs roulent dans la poussière. Ils sautent comme des crapauds, volent comme des oiseaux, rampent comme des serpents — et toutes ces créatures se précipitent vers la clarté. J'arrive enfin au but et c'est l'éblouissement ! Tout le monde crie autour de moi : « *Guévalt*, des nègres !... Jésus, des nègres ! » Un petit démon noir avec une barbe au poil rare se balance sur ses jambes en marmottant d'une voix fluette : « Béni sois-Tu mon Dieu... » Je comprends soudain cette invasion de démons : en sautant, nous avons atterri dans une cave à charbon. Je reste sur place, indécis, lorsqu'une voix m'interpelle : « Avrom Leib ! Suis-moi ! » — c'est Doubik Kneidel.

Dans la rue, les gens s'enfuient à notre vue. Je joue à leur faire peur en sautant vers chaque passant. Je m'amuse comme un petit fou...

La maman de Doubik nous a reçus en riant de bon cœur, comme d'habitude. Après une heure sous la pompe à eau, nous retrouvons nos visages. Une table bien garnie nous attend : des tranches de pain tartinées de confiture de cerises et du thé au citron.

Le lendemain, la rumeur nous apprit que Chimchone était au bloc. Arthur a disparu et je ne l'ai plus jamais revu. Quand je pense à lui, j'ai les larmes aux yeux. Je sais que je ne l'oublierai jamais. Je sais aussi que je lui dois de mieux comprendre le monde, surtout pour ce qui est des chasseurs de couleurs, de sons et de mots. Grâce à lui, je réfléchis beaucoup, et bien mieux. Je l'admire tellement que je suis prêt à lui pardonner tous ses défauts. Si vous le rencontrez un jour, dites-lui que je ne lui en veux pas. Ni à Chimchone. Si j'essaye de m'expliquer ce qu'il est pour moi, je ne trouve que ces deux mots : je l'aime.

10.

C'EST toujours la même chose : il suffit que je m'attache à quelqu'un pour, qu'un beau jour, il disparaisse, sans laisser de traces. Et dans la plupart des cas, je ne sais pas pourquoi. Je me reproche beaucoup cette faiblesse, parce qu'après c'est dur, dur de rester seul avec sa tristesse et sa nostalgie. Je ne sais pas comment les autres s'en sortent. Godel, par exemple, il ne connaît pas ça, qu'il dit. Ou alors, il ment pour m'impressionner.

Moi, en tout cas, la séparation, je la ressens comme un cercle de fer dans la poitrine. Et comme si c'était pas assez, on dirait que quelqu'un lui donne chaque jour un tour de vis. Ça va parfois jusqu'à l'étouffement. Comme aujourd'hui : je voudrais crier, me déchaîner, mais ça ne me ramènera pas Arthur. Ni Malka.

J'aimerais bien savoir comment les autres font pour se débarrasser de cet anneau de fer. Quand ça me prend, je voudrais en parler avec Arthur. Pas quand il est bourré, bien sûr. Je suis certain qu'il saurait m'expliquer comment ça fonctionne, un homme. Est-ce que les adultes souffrent aussi de l'absence d'un autre ?

Arthur... J'y pense souvent et je me répète ses mots, ses paroles. Je ne les comprends pas toujours jusqu'au bout, mais je sens qu'ils cachent une grande vérité : « Les artistes sont des chasseurs... ils chassent les lettres comme on chasse les papillons, pour en faire des mots, qui forment des phrases, qui deviennent des histoires... »

Je voudrais tant être un artiste et chasser les mots ; les écrire pour raconter. C'est peut-être le meilleur truc pour oublier la souffrance... Faire rire les autres et rire avec eux... Un clown est-il un artiste ? Je n'en suis pas sûr. Et d'abord, qu'est-ce qu'ils chassent, les clowns ? Moi, je crois que ce qui les intéresse, c'est de faire oublier aux gens, ne fût-ce qu'un moment, le cerceau de fer qui leur serre la poitrine.

Arthur a laissé chez nous tout son attirail de clown. J'y fais attention comme à la prunelle de mes yeux. Lorsque je me suis retrouvé tout seul, j'ai essayé d'imiter Arthur. J'ai bien dit essayé, parce que je sais que, pour l'instant, ça ne ferait rire personne. J'aimerais tant savoir où est Arthur. Ce qu'il fait. Et s'il se souvient de moi. Je serais très triste s'il m'oubliait. Peut-être qu'en ce moment il pense la même chose et se demande si Avrom Leib ne l'a pas oublié...

Ce matin, j'ai dit à Chimchone qu'Arthur pourrait décider de revenir et qu'on devrait peut-être lui laisser un mot, pour l'informer que nous sommes chez tante Sonia. Pas exactement chez elle, mais dans une petite pièce située au-dessus. Sonia n'est presque jamais là. Nous sommes chargés, Chimchone et moi, de garder un tas de grandes valises que des gens mystérieux apportent en pleine nuit. L'opération est toujours très rapide. Parmi ces porteurs de valises, il y a une grosse bonne femme qui tranche sur les autres. Et d'abord, on ne voit pas son visage — il est caché par un grand chapeau à larges bords. Je pense que c'est voulu. Chaque fois que je demande à Chimchone qui elle est, il me répond d'un ton impatient : « Moins tu en sauras et mieux tu te porteras. »

Ces valises sont sûrement lourdes, à en juger les efforts de leurs porteurs. Lorsqu'elles arrivent, Chimchone se tient de côté avec un petit carnet à la main et note chacune d'entre elles. Moi, on m'a interdit d'être présent durant ces opérations. Mais malgré ça, ou peut-être à cause de ça, j'observe tout ce qui se passe par une lucarne de la mansarde.

Cette nuit, des gens sont venus pour remporter toutes les valises aussi discrètement qu'on les avait apportées, mais en redoublant de précautions. Deux des hommes avaient le visage caché. Je crois avoir reconnu Godel et son père, mais je n'en suis pas sûr.

« Si la police venait à rappliquer, tu n'as rien vu, rien entendu », me recommande Chimchone. Tout ce climat de conspiration excite ma curiosité et je harcèle Chimchone de mes questions : qui sont ces gens ? que signifie tout ce mystère ? Mais c'est toujours la même réponse : motus et bouche cousue.

« Ça nous rapportera peut-être quelques groschens », soupire encore Chimchone.

La plupart du temps, ces soupirs sont suivis d'une quinte de toux — une toux sèche, comme si elle montait des profondeurs d'une cave. Ce qui m'inquiète, c'est que depuis quelque temps ces accès sont de plus en plus fréquents. Ils sont accompagnés d'une sueur sur le front et dans la paume des mains.

« Apporte-moi un verre d'eau », me demande Chimchone d'une voix faible. « Je vais m'allonger un instant sur le lit. Et éloigne-toi quand je tousse. C'est peut-être contagieux. »

Après ces quintes, Chimchone s'endort. Il a beaucoup maigri ces derniers jours : son visage s'est creusé, les joues se sont ratatinées, le nez s'est allongé et le teint de sa peau tourne au jaune. Quand il tousse comme ça, il lui arrive souvent de cracher du sang ; et ça me fait peur. On dirait que des forces maléfiques lui rongent le corps. Mon Dieu, pourvu que Chimchone ne vienne pas à mourir ! Je répète la prière qui m'a déjà sauvé la vie, une fois : « Béni sois-Tu Adonaï notre Dieu qui sauve les enfants juifs des mains des goyim. » Et cette fois j'ajoute : « Et qui sauvera aussi Chimchone de cette terrible maladie. » Je pense que ma prière a un peu soulagé

Chimchone. Il tousse moins et il a retrouvé l'appétit. Certains jours, tante Sonia vient le soigner. En général, ses visites sont courtes, toujours la nuit, et à la sauvette. Ça aussi, il m'est interdit d'en parler à la police, si on venait à m'interroger. Chimchone et Sonia sont très tendus et n'arrêtent leurs conciliabules que pour jeter des regards inquiets par la fenêtre. Après chaque visite, Sonia me fourre un zloty dans les mains. « Tiens, va t'acheter quelque chose », me dit-elle tout bas avant de disparaître dans la nuit.

Avec l'argent que Sonia laisse à Chimchone, j'achète du miel et de la graisse de chien. Ce sont les remèdes qu'une vieille femme, Hannah Kak [1], vend à Chimchone. Une autre médication bizarre qu'elle lui a ordonnée : du pain sec chauffé au four avec des légumes, mélangés de toiles d'araignées. Lorsque j'ai demandé à Chimchone d'où venait ce nom rigolo de « Kak », il m'a expliqué que cette femme était une sainte et qu'elle savait guérir toutes les maladies. La première question qu'elle pose au malade, c'est : « Vous avez fait caca aujourd'hui ? » D'où son nom.

N'empêche que j'en ai peur. Dans ce même livre de Bronek, dont j'ai déjà parlé, j'ai vu le portrait d'une vieille qui lui ressemblait beaucoup. Tout comme Hannah Kak, la femme du livre est petite, toute courbée, la figure pleine de rides aussi fines qu'une toile d'araignée, avec des mains maigres aux doigts très longs. Hannah est toujours vêtue d'une robe noire et tient dans la main un sachet contenant ses remèdes miracles.

La maladie a beaucoup changé Chimchone et, pour la première fois, il parle de lui-même, du sens de la vie et de sa petite sœur qu'il aimait tant et qui est morte de la diphtérie.

— Tu comprends, me dit Chimchone, l'homme vient au monde sans l'avoir demandé, chez une femme qu'il ne

---

1. « Chie », en yiddish.

connaît pas, dans un lieu qu'il n'a pas choisi, avec des frères et sœurs et des voisins qu'il ne choisit pas. Et il ignore ce que sera son existence, combien d'années il a à vivre — et bien entendu, la date de sa mort. Tous ces remèdes et ces calmants sont des pis-aller, faute de mieux. Mais je sens bien que ma fin est proche. Le plus terrible, vois-tu, c'est encore de partir avec le sentiment d'avoir gâché sa vie.

Ces paroles me font mal et m'attristent beaucoup.

— La vie est comme une partie de poker, poursuit Chimchone, où tu es toujours perdant. Mais tu n'en espères pas moins qu'aujourd'hui ou demain, tu tomberas sur la bonne carte — et qu'elle changera ta vie. C'est peut-être cette carte que j'attends depuis toujours.

— Est-ce qu'elle a quelque chose à voir avec les valises que les gens apportent ici pendant la nuit, comme Godel et son père ?

— Avrom Leib, il ne faut surtout pas qu'ils apprennent que tu les connais. Un mot de trop peut leur coûter la vie. Dans ce genre d'affaires, nous sommes tous suspects.

Cette nuit encore, deux hommes au visage caché sont venus chez nous. Ils ont été suivis de la grosse femme au chapeau à larges bords. J'ai entendu des morceaux de phrases ; les voix étaient hargneuses ; des cris, aussi : « Je te tuerai, fumier... Je veux ma part », hurlait Chimchone, qui fut pris d'une violente quinte de toux.

« Appelez un médecin ! » brailla la femme, que j'ai reconnue pour être la maman de Godel. « Faites-lui boire du lait avec du miel... »

Il faut croire que le remède fut efficace, car la voix de Chimchone se fit plus claire.

— Je veux mon fric...

— Mais comprends, Chimchone, essayait de le raisonner la mère de Godel, la police est à nos trousses et c'est tout juste si nous avons réussi à leur filer entre les pattes... Et il n'est pas exclu qu'ils viennent ici. Ce qui est certain, c'est qu'ils ne doivent rien trouver.

Un nouvel accès de toux fit fuir tout le monde. Lorsque je suis revenu, Chimchone gisait sur le plancher, presque inconscient.

— Avrom Leib, je crois bien que je viens de perdre mon dernier atout, qui était aussi le tien. Nous sommes sans un rond.

Son visage avait une expression étrange, un air dur et méchant que je ne lui connaissais pas.

— Dorénavant, tu ne dois plus compter sur moi... chacun pour soi. Dès demain, je vais chercher du boulot.

Comme il était très pâle, je lui ai tendu un verre d'eau. Mais il l'a repoussé avec un geste de colère.

— Espèce de *kaker*, qu'est-ce que je viens de te dire ? Occupe-toi de tes oignons... Et d'ailleurs, je ne suis pas encore mort. Je saurai bien m'en tirer tout seul.

J'étais plutôt vexé, et en même temps je comprenais que c'était sa façon de lutter contre la maladie : ne dépendre de personne.

— A partir d'aujourd'hui, chacun prépare sa bouffe... et tu ne touches pas à la mienne, compris ! ? Et maintenant, démerde-toi.

Chimchone s'appuya lourdement contre le mur, la bouche ouverte. Jamais encore je n'avais éprouvé une telle pitié pour quelqu'un. Il dut le sentir et sa réaction fut immédiate :

— Fous le camp, morpion ! Je n'ai besoin de personne, et encore moins de ta pitié...

La haine faisait briller ses yeux. Effrayé, je me suis sauvé sans demander mon reste.

Dans la rue, j'apprends par un des habitués de chez Schmil Grib que Zosa Klops est revenue. J'ai presque bondi de joie ; pour moi, cela voulait dire la fin du Kippour tous les jours de la semaine, d'autant plus que maintenant, Chimchone s'envoie presque toute la bouffe qu'il trouve à la maison.

Les retrouvailles avec Zosa furent émouvantes.

— Avrom Leib, qu'est-ce que tu deviens ? Que fait Chimchone ? En ce qui me concerne, mon père est mort et je n'avais plus rien à faire au village. Je suis donc revenue chez Schmil.

Je lui ai parlé de l'état de Chimchone et de sa décision de faire chacun pour soi. Je lui ai demandé de m'installer chez elle.

— Je ferai tout ce que vous me demanderez...

— Habiter chez moi n'est pas un problème. Tu pourras dormir dans ma chambre. Pour ce qui est du travail, tu tombes bien. Max der Blinder [1] est revenu, il mange chez nous, il y a beaucoup d'autres clients.

— Zosa, nous n'avons pas grand-chose à manger à la maison, et vu la maladie de Chimchone...

Zosa réfléchit pendant une bonne minute, d'un air soucieux.

— J'en parlerai à Schmil. Viens me voir ce soir.

— Je ne peux pas. Je dois m'occuper de Chimchone.

— Comme tu voudras. Moi, je ne peux rien faire de plus.

Chimchone n'était pas à la maison. Je l'ai attendu longtemps dans la rue, à l'entrée de l'immeuble. Enfin, tard dans la nuit, je l'ai aperçu de loin, mais j'ai eu du mal à le reconnaître. Lorsqu'il se portait bien, Chimchone marchait d'un pas souple et nerveux — une démarche de chat. Or, l'homme que je voyais approcher, oui, le même Chimchone, avançait d'un pas hésitant et s'arrêtait tous les dix pas. A une vingtaine de mètres de la maison, il a eu un malaise et a dû s'appuyer contre le mur. J'ai couru à sa rencontre.

— Chimchone, c'est moi, Avrom Leib. Laisse-moi t'aider.

1. Textuellement, Max l'Aveugle. Ici, Max le Borgne.

— Avrom Leib, c'est bien que tu sois là. (Sa voix trahissait une grande faiblesse.)

Je ne sais pas comment j'ai réussi à le traîner jusqu'à son lit. Je lui ai préparé un verre de thé au citron et lorsqu'il se fut calmé, je lui racontai que j'avais trouvé du travail chez Zosa.

— Très bien. C'est une brave femme... Elle a un cœur juif.

La nouvelle du retour de Max le fit bondir.

— Qu'est-ce que tu racontes ? Max der Blinder est revenu ? (Ce nom l'électrisait et il le répéta plusieurs fois.)

— Nous avons fait nos premières armes ensemble. Si tu le vois, dis-lui seulement que tu es avec moi. Il me doit encore une fameuse dette. Je lui ai sauvé la vie plus d'une fois.

Là, Chimchone se mit à me parler de son enfance, de ses premiers coups avec Max... « Ah ça ! pour ce qui est de piquer un portefeuille ou forcer une serrure, il s'y entendait le Max ! Mais il donnait tout aussi facilement... à la fois féroce comme un loup et doux comme un agneau... »

Ses yeux brillaient. Il s'était redressé de toute sa taille et avait bandé ses muscles. Le changement était si brusque que je n'en croyais pas mes yeux. On aurait dit qu'il avait retrouvé la souplesse et la rapidité de ses gestes. Là où tous les médicaments avaient été inopérants, y compris la graisse de chien au miel, le seul nom de Max der Blinder avait fait un miracle. Jamais il n'avait tant parlé ; les histoires s'enchaînaient l'une à l'autre, toutes aussi passionnantes, tour à tour cruelles et tendres. Grâce à Chimchone, je découvrais un monde étrange, avec ses lois propres et son code d'honneur. La loyauté et l'amitié, aussi solide que bourrue, cohabitant avec la délation et la lâcheté. Dans la hiérarchie de cette confrérie, les marlous et les escrocs se trouvent au bas de l'échelle — comme Arthur. Tout en haut, ce sont les champions du fric-frac et les casseurs de coffres-forts.

J'ai passé toute la nuit au chevet de Chimchone. Son

humeur avait changé et il me promit cette fois encore qu'il n'avait pas dit son dernier mot, et qu'on le verrait bientôt.

Pour l'instant, Chimchone a l'air de m'ignorer — comme si je n'existais pas. Il parle à soi-même et de lui-même, des années de famine, de souffrance et d'humiliation, de la solitude dans la prison, de ses parents, morts prématurément par sa faute, et dont le souvenir le hante. Il parle des coups, aussi ; de la douleur qui fait crier, celle du corps et celle de l'âme. Et des larmes, parce que la vie est une voie sans retour.

— Oui, Avrom Leib, si aujourd'hui je suis dans la merde, c'est parce que je n'ai jamais trahi ni donné personne. Parfois, je regarde autour de moi et mon cœur pleure. Dieu m'a donné un corps solide et une âme sensible, et regarde ce que j'en ai fait.

Chimchone se tait soudain et les ombres des personnages qui peuplent sa vie envahissent la pièce pour écouter ses histoires en silence. Les visages sont flous, comme s'ils craignaient d'être reconnus. Ils sont si nombreux que la chambre en est bondée... J'entends des bruits de verres entrechoqués... des rires effrénés... certains sont cyniques, d'autres indifférents. De temps en temps, les ombres se lancent dans une danse au rythme endiablé. Je crois entendre des applaudissements et des coups de poing sur la table. Tous ces personnages, je les vois, maintenant. D'abord, en couleurs violentes : beaucoup de rouge sur les visages. Les casquettes sont jaunes et les foulards noués autour du cou, verts, violets et bleus ; les habits, marron, noirs ou blancs. La musique s'est arrêtée. D'un seul coup, les couleurs tournent au gris et les têtes se retrouvent derrière des barreaux que les mains serrent. A la place des yeux, deux cavités où se lisent la souffrance et le rêve.

Chimchone s'est endormi, mais cette fois d'un bon sommeil réparateur. Un sourire gêné — un sourire d'enfant —

se dessine sur ses lèvres. Il est certainement au pays des songes, avec sa petite sœur morte de la diphtérie et qu'il aimait tellement.

Chimchone n'avait pas exagéré. Max le Borgne cacha mal son émotion en apprenant que j'habitais chez Chimchone et que je le soignais. En présence de tous les clients, il me prit sur ses genoux — ce qui, m'a-t-on dit par la suite, n'était pas dans ses habitudes. Moi-même, je ne me souviens pas d'avoir été assis sur les genoux de quelqu'un — et surtout pas d'un homme. J'étais à la fois si heureux, si gêné et si fier, que j'en bégayais, incapable de répondre aux questions. Il faut croire que Max le Borgne a senti mon embarras, car il me tapota affectueusement l'épaule, comme font les hommes entre eux. Ce qui renforça encore ma sympathie pour lui. Tout le monde me souriait. Les visages burinés de ces hommes rudes rayonnaient de bonté. Plusieurs femmes tentèrent de m'embrasser, en riant stupidement. Il s'en est fallu de peu pour que j'envoie un coup de tatane dans l'une de ces faces poudrées, au sourire tartiné de rouge. Heureusement pour elle, Max est intervenu.

— Silence dans le poulailler ! Ce n'est pas un caniche, et il n'a pas besoin de votre pitié.

Le regard de son œil unique me pénétra. Plus encore que de l'amour, j'y lisais une profonde compréhension. Mais le visage chaleureux et souriant fit place à un air soucieux, puis dur, lorsque je lui parlai de Chimchone, comment il avait été estampé par tante Sonia, Godel et son père. Cette fois, les mots coulaient tout seuls de ma bouche sans que je puisse les arrêter. Un silence lourd se fit dans la salle. Je lui parlai aussi de sa maladie et de son refus de toute aide.

— Ça, c'est Chimchone craché, murmura-t-il.

A cet endroit de mon histoire, j'ai dû faire un gros effort pour ne pas éclater en sanglots. Les regards s'assombrirent ;

personne n'osait parler. Mais les mots étaient inutiles — ils ne pouvaient que gêner.

— Que comptes-tu faire maintenant, Avrom Leib ?

— Je ne sais pas... ou plutôt si. D'abord, je voudrais que Chimchone ne manque de rien.

— A partir d'aujourd'hui, tu prendras chez Grib toute la bouffe qui te plaira et autant que tu veux. C'est moi qui paye.

C'est ce que disait la bouche. Mais l'œil semblait dire de son côté : pas de mignardises. Les attendrissements, c'est pas pour nous. Puis s'adressant à Mendel Fonié : « Rassemble tout le monde pour un *Dine-Thora* [1] ; tu m'amènes Godel, et sa mère, tu la prends par les oreilles. La Sonia, tu la traînes par les nichons... »

Tous les présents donnèrent leur accord d'un signe de tête. Je les connaissais bien : Avrom Chomp, Heniek le Blême, Noussen der Ganev, Mendel Ziv, Kalman Fonié ; et ils m'étaient tous très proches.

— Et maintenant, Avrom Leib, avant d'arriver à l'auberge, il faut boire un coup pour la route [2]. Schmil, sers à manger et à boire à tout le monde. Aujourd'hui, c'est moi qui régale.

Schmil mit un disque : les chansons étaient tristes. Celles qui suivirent, gaies. D'un geste, Max demanda le silence.

— Pas de phono ! On veut une voix vivante. Mendel, pousses-en une. Quelque chose qui va droit au cœur.

Je connaissais déjà Mendel Ziv pour l'avoir vu plusieurs fois chez Schmil. Mais jamais je n'aurais cru que ce petit homme, tout ratatiné, aux joues tombantes, vêtu d'un éternel pull noir rapiécé, fût capable de sortir de tels sons de sa gorge.

— Schmil, sers-lui quelque chose à boire, qu'il s'humecte d'abord le gosier.

Après quelques verres de vodka, Mendel s'assit près de la

---

1. Textuellement : un jugement dans l'esprit de la Thora. Dans ce contexte : tribunal selon le « code » du « Milieu ».

2. Proverbe populaire yiddish.

fenêtre. La lumière bleuâtre des becs de gaz de la rue lui faisait une auréole autour de la tête, comme sur les images aux murs de la chambre de Zosa Klops. Son visage était plongé dans l'ombre. Mendel Ziv était connu pour être un pickpocket hors pair, mais poursuivi par une guigne noire : il se faisait presque toujours pincer. Et c'est en taule qu'il composait des chansons parlant de trahison et de mouchardage, d'amours malheureuses, de Dieu, qui avait triché en partageant inégalement le bonheur et la chance entre les hommes. J'aimais surtout celle qui racontait l'histoire d'un enfant ayant vengé ses parents, morts de misère par la faute d'un richard sans scrupules. Condamné à mort, il déclare qu'il ne regrette rien.

Mendel ne faisait qu'un avec sa complainte. Comme il chantait avec l'accent yiddish de Lituanie, il m'était difficile de comprendre les mots, mais ils étaient superflus. Sa voix remplissait la salle et trouvait le chemin de tous les cœurs. Chacun ici se sentait dans la peau du vengeur en culottes courtes. Chacun était la main qui avait enfoncé le couteau dans le cœur du richard. Max me serra sur sa poitrine. Je me sentais en sécurité — avec lui, je ne craignais plus rien. Mais ce sentiment de bonheur ne dura pas : « Avrom Leib, me disait une voix, ne t'attache surtout pas, ne t'ouvre à personne si tu veux t'éviter des souffrances inutiles. Souviens-toi de ce qui t'est arrivé... tous ceux que tu as connus jusqu'ici ont disparu, sont morts ou partis sans laisser d'adresse — et tu es resté avec ta blessure. Ne fais confiance à personne. Tu es seul, seul, seul... »

Mendel avait fini de chanter, mais les notes résonnaient encore dans les têtes.

— Il sait chanter, le bougre, dit quelqu'un.

— Qu'on lui donne à bouffer, ordonna Max. Et à nous aussi. Schmil, où est-ce que tu te planques, feignant ? On crève de faim ici !

Max et moi mangions dans le même plat.

— Avrom Leib, nous sommes des potes maintenant, puisqu'on mange dans la même assiette. C'est comme un serment de loyauté, dit Max en rigolant. Surtout que nous avons un ami commun.

Je lui racontais l'émotion de Chimchone en apprenant son retour chez Schmil, lorsque Sonia, Godel et sa mère entrèrent dans la salle. Tous les dîneurs restèrent la fourchette en l'air, les regards tournés vers eux. Godel avait un peu grossi, mais son visage n'avait pas changé. Sa mère, la tête couverte d'un fichu, semblait effrayée et se collait à son fils. Sonia, un renard autour du cou, faisait du charme. La tête de la fourrure lui ressemblait un peu : tous les deux avaient de petits yeux brillants et un nez minuscule. Elle était coiffée d'un bonnet de fourrure et ses joues étaient poudrées.

— Faites-les asseoir, ordonna Max, le visage fermé. Combien votre coup avec Chimchone vous a-t-il rapporté, demanda-t-il sur un ton dur qui ne souffrait aucune échappatoire, avant même qu'ils aient pris place.

Sonia tenta de l'amadouer :

— Ecoute, Max, nous...

— Ta gueule, vieille chouette. J'ai demandé combien vous avez gagné, c'est clair ?

— Six mille zlotys, a répondu Godel pour sa mère.

— Bon. Où est le fric ?

Godel tenta aussi d'esquiver la question :

— Tu comprends, Max...

— J'ai demandé où est le fric ?

— Je vais le chercher, s'empressa de répondre Godel sur un ton conciliant.

— Vous avez travaillé ensemble ?

— Oui.

— Vous aviez convenu *fifty fifty* ?

— Oui.

— Bon, levez-vous pour la sentence : mille zlotys pour un *Talmud-Thora*, cinq cents zlotys pour un orphelinat et cinq cents pour Avrom Leib. Parce qu'il s'occupe de Chimchone. *Paniatno*, pigé ? Vous partagez le reste avec Chimchone. Mais attention, en parts égales !

Sonia tenta d'arracher encore quelques zlotys.

— Ecoute, Max, nous avons eu beaucoup de frais...

Mais elle battit rapidement en retraite sous le regard d'acier de Max.

— Le fric sur la table, ordonna-t-il.

Tous les dîneurs suivirent du regard les billets étalés parmi les assiettes.

— Et maintenant, prenez votre part et cassez-vous, que je ne vous voie plus ici.

Sonia fit rapidement le compte de leurs parts, puis ils sortirent tous les trois, presque en courant.

Max compta encore une fois, plia les billets et les fourra dans sa poche.

— Avrom Leib, nous allons voir Chimchone pour lui remettre sa part. Mais d'abord, Mendel Ziv nous en poussera une dernière, quelque chose de gai cette fois. Schmil, où as-tu encore disparu ? Pourquoi les bouteilles sont-elles vides ? Et les assiettes ?...

Mendel chanta une romance hassidique parlant de deux femmes, l'une aveugle et l'autre stérile. Et le *tzadik* fait un miracle : l'aveugle tombe enceinte et la stérile perd la vue. Tout le monde éclata de rire et applaudit en cadence. Tout le monde, sauf moi. Je sais par expérience que la joie est toujours suivie de tristesse. Pour faire l'équilibre, peut-être.

— Avrom Leib, cette fois, tu n'y couperas pas : il faut que tu boives un petit verre, mais cul sec.

J'ai l'impression d'avaler du feu liquide et je sens ma tête s'enflammer. Puis c'est une grosse fatigue, si grosse que je ferme les yeux et m'endors sur le banc.

De bon matin, Max et moi nous allons chez Chimchone pour lui remettre sa part du magot. En chemin, Max rentre dans un bistrot presque vide. Derrière le comptoir, la moitié d'une femme — l'autre moitié est invisible. Elle s'appelle Sorélé et elle sourit tout le temps.

— Hé, Max ! c'est bon de te revoir. Où disparais-tu tout le temps, garnement ?

Max sourit aussi.

— Comment va, Sorélé ? Sers à Avrom Leib une limonade et un gâteau ; pour moi, ce sera une bière.

Nous nous asseyons dans un coin un peu sombre. Le visage de Max est maintenant sérieux.

— Alors, Avrom Leib, que comptes-tu faire ?

— J'sais pas.

— Max me scrute longuement.

— J'ai un fils, un bon à rien irrécupérable. Mielleux comme un rabbin et sournois comme un notaire. Je cherche un successeur pour lui transmettre tout mon savoir ; un gamin à qui j'enseignerai l'art et la manière de forcer un coffre-fort. Tu es vif, débrouillard et tu comprends vite — trois qualités essentielles dans ce métier. Je dois bientôt partir, mais lorsque je reviendrai, je voudrais te prendre avec moi. Si tu acceptes, je te promets une brillante carrière.

Les paroles de Max me flattent beaucoup, mais je ne comprends pas pourquoi il m'a choisi.

— Pourquoi moi ?

— Sache, mon petit, que l'une des qualités du casseur, c'est la loyauté. Ne jamais laisser tomber un pote dans la merde. Lorsque je t'ai demandé ce que tu voulais, tu m'as répondu : « Que Chimchone ne manque de rien. » Et avec ça, vois-tu, tu avais tout dit. Le métier, c'est à la portée de tout le monde. Mais le caractère, ou bien tu l'as, ou tu n'es qu'une chiffe molle.

Pour Max, les choses sont très claires, mais dans ma tête, tout s'embrouille. Sauf les paroles de ma mère, qui me reviennent très nettement : « Si tu devais finir voleur, je n'y survivrais pas... Même après ma mort, je me retournerai dans la tombe... Avrom Leib, promets-moi d'être un bon Juif... Donne-moi ta main pour une *tekiath-kaf*... et tu sais que la trahison d'un tel serment est impardonnable... »

— Max, j'ai promis à ma mère d'être un bon Juif et je lui ai donné ma parole par une *tekiath-kaf*.

— Avrom Leib, ce que tu me dis ne fait que renforcer ma conviction que tu ferais un bon casseur. Et maintenant, je veux t'expliquer pourquoi le cambriolage n'est pas un péché. Dis-moi, à qui sont ces coffres-forts ? Aux paumés ? Non. Tout ce que les pauvres peuvent mettre dans un coffre, c'est ce qu'ils n'ont pas. Ou encore leurs misères. Les coffres appartiennent aux richards. Et qu'est-ce qu'ils contiennent ? Le fric qu'ils ont volé aux pauvres. Nous, les casseurs, nous ne faisons que reprendre ce qui a été volé.

C'est tellement évident que je me demande comment je n'y ai pas pensé plus tôt. Max l'a compris, à en juger par son sourire satisfait. Il me tape sur l'épaule d'une belle main longue et douce comme une main de femme.

— Remarque que je comprends tes scrupules. Un môme comme toi, qui grandit sans parents, connaît toutes sortes de tentations... refaire le monde, lutter pour la justice, l'égalité... Tout ça, c'est des conneries, des attrape-nigauds. Vise bien les mecs qui prétendent se battre pour l'égalité. Tous des minables. Parce que si tu vaux quelque chose, tu n'as pas besoin de lutter. Et si tu ne vaux rien, de toute façon tu es perdant. Même chose pour la justice. C'est pour toi-même que tu dois lutter. La justice, c'est toujours un truc personnel. La justice pour tous, ça n'existe pas. C'est un mensonge qui fait vivre des mecs dont il faut se méfier comme de la peste.

Max parle de ces « mecs » avec un air de dégoût. Toute cette explication est trop compliquée pour moi. Je n'y comprends absolument rien, mais le raisonnement me semble logique. La voix de Max inspire la confiance et l'autorité.

— Méfie-toi aussi de tous les vicelards qui prétendent parler au nom de Dieu. Ou bien tu es modeste et honnête, comme Dieu nous l'ordonne, ou alors tu vis de tes salades sur la justice. Regarde les rabbins. Ils parlent tout le temps de droiture et de charité, mais ils engraissent à vue d'œil grâce aux dons des paumés. Nous non plus, on n'est pas des petits saints, mais au moins on ne raconte pas des boniments. Et la police, hein ! oui, la police, qu'est-ce que c'est ? Tu ne le sais pas ? Eh bien, sache qu'elle n'est pas autre chose que la complice des rupins, parce qu'elle protège les richesses qu'ils ont amassées sur le dos des pauvres gens.

Max boit sa bière dans une grande chope. Un peu de mousse se pose sur le bout de son nez, ce qui lui donne un air comique.

— Alors, Avrom Leib, tu comprends ce que je t'ai dit ?

J'hésite à répondre.

— Qu'est-ce que tu voudrais faire quand tu seras grand ?

— Clown.

Max éclate de rire et moi avec lui.

Chimchone n'était pas à la maison.

— Il est peut-être allé chercher du travail...

— Une âme de fillette, une tête de mule et un cœur de lion, murmure Max dans sa barbe.

Sur le chemin du retour, tout le monde salue Max. Il répond par un léger mouvement de tête et un sourire. Je lis l'admiration et la jalousie dans les regards des gamins ; ils donneraient beaucoup pour être à ma place.

— Votre fric — le tien et celui de Chimchone — est chez moi. Nous reviendrons l'après-midi. Surtout, tu ne lui donnes rien, parce qu'il va encore tout claquer aux cartes, ce con !

Il était encore tôt, mais la salle était déjà pleine chez Schmil Grib. Tout ce monde avait été attiré par la rumeur d'un *Dine-Thora* entre un riche commerçant, du nom de Salomon, et un certain Herzl, d'Alexandrov, célèbre dans le Milieu. Là encore, l'affaire fut menée rondement. Salomon est un petit homme chauve comme une boule de billard, aux yeux vifs, les doigts couverts de bagues. Il tourne la tête comme sur un axe alors que le corps reste immobile. Par contre, Herzl dégage un air respectable. Il est vêtu avec recherche d'un beau costume dont l'élégance est soulignée par une cravate sombre et des lunettes cerclées d'or. Je n'ai pas écouté les débats — ce qui m'intéressait, c'est le comportement des deux hommes. Salomon était très nerveux alors que Herzl restait impassible. Je n'ai pas entendu non plus le verdict. Pendant tout ce temps, je tournais et retournais dans ma tête les paroles de Max, chez Sorélé, pour essayer d'en percer le sens.

Après le départ de Salomon et de Herzl, tout le monde a commandé de la bière et des pois chiches fortement poivrés et salés. Mendel Ziv a poussé une nouvelle chanson en s'accompagnant de la guitare. L'atmosphère était très agréable. A tel point que moi aussi j'ai essayé de boire un peu de bière, mais je n'ai pas insisté : c'est vraiment trop amer. Je ne comprends pas pourquoi les adultes aiment ça.

C'est dans ce climat de fête que soudain la porte s'ouvrit brutalement, comme poussée par un vent violent, encadrant Yankélé, le plus jeune des fils de Dvoïré la blanchisseuse. J'aimais beaucoup Yankélé, même si je ne supportais pas sa mère. Je ne lui avais pas pardonné son refus d'engager Malka — et c'est peut-être pour ça que la pauvre vieille est devenue folle. Depuis, je ne pouvais plus l'encaisser. Elle, de son côté, s'efforçait de m'amadouer par toutes sortes de moyens : « Avrom Leib, viens dîner chez moi, vendredi soir. J'ai préparé de bonnes choses. — Plutôt crever !... et je vous souhaite de finir comme Malka, dans un asile de fous », ai-je crié un jour en détalant.

— Max, sauvez ma mère ! a supplié Yankélé en éclatant en sanglots. Wolf, le propriétaire, nous a expulsés. Maman est assise dans la cour sans savoir où aller. Vous seul pouvez nous aider.

— Calme-toi, mon petit. Max tenta de l'apaiser en lui caressant doucement la tête. — Reste ici, Schmil Grib te donnera à manger, à ta mère aussi.

Il était d'une pâleur effrayante. Tout le monde avait les yeux fixés sur lui. Puis, se tournant vers l'assistance :

— Qui vient avec moi ?

— Nous sommes tous avec toi, répondit Noussen der Ganev. Cette fois, on va lui apprendre à vivre.

— Max, est-ce que je peux venir aussi ?

— Oui, Avrom Leib.

Dvoïré la blanchisseuse était assise au milieu de la cour, entourée de ses enfants et de quelques voisins. Max ne lui accorda même pas un regard et continua vers l'appartement de Wolf. Il marchait en tête, suivi par moi, Avrom Chomp, Noussen der Ganev et Heniek le Blême. La porte d'entrée de Wolf était finement sculptée, avec, dans son milieu, une plaque de porcelaine à son nom dessiné en lettres dorées. Max lança un coup de pied et la porte oscilla sur un seul gond. Le corridor, couvert d'un tapis rouge, menait à la salle à manger. Chaque objet, chaque détail témoignait de la richesse du lieu. Les cristaux des plafonniers amplifiaient la lumière des ampoules électriques, bien qu'il fît encore jour. Les murs étaient couverts de tableaux aux cadres dorés et les étagères exposaient des rangées de figurines en porcelaine de toutes tailles. C'était la première fois que je voyais l'appartement d'un richard. Pour dire la vérité, cela me faisait un peu peur, et instinctivement, je me suis collé à Max. Tout excitait ma curiosité. J'avais l'impression de me trouver dans un conte de fées — comme si rien de ce qui se trouvait là n'était réel.

L'une des étagères était occupée par une rangée de nains en porcelaine à longues barbes, coiffés de bonnets rouges et chaussés de pantoufles bleues. Le plus petit avait l'air de me supplier de le prendre. Pris au jeu, je le fis disparaître dans ma poche. Tout était si féerique qu'il me sembla que les autres nains étaient jaloux et m'imploraient de les délivrer de leur prison dorée. Sans hésiter, je les fourrai sous ma chemise.

Une autre étagère était occupée par des figurines représentant des musiciens. Ils avaient tous des fracs noirs, des chemises blanches et un nœud papillon. Les visages étaient rouges par l'effort et ils chaussaient des lunettes. Il y avait là un violoniste, un trompettiste, un pianiste, un batteur et un chef d'orchestre. Je croyais les entendre jouer et pour mieux écouter, je me suis accoudé sur l'étagère. Soudain, l'orchestre éclata comme mille fanfares et tous les musiciens se retrouvèrent à terre.

Le vacarme de l'orchestre fut suivi d'un coup de pied dans une porte en verre donnant sur la salle à manger. A la vue de mon ventre rebondi comme celui d'une femme enceinte, Max me sourit affectueusement.

— Prends, me dit-il, prends. Aujourd'hui je suis généreux. Tout ce qui te plaît est à toi. C'est moi qui paye.

Avrom Chomp, Noussen der Ganev et Heniek le Blême éclatèrent de rire. Soudain, nous nous sommes retrouvés dans une grande pièce violemment éclairée, avec de grandes fenêtres aux rideaux de dentelle. Mais ce qui m'impressionna le plus, parce que j'avais faim, c'était une grande table massive en bois foncé et aux pieds sculptés. Le plateau reposait sur quatre têtes de lion à l'air féroce, la gueule ouverte, découvrant une rangée de crocs menaçants. Ils avaient peut-être faim, eux aussi. Parmi les assiettes blanches trônait une soupière avec sa louche. Je n'en avais encore jamais vu de si grande. Les couverts étaient posés sur une serviette verte et chaque assiette contenait un demi-poulet rôti d'une belle couleur d'ambre, couvert de rondelles d'oignon. Tout comme ceux qui me faisaient venir l'eau à la bouche, dans la vitrine d'un des grands restaurants de la ville. Wolf devait attendre des invités. Parce qu'il m'était difficile de croire qu'il avait préparé tous ces demi-poulets pour lui seul. Là aussi on semblait m'inviter et sans me faire prier plus longtemps, j'ai pris place sur une chaise tapissée de cuir aux accoudoirs à tête de lion. Comme s'ils n'attendaient que ce signal, les autres s'assirent après moi. Wolf était engoncé dans le plus haut des sièges, le regard figé par la peur. Il portait sur la tête une petite calotte noire et ses papillotes étaient ramassées derrière ses grandes oreilles.

— Messieurs, commença Max, prenez place, faites comme chez vous. Monsieur Wolf a préparé ce festin à notre intention. Aussi, ne vous gênez pas !...

Les demi-poulets disparurent des assiettes en un clin d'œil. Puis ce fut le tour de fruits bizarres qui m'étaient inconnus mais dont le goût était un délice. « Ce sont des oranges d'Eretz-Israël », m'éclaira Max. « Mangez, les enfants, c'est pas fête tous les jours. » Et s'adressant à Wolf : « Monsieur Wolf serait-il contrarié par ces invités inattendus ? »

Mais Wolf était incapable de prononcer un son.

— Je vois que l'émotion et la joie vous ont rendu muet — puis passant sans transition à un langage plus clair : Ça fait longtemps que j'attends l'occasion de tailler une bavette avec toi. Dis-moi, espèce de vampire, combien de zlotys te manquait-il pour préparer ce repas — ceux que tu exiges de Dvoïré ? Et tu oses porter des papillotes, une calotte sur le crâne !.. Tu ne crains donc pas Dieu ! ? Si tu es tellement savant dans les textes sacrés, tu dois connaître le commandement le plus important : Tu aimeras ton prochain comme toi-même. Réponds vite, vermine, tu le connais ce commandement ou non ?

Wolf se taisait toujours.

— Avrom Chomp, va chercher Dvoïré la blanchisseuse et ses enfants. Dis-lui que nous l'invitons à dîner.

Chomp sortit aussitôt, pour revenir quelques minutes plus tard, avec une ribambelle d'enfants qui se dispersèrent dans tous les coins de l'appartement. La plupart entrèrent dans la cuisine et quelques secondes plus tard nous avons entendu un bruit de portes défoncées et de verre brisé. Ils revinrent chargés de fruits et de fromages, de volailles crues, de miches de pain et de deux énormes gâteaux à la crème décorés de cerises. Une dispute éclata entre deux des fils de Dvoïré, chacun affirmant avoir vu les gâteaux le premier. Les autres enfants s'en mêlèrent, jusqu'au moment où Noussen der Ganev s'empara des gâteaux pour les découper en tranches égales et les distribuer.

— Regarde bien ces enfants que tu as jetés à la rue pour quelques zlotys, alors que tu roules sur l'or.

Sa voix s'amplifia et il finit par hurler si fort que son menton en tremblait. Il serrait les poings comme s'il cherchait à maîtriser sa colère. Et soudain il se tut, les yeux allumés par la haine. Il bredouillait des mots confus, mais le sens n'en était que trop clair. Avant même d'avoir réalisé la scène, j'ai vu Max saisir la tête de Wolf par les deux oreilles pour la plonger jusqu'au fond de la soupière. On entendit des glouglous et des bulles bouillonnèrent à la surface du potage. Lorsque Max lui retira la tête, des rondelles de carottes collaient au visage et à la barbe de Wolf. Des brins de persil lui cachaient l'œil gauche, qui avait l'air de pleurer des larmes de potage. C'était tellement drôle que j'ai dû me retenir pour ne pas éclater de rire.

— Max, fais-le encore une fois, ai-je demandé, encouragé par les autres enfants.

— Croyez bien que je le regrette, monsieur Wolf, mais je ne peux pas refuser ça à ces gosses, s'excusa Max. Ils n'ont pas de jouets. Et il faut bien qu'ils s'amusent...

Et une fois de plus, la tête de Wolf fit des glouglous et des bulles. Cette fois, des vermicelles se mêlaient aux poils de sa barbe et lui sortaient des oreilles.

— Et maintenant, écoute, espèce de peigne-cul au cœur de goy. Si je ne me retenais pas, je t'arracherais tes papillotes. Tu n'en es pas digne. Si tu t'avises encore une fois d'expulser une famille juive de son logement, je t'étrangle comme une vipère ; et je ne te lâcherai pas le kiki avant que tu ne rotes ta vilaine âme. Et maintenant, tu fais rentrer Dvoïré chez elle. Quant à vous, les enfants, prenez tout ce qui vous fait plaisir.

Quelques minutes plus tard, il ne restait plus une assiette sur la table et la soupière était vide. Un des enfants emporta la nappe et un autre chipa une robe de chambre en soie.

Avant de sortir, Max s'approcha une dernière fois de Wolf pour lui dire :

— Dans deux semaines, c'est Pessah et je viendrai chercher de la farine et des volailles pour les nécessiteux ; et si jamais tu cherches à me rouler, tu peux recommander ton âme à Dieu.

Dans la rue, Max m'expliqua d'une voix fatiguée :

— Ce que nous avons fait ce soir, ce n'est qu'une goutte d'eau dans la mer. Ils sont foule à avoir faim — tout le petit peuple, tous ceux qui souffrent et ploient sous le joug. Et ces malheureux croient que c'est un châtiment du ciel. Parce que les petits rabbins véreux ont tout intérêt à leur faire avaler cette fable. Quant aux rupins, c'est des sans-cœur qui ne croient en Dieu que sur bons gages. Ils ont une pièce d'or à la place de l'âme. Avec Wolf, je t'ai donné ta première leçon ; voilà comment il faut traiter les goules et les sangsues. Et maintenant, prends ton fric et va voir ce que fait Chimchone. Dis-lui que je viendrai plus tard.

Avant que je n'aie pu placer un mot, Max avait disparu dans une des ruelles.

Le soir même, Chimchone perdit au jeu l'argent de Max. Mais cette fois, il n'avait même plus la force de maudire Avrom Chomp en l'accusant d'avoir triché.

— Eh bien, Avrom Leib, nous voilà encore une fois sans un rond. Mais t'en fais pas. J'ai fait la connaissance d'un couple. Ils vont loger ici et, grâce à eux, nous ne manquerons de rien.

Chimchone alla les chercher une heure après.

C'est un couple bizarre. Lui s'appelle Aharon et elle Feigué. Chimchone refuse de me donner le moindre renseignement à leur sujet. Moi, j'ai le sentiment qu'ils se connaissent depuis longtemps, si j'en juge par leurs discussions.

— Et que devient Avigdor ? demande Aharon.

— Parti, répond Chimchone, sans plus de détails.

Ou alors Aharon demande ;

— Et Esther ?

— Elle est en route.

Tous les personnages qu'Aharon nomme ont une étrange destinée. Ou ils sont en route, ou ils ont disparu, ou alors ils sont sur place. Où sont-ils partis ? où se proposent-ils d'aller ? et où se trouvent-ils en ce moment, mystère !... Ces personnages me font l'effet d'ombres insaisissables, fuyantes et sans épaisseur. Lorsque je l'interroge à leur sujet, Chimchone se tait ou bredouille un mot incompréhensible.

Aharon et Feigué connaissent également Arthur. Lorsqu'ils rappellent son nom, ils ajoutent aussitôt : il est parti. Arthur me manque beaucoup, il manque aussi à Chimchone. Je regrette surtout qu'il ne puisse voir mes progrès dans le métier de clown. Peu à peu, je commence à comprendre le sens du rire — ou plutôt ce qui fait rire les gens. Quand je suis très triste, j'essaye d'imaginer ce qui me ferait rire dans un spectacle comique. A mon avis, le plus drôle, c'est la jobardise des autres. Rien de tel pour créer ce qu'on appelle la grande solidarité humaine. Moi, je suis un jobard qui essaye de faire le clown. Par exemple, j'ai des difficultés avec mes fringues de clown. Je les regarde en me grattant le crâne, sans trop savoir comment m'y prendre. J'enfile le pantalon par une seule jambe, ou alors je mets les deux pieds dans une même chaussure, tout en tenant la deuxième en main, en me demandant, l'air embarrassé, ce que je pourrais bien en faire.

Chimchone, qui assiste à ces séances, se fend la gueule en se tenant les côtes : « Avrom Leib, tu me feras mourir de rire... » Le couple bizarre, ça ne les amuse pas — au contraire. Ils font la grimace et prennent un ton méprisant pour me dire : « Ne t'assieds point avec les moqueurs », est-il dit dans la Bible. »

Je ne sais pas ce qu'est la Bible et je ne sais pas la lire. Mais si cette phrase y figure, à mon avis c'est un livre idiot. S'il interdit aux gens de rire, je le méprise. J'ai toujours pensé que les livres disaient seulement des pensées profondes et pleines de sagesse — je commence à croire que j'avais tort.

— Qu'est-ce qu'il dit encore votre livre ?

— Tu ne te feras point d'image ni d'idole, répond Aharon d'un air très important.

Je prends ça pour une déclaration de guerre de la part d'Aharon et une grave offense pour Arthur, qui reste encore un modèle pour moi. Ça fait deux jours que j'essaye de faire le portrait de Chimchone avec des craies de couleur. Je pense que c'est assez bien rendu. J'ai aussi l'intention de sculpter sa tête dans une patate. Tout ça, pour emmerder Aharon et Feigué.

Pour ressembler encore plus à Arthur, j'invente des histoires sur tous les objets qui se trouvent dans la chambre. Ainsi, ce soir j'ai inventé l'histoire d'une bouilloire et à la fin, j'ai presque pleuré sur son triste sort.

C'est un couple de vieux Juifs qui achètent avec leurs derniers sous une bouilloire d'un beau rouge brillant, avec un très beau bec. Par ce bec, la bouilloire raconte des histoires très drôles pour divertir les deux vieux, parce qu'ils sont misérables et tristes. Les vapeurs qui s'en échappent prennent les formes et visages des gens qu'ils ont bien connus et qui ne sont plus de ce monde. Leurs propres enfants les avaient quittés depuis des années et, grâce à la bouilloire, ils les retrouvent chaque soir. Les deux vieux en pleurent de joie. Les formes humaines de la bouilloire prononcent également des mots oubliés, et l'illusion est si parfaite que la vieille dit parfois à son vieux : « J'ai l'impression que notre Simh'élé pleure. » Et les soirs d'hiver, ils s'asseyent près du fourneau et posent leurs mains glacées sur la bouilloire. Lorsqu'ils sentirent leur fin approcher, ils demandèrent à être enterrés avec la bouilloire, la seule compagne de leur vieillesse.

Cette histoire, je n'ose la raconter à personne, parce qu'il ne faut pas trahir les secrets de ses amis. Pour faire enrager le couple Aharon-Feigué, que je déteste de plus en plus, je les sculpte tous les deux encore plus laids qu'ils ne sont. Ainsi, j'ai fait à Aharon des couilles énormes qu'on appelle *kilé*[1]. Quant à sa bonne femme, je lui ai fait un bec de volaille, parce que sa voix ressemble au caquet d'une poule lorsqu'elle a pondu son œuf. Je sculpte aussi le visage de ma mère, d'Estherké et de Chimchone. Et ils sont tous ressemblants, en tout cas à mes yeux. De toute façon, je me fous pas mal de l'opinion des autres. Parce que les adultes, lorsque vous leur demandez un avis, ils font toujours la grimace et des remarques idiotes, comme s'ils y connaissaient quelque chose. Pour Estherké, j'ai fait deux fois son visage. Le premier est joli, avec une chevelure tombant sur les épaules, de grands yeux et un beau sourire. Dans le second, les yeux sont fermés, et une langue énorme couverte de moucherons sort de la bouche. Je l'ai sculptée dans une betterave très rouge, pour bien faire comprendre que les moucherons lui ont sucé le sang. Aharon et Feigué me répètent tout le temps que ce que je fais, c'est dans la tradition des goyim. Je l'ignorais, mais si c'est vrai, je crois que je vais les aimer ces goyim. Ils m'expliquent tout ça à voix basse, presque en chuchotant, en employant des mots très longs qui, dans la bouche de Feigué, me font penser à des serpents lisses et froids. Ils ont beau insister, répéter leurs sermons, je n'arrive pas à croire un seul

1. Hernie en yiddish populaire,

mot de tout ça. Ils me rappellent les deux grenouilles vertes qui essayaient de convaincre Kasziek d'aller à l'orphelinat, en disant que c'était pour son bien. Et aussi, l'infirmière de l'école, celle qui nous recommandait de nous laver les mains après avoir vidé le seau à ordures. Tous ces gens ont des asticots dans le ventre, qui sortent de leur bouche avec les mots, comme l'eau d'égout des deux caniveaux de la rue Zagreska.

Aharon et Feigué parlent tout le temps de Dieu, de *tzadikim* et d'anges du ciel, et plus ils parlent d'amour et de bonnes actions, plus je me méfie.

Ainsi, hier soir ils ont voulu me convaincre d'aller à l'orphelinat ; là-bas, m'ont-ils expliqué, je grandirai dans l'esprit de Dieu pour devenir plus tard un homme respectable. Mais tous ces boniments allument chez moi des tas de petites ampoules rouges. Chimchone écoute tout ça, sans dire un mot. Normal : il est fatigué et malade. Je ne peux donc compter sur personne. Pendant qu' Aharon et Feigué me parlent, je suis chacun de leurs gestes, surtout les mains. Ils ont tous les deux de longs doigts effilés aux ongles pointus, rouges chez la femme. Je ne les ai jamais vus serrer les poings, de colère ou de joie, ou applaudir de bon cœur. Ni même caresser quelqu'un. Aharon a un visage maigre, une bouche minuscule, une barbiche couleur carotte et des mâchoires proéminentes, toujours en mouvement, comme s'il ruminait. Les yeux sont petits, enfoncés dans leurs orbites et surmontés d'épais sourcils. Ce qui me dégoûte le plus chez lui, ce sont ces taches claires qu'il a sur le front, le nez et les joues. Celles du front ressemblent à de grosses mouches, celles des joues à des souris et celle du nez à une grenouille. Quand il parle, toutes ces bestioles bougent en même temps et semblent se menacer mutuellement. Feigué est un peu plus petite que son époux, et aussi maigre que lui. Elle aussi a des taches sur la figure, mais des taches de rousseur. La couleur de ses yeux n'est pas très nette. Elle gonfle et dégonfle ses joues sans arrêt.

Chaque fois qu'ils essayent de m'amadouer, je montre les dents. Et cette fois, je suis bien décidé à mordre jusqu'à l'os. La Feigué, je compte lui arracher un œil avec une fourchette que j'ai toujours dans ma poche. Aharon, je lui sauterai sur le paletot, car il est un peu voûté. Le meilleur moyen serait de lui tomber dessus en sautant de la table pour lui arracher une de ses oreilles charnues et pleines de poils. Tout ça, pour dire combien je les déteste tous les deux. Pourquoi ? Je ne sais pas et je ne cherche pas à le savoir.

« Dieu t'aime, Avrom Leib, m'explique Aharon, et il l'a prouvé en te mettant sur notre route. Comme s'il nous avait chargés de t'aider à trouver la voie qui mène à lui. » Feigué hoche la tête en signe d'assentiment.

Chimchone est assis à côté de moi, les yeux fermés. Il respire difficilement et la sueur fait briller son front. Feigué nous sert, à Chimchone et moi, un plat de pommes de terre avec des rondelles d'oignon frit. En général, j'aime beaucoup ce plat mais, bien que j'aie le ventre vide, je n'y toucherai pas, même si je dois crever de faim. Les filets d'oignon me font penser à des asticots.

« Avrom Leibinké, pourquoi tu ne manges pas ? » elle me demande. J'ai horreur qu'on m'appelle Leibinké ! Ça, c'est réservé à maman. Je serre la fourchette dans ma poche : si elle s'avise de me donner du Leibinké encore une fois, je lui arrache un œil, avec l'aide de Dieu.

Pourquoi « avec l'aide de Dieu » ? Parce que, dit Feigué, tout, dans ce bas monde, se fait avec l'aide de Dieu. Si c'est comme ça, en lui arrachant un œil, c'est aussi avec Son aide. Chacune de leurs paroles se termine « avec l'aide de Dieu ». Dieu... Dieu... ils ne cessent pas de l'invoquer. Dieu qui m'aime, Dieu qui m'en veut, que Dieu me pardonne... Pourquoi m'aime-t-Il et qu'est-ce qu'Il doit me pardonner ? Une chose dont je suis certain : je dois me méfier d'eux. Je fais tout ce que je peux pour les faire enrager, et leur Dieu avec. Parce que le Dieu d'Aharon et Feigué n'est pas le mien —

impensable ! Mon Dieu à moi ressemble à celui d'Arthur. Il sait chanter, jouer de la guitare ; Il a une face grimée de clown pour faire rire les enfants. La plupart du temps, Il est bourré ; parfois Il triche ; d'autres fois Il gueule, et pardonne aussitôt. Avec un Dieu pareil, on peut facilement s'arranger, Il te comprend et tu Le comprends. Le Dieu de Chimchone, par exemple. Lui aussi est porté sur la bouteille et les cartes. Il a bon cœur et ne tient jamais ses promesses. Le Dieu d'Hayim le Bossu était très vieux, très sage et sensible à toute la souffrance du monde.

Pour revenir à Aharon et Feigué, il ne perdent jamais une occasion de me lire des histoires de la Bible. Moi, je permets, pourvu qu'ils me foutent la paix. Cette fois, ils m'ont raconté l'histoire d'Adam et Eve. Mais dans la bouche d'Aharon, les mots sont froids, ennuyeux et j'en comprends à peine le sens.

« ... Adam et Eve vivaient au paradis. Ils étaient les premiers humains sur terre, et juifs, bien entendu. Ils n'avaient pas besoin de travailler, puisqu'ils étaient au paradis. (Je me dis qu'Arthur s'y serait senti comme chez lui.)

« Et Dieu leur dit qu'ils pouvaient manger de tous les fruits, sauf la pomme. Puis le serpent s'est glissé entre les arbres et a séduit Eve ; et Eve a convaincu Adam de manger la pomme. Voyant cela, Dieu les chassa du paradis et les condamna au travail. »

Chimchone est captivé ; je ne comprends pas pourquoi. Pour moi, c'est un conte à dormir debout. Le Dieu d'Arthur, lui, n'aurait pas du tout agi comme ça. Il aurait certainement dit : qu'est-ce que c'est tout ce raffut pour une pomme ! Comme si Dieu en manquait, de pommes. Bon, on lui en a volé une — la belle affaire ! Ou alors, il leur aurait montré comment voler sans se faire pincer. Il aurait sûrement fait les yeux doux à Eve et lui aurait raconté combien il l'aime pour essayer de lui soutirer du fric. Quant au serpent, il aurait essayé de le vendre à un zoo, ou encore à un atelier de maroquinerie où l'on fait des sacs en peau de serpent pour les rupins. Le Dieu d'Aharon et Feigué est un vieux radin qui me rappelle Wolf, le proprio de Dvoïré la blanchisseuse. Wolf aussi possède beaucoup de maisons et du fric à ne pas savoir qu'en faire ; et pour quelques zlotys, il a jeté à la rue cette pauvre Dvoïré. Expulser du paradis un couple de pauvres Juifs tout nus pour une misérable pomme ! Franchement, je trouve que Dieu — celui d'Aharon et de Feigué — y va fort !

A ma grande surprise, Chimchone vient à mon aide en se disant sceptique quant à l'authenticité de cette histoire. Cette affaire de pomme, d'où nous vient-elle ? demande-t-il. Il n'y avait pas de témoins, puisqu'ils étaient seuls au monde. Et sans témoins, le procès n'est pas valable. Et d'ailleurs, comment sait-on qu'Adam était juif, puisqu'il n'y avait pas de circonciseur ? Aharon et Feigué sont très embarrassés et moi, je jubile. Toute cette fable ne m'intéresse plus et je me bouche les oreilles pour ne pas entendre la suite. Mais il est difficile de les pousser à bout, et ça me fout en rogne. Avec une patience d'araignée, ils continuent à tisser leurs histoires. Cette fois, ils me racontent ce qui arrive après la mort. Chimchone, qui est malade, écoute avec beaucoup d'attention. Quelques minutes plus tard, il est secoué par une quinte de toux et il crache le sang. Chimchone a très peur de la mort et ils le savent.

Le lendemain matin, Chimchone me proposa d'accompagner Aharon et Feigué pour une collecte au bénéfice des orphelinats et asiles de vieillards, parce qu'il est écrit que « la charité et les bonnes actions sauvent de la mort ».

— Avrom Leib, si j'étais en bonne santé, j'irais moi-même, Mais je suis malade et sans forces. En les accompagnant, tu travailles aussi pour nous.

— Je n'irai pas... Je ne veux rien faire pour eux !

Devant mon refus, Chimchone chuchota quelque chose à

Aharon et Feigué. J'entendis mon nom plusieurs fois. Finalement, Chimchone leva les bras :

— Il est têtu comme une mule. Rien ne le fera changer d'avis.

— Dommage, vraiment dommage..., soupira Aharon.

J'ignore ce qu'ils ont encore pu se dire, mais à partir de ce jour, l'attitude de Chimchone changea. Il cessa de me parler et afficha une indifférence complète à mon égard. J'en souffre beaucoup ; c'est de leur faute. Pour les faire râler, j'ai sculpté encore une fois leurs portraits : Aharon, sous la forme d'un serpent et Feigué en grenouille aux yeux saillants. C'est très ressemblant, mais je suis sûr que personne ne voudra l'admettre. Ça m'est égal : c'est comme ça que je les vois.

Aharon s'acharne — il m'abreuve d'histoires bibliques. La dernière raconte le déluge, qui a noyé tout le monde, ou presque. Puis le feu du ciel que Dieu a fait pleuvoir sur Sodome et Gomorrhe et qui a grillé les habitants comme des châtaignes. Et Job, à qui Dieu a envoyé une maladie avec d'horribles plaies. Ces trois dernières histoires m'ont définitivement convaincu que chez Dieu, ça va pas dans sa tête. Et tout ça, d'après Aharon, c'est à cause des idoles que les hommes ont adorées. Oui, qu'il dit, tous les malheurs viennent des statues. Il essaye encore de m'expliquer pourquoi les statues font tellement enrager le Bon Dieu, mais là, je n'ai rien compris. Ce qui me turlupine encore, c'est pourquoi Dieu envoie du ciel des maladies et toutes sortes de malheurs. Comme si nous n'en avions pas déjà assez sur terre. « Si tu n'arrêtes pas tes sculptures, Dieu te punira aussi », menace Aharon. Mais au lieu de m'effrayer, je me promets de sculpter encore plus. Pour foutre Dieu en rogne. Et pour commencer, j'ai posé toutes mes patates sculptées sur le rebord de la fenêtre, bien en évidence, pour qu'Il les voie mieux. Cette fois, je suis bien décidé : plus tard, je serai sculpteur. Sculpteur, et rien d'autre. J'ai même l'intention de sculpter le Bon Dieu. Je ne sais pas très bien comment, mais à mon avis il ressemblera à Wolf, le propriétaire de Dvoïré la blanchisseuse. Ou alors, à un agent de police, mais sans visage, avec plein de boutons dorés.

Vendredi, Chimchone m'a envoyé acheter une bouteille de vodka ; lui-même est allé quelque part avec Feigué — pour une collecte, je pense. La chambre était vide. Je crois qu'ils avaient calculé leur coup. Maintenant, Aharon et sa Feigué font de Chimchone ce qu'ils veulent et le mènent par le bout du nez. Lorsque je suis revenu, j'ai trouvé toutes mes sculptures coupées en morceaux et jetées dans le seau à ordures. Ça m'a fait un drôle de choc. A dire vrai, depuis quelques jours, j'avais comme le pressentiment qu'Aharon, avec la complicité de son Dieu, pourrait bien me faire cette vacherie. J'en avais vu pas mal de signes. Et voilà que c'est arrivé... Je suis resté un bon moment devant les têtes mutilées de ma mère, d'Estherké et d'Arthur. Du buste d'Estherké, il ne restait que le nez et la langue, de ma mère, un foulard et un œil, et d'Arthur, le menton et sa barbiche. J'ai d'abord essayé de recoller les morceaux, mais ça n'a rien donné. J'ai imaginé leur terreur impuissante et j'en ai presque crié de douleur. Ils ont peut-être imploré leurs bourreaux... Leurs cris montaient de la poubelle et lentement leur souffrance est devenue mienne, pour faire place à une haine comme je n'en avais jamais encore ressenti. Mille marteaux frappaient dans ma tête et criaient : Vengeance !... vengeance !... Tout ça, c'est la faute à cette sale Bible, à ce radin de Bon Dieu, fou à lier. Un couteau à la main, j'ai cherché le livre à couverture noire. Avec quelle jouissance j'en ai arraché les pages l'une après l'autre, jusqu'à la dernière !... Puis, j'ai lacéré les *tephilines* et le *talith*. J'ai retiré ensuite les morceaux de mes sculptures de la poubelle, pour y jeter les pages de la Bible et le reste. Et pour finir, j'ai découpé toutes leurs fringues en bandelettes : les chapeaux, les chaussures, et même leurs valises. Au fond d'une des mallettes, j'ai trouvé un tronc plein de pièces de monnaie et une liasse de billets de banque enveloppée dans une toile de lin. Ce n'est qu'alors que j'ai compris leur zèle pour les collectes : l'argent n'allait pas aux orphelinats et maisons de vieillards, mais dans leur poche. Je comprenais aussi leur insistance pour que je les accompagne. La liasse de billets était très épaisse ; je l'ai fourrée dans ma poche et j'ai attaché ma culotte avec les lanières des *tephilines.*

Dehors, le jour déclinait. Aharon et Feigué n'étaient pas encore rentrés — le vendredi est sûrement un bon jour pour les collectes. Mais ils n'allaient pas tarder. J'espère que Chimchone est allé boire un coup chez Schmil Grib, comme d'habitude. Mais Feigué et Aharon, qu'est-ce que j'en fais ? Une voix me chuchota à l'oreille : « Tue-les aussi, comme ils ont fait de tes sculptures... découpe-les en morceaux... » Bon, mais comment ?

Devant la porte, il y avait quelques caisses, la plupart pourries. Elles pouvaient faire une cachette idéale pour sauter sur Aharon et lui planter un couteau dans le dos. Surtout, pas de pitié ! Ils n'en ont pas eu pour Estherké, ma mère et Arthur. Mais malgré l'avantage de la surprise, mes chances étaient plutôt maigres : Aharon est très grand, et pour arriver à sa tête, il me faudrait sauter d'un perchoir sensiblement plus haut qu'une caisse. Tant pis, je risque...

Je m'étais à peine caché que j'entendis des pas dans l'escalier. J'étais calme et froid. Aharon était si proche que j'entendais sa respiration ; je sentais même son odeur d'oignon et d'ail. Maintenant !... c'est le moment ! Je me suis détendu comme un ressort... Surpris par le bruit, Aharon s'est retourné — et à l'instant même où je m'apprêtais à frapper, les planches ont cédé sous mes pieds et je suis tombé au fond de la caisse. D'un bond, Aharon entra dans la chambre et fit claquer la porte derrière lui. Quant à moi, il me fallut quelques bonnes minutes pour me dégager et sortir dans la rue.

Je ne suis plus retourné à la maison ; j'avais un peu peur de Chimchone. Il était sous l'entière domination d'Aharon et Feigué et de ce fait nos relations avaient changé. Je ne savais même pas comment ni où et quand ils s'étaient connus. Ni pourquoi le couple était venu habiter chez nous. Je soupçonnais aussi Chimchone de tremper dans l'affaire des collectes, surtout depuis qu'il m'avait demandé de les accompagner, tous les deux. Pourtant, je sais qu'il me manquera et, déjà, sa santé m'inquiète beaucoup. Que va-t-il devenir ? Je lui pardonne sa conduite envers moi. De loin, tout semble différent. Je voulais conserver le souvenir d'un autre Chimchone, un Chimchone toujours en pleine forme. Nous avons tant rigolé ensemble. Il me manque déjà, et aujourd'hui je suis très triste.

Zosa aussi a changé. C'est à peine si elle m'accorde un regard — je crois même que je la gêne. Mais où aller ? J'essaye de me faire le plus petit possible. Et tout ça à cause d'un nouveau favori, Julian, son fiancé. Ce Julian est wattman, mais il a plutôt l'air d'un agent de police avec son uniforme vert plein de boutons et sa casquette à visière brillante, dont il est très fier. Julian ressemble un peu à Zosa : ils sont tous les deux maigres, ont à peu près la même taille et les mêmes yeux clairs. Il est blond comme elle mais il a une énorme moustache et une éternelle cigarette collée aux lèvres. Julian n'aime pas les Juifs. Pour l'instant, il me supporte parce que je ne suis encore qu'un enfant. Mais il promet que lorsque je serai grand il me détestera comme les autres Juifs. A l'en croire, les Juifs sucent le sang du peuple polonais. C'est pour ça que la Pologne est pauvre et anémique. Lui-même n'a rien d'un anémique — au contraire : il a les joues roses et son nez est d'un beau rouge vif. Pendant son congé, Julian est avec Zosa. Il me faut alors quitter la chambre et il m'est même interdit de venir la voir. Faute de mieux, je suis revenu au dépôt d'œufs. Et c'est dur, très dur, parce que tout ici me rappelle Estherké. A tel point que, la nuit, j'ai peur de m'endormir. Et lorsque enfin je m'endors, des tas de monstres peuplent mes rêves. Parmi eux, je reconnais Chimchone, mais il est sans yeux et transparent comme du verre. Et il m'en veut terriblement. Aussi, j'ai presque paniqué lorsque Zosa m'a raconté que Chimchone m'avait cherché à deux reprises, avec un air qui ne lui disait rien de bon. Elle a donc préféré mentir et lui dire qu'elle ignorait où j'étais. Elle seule le voit, de temps en temps, et ce qu'elle m'en dit m'inquiète beaucoup.

« L'ange de la mort a déjà marqué son visage. Il a fondu de moitié — c'est à peine si on le reconnaît. Et malgré son état, il refuse toute aide, même la mienne. »

Elle m'a encore raconté qu'Aharon et Feigué ont été arrêtés il y a quelques jours et qu'ils sont au commissariat, pour escroquerie et émission de faux chèques. Je ne sais pas pourquoi la nouvelle ne m'a fait aucun plaisir — au contraire : j'en ai été attristé. C'est toujours déprimant de voir quelqu'un se casser la gueule, même si c'est un escroc. Chimchone est donc seul, maintenant. Sans Zosa, qui lui apporte à manger chaque jour, il serait certainement déjà mort de faim.

« Avrom Leib, il faut que tu te fasses à l'idée que, bientôt, il ne sera plus là. Remarque que, lui, il crâne encore et ne s'avoue pas vaincu. Y a pas à dire, vous autres Juifs, vous êtes une race forte », ajoute Zosa.

Grâce au fiancé de Zosa, Julian, Chimchone a été engagé comme mannequin réclame dans l'usine « Globin », qui fabrique du cirage de toutes les couleurs. Sur le couvercle des boîtes, on voit la silhouette de Charlie Chaplin, dont les gigantesques godasses brillent comme un soleil. Et Chimchone est habillé et maquillé de la même façon : un petit melon noir, une petite moustache surmontant un large sourire de clown, et une canne de bambou à la main. Le même jour, je décidai d'aller le voir. Advienne que pourra ! Dans le pire des cas, il me flanquera une paire de baffes — c'est pas terrible ; une gifle de plus ou de moins, est-ce que ça compte dans la vie d'un homme ? Ou même d'un enfant ? Et puis, j'avais une bonne raison de le rencontrer : lui filer une partie de l'argent du couple Aharon-Feigué trouvé dans leur valise. Ça lui permettra peut-être de payer le médecin, les médicaments ou l'hôpital. Moi-même, je ne dépense que les pièces de monnaie, sans toucher aux billets. Parce que ce fric, c'est comme s'il me brûlait les doigts. La petite monnaie, c'est autre chose. J'achète avec des gâteaux, des bonbons ou du pain noir aux raisins secs et du saucisson. Toutes ces bonnes choses, je les adore, et pourtant, je les avale difficilement. J'ai bien essayé de me raisonner pour faire taire cette voix dans ma tête, mais ça ne marche pas. Je reviens toujours au point de départ : ce fric appartient à la maison des vieux et aux orphelinats, me dit la voix. Il n'est pas à toi. Bref, ce paquet de billets me pèse et je ne sais qu'en faire. Si quelqu'un pouvait me le piquer, je crois que je n'en serais pas fâché. Je n'en veux pas. La preuve, je n'ai même pas encore ouvert la liasse dans son enveloppe de lin. Quelque chose m'empêche aussi de le rendre, à Zosa, par exemple ; j'ai tout de même une dette envers elle. Elle m'a aidé dans les moments les plus difficiles. Mais ce qui me gêne chez elle, c'est qu'elle est goya, alors que cet argent doit aller aux orphelinats, à la maison de vieux ou à un *Talmud-Thora*. Et puis, il y a son fiancé aussi, qui déteste les Juifs. J'ai beau me creuser les méninges, je ne suis pas plus avancé qu'avant. Le jour où j'ai décidé de rendre le magot à Chimchone, j'étais prêt à encaisser quelques gnons, pourvu que je me débarrasse du magot.

Vendredi, Zosa m'a chargé d'aller acheter de la choucroute chez Yaacov, l'épicier voisin du restaurant. Durant tout le trajet, l'affaire du fric me torturait plus que jamais, comme si un cercle de fer me serrait la poitrine. A tel point que j'avais du mal à respirer. Il faudra que je demande conseil à Godel. Il sait tout, Godel.

Près du débit de tabac de Zygmund, celui qui n'a qu'une jambe, j'ai aperçu une bande de voyous courant après un bonhomme qui avait l'air de s'être échappé du couvercle d'une boîte de cirage « Globin ». Quelques gamins lui lançaient des cailloux et des paquets de boue. Le Charlot de la boîte de cirage marchait à grand-peine et titubait comme un homme ivre. Sans savoir pourquoi, j'ai ressenti une terrible angoisse. Comme si, soudain, c'était moi qu'on poursuivait, moi qui marchais en chancelant. J'avais peur de m'approcher ; je craignais de reconnaître Chimchone. Chimchone qui se cachait le visage des deux bras pour se protéger des pierres. Je ne l'avais jamais vu aussi désarmé et si misérable ! J'ai voulu courir vers lui, le serrer sur ma poitrine, lui dire des choses qui réconfortent. Lui expliquer que je l'aimais beaucoup. Mais je suis resté sur place, comme paralysé. « Chimchone Chaplin », comme je venais de le surnommer, s'est arrêté pour s'appuyer d'une main contre un mur. Je me suis approché. Son visage était grimé d'un large sourire, comme celui des clowns. Et soudain, le sourire fondit en une coulée rouge. Chimchone Chaplin agita les bras, tel un noyé qui cherche à s'accrocher à quelque chose, avant de s'écrouler comme un épouvantail désarticulé. Tout en lançant leurs pierres, les voyous criaient en chœur : « Charlot ! Charlot ! » J'ai couru vers lui. Chimchone gisait dans la boue. Je pense qu'il m'a reconnu, car son sourire, le vrai, s'est élargi. La coulée rouge avait gagné la chemise et il avait perdu sa badine. Les énormes godasses se mirent à trembler, puis s'immobilisèrent d'un seul coup.

Ensuite, tout se déroula comme dans un film tourné au ralenti. Un groupe de curieux entoura Chimchone. Non pas des hommes, mais des silhouettes sans épaisseur, presque des ombres — grises, brunes et bleues. Certaines tenaient des parapluies, d'autres des sacs de cuir ou des cannes. J'ai voulu foncer dans le tas pour voir Chimchone. Mais une des ombres, un parapluie à la main, me repoussa brutalement : « Va-t'en, petit, tu gênes. Ce n'est pas un spectacle pour un enfant. Ce malheureux agonise. On attend l'ambulance. »

J'ai essayé d'expliquer que ce malheureux, c'est Chimchone. Mon Chimchone. Ensuite, deux hommes en blanc sont descendus d'une voiture blanche en forme de cube, avec une croix peinte en rouge sur les portes. L'un d'eux portait des lunettes à monture noire. Moins d'une minute après, le cube blanc à croix rouge a démarré dans un bruit de sirène assourdissant. Les silhouettes plates, avec leurs cannes, cartables ou parapluies, se sont dispersées. Et moi je suis resté longtemps sans bouger, tout seul dans la rue vide.

11.

« Moi, Reb Yehezkel Ben Hayim, ordonne, au nom de Dieu et de tous les *tzadikim*, à l'épidémie de s'écarter des maisons juives. Moi, Reb Yehezkel Ben Hayim, la somme de sombrer dans la mer et de se volatiliser dans l'air, pour disparaître à tout jamais. »

Ces mots figurent sur un talisman acheté pour deux zlotys chez Reb Yehezkel. Pour être exact, c'est le boulanger Feldman qui en a pourvu tous ses ouvriers. Il est en peau de veau et enroulé dans un sachet de toile qu'on porte au cou avec un fil rouge. Il paraît que c'est souverain contre le mauvais œil. Aussi, presque tous les enfants de notre cour ont le même — et je pense que ceux des cours voisines aussi. Outre ce texte, rédigé en yiddish, il y a une prière qu'il faut dire matin et soir. Mais comme je n'en comprends pas un traître mot, j'ai décidé de m'en passer. Les deux textes sont calligraphiés sur un dessin représentant une main aux doigts écartés.

Les rupins ont jugé plus prudent de quitter Lodz. Les plus riches sont partis à l'étranger, et les autres, dans d'autres villes du pays. La maladie qui sévit dans notre rue a un drôle de nom : la diphtérie. Et il suffit de le prononcer pour semer la panique dans tout le quartier. Je me demande qui a bien pu lui donner un nom pareil. Pourquoi pas Moïché, par exemple ? A mon avis une maladie qui s'appellerait Moïché serait plus facile à supporter. Diphtérie, c'est un nom goy, et tout ce qui sent le goy, il faut s'en méfier comme de la peste. Ou de la diphtérie, justement. Yankélé, le fils de Dvoïré la blanchisseuse, est mort hier, malgré le talisman. Je l'aimais beaucoup. Il a d'abord eu une forte fièvre, puis des maux de gorge et, quelques jours plus tard, il est mort étouffé. On raconte qu'il a beaucoup souffert. On a entendu les cris de Dvoïré dans toute la cour, et ils vous glaçaient le sang. Trois autres enfants sont morts la même semaine, dont la petite Havélé. Les parents de Havélé, des gens fortunés, ont fait venir les médecins les plus chers de la ville. L'un d'eux, un certain Kolka, ressemble bien plus à l'ange de la mort qu'à un médecin. Grand, maigre, chauve, avec un teint livide, comme s'il venait de sortir de la tombe. Le Dr Kolka a ordonné l'hospitalisation, mais ça n'a servi à rien. Et pourtant, le talisman de Havélé était écrit avec du sang de veau et enroulé dans un sachet en vraie soie, fermé avec une chaînette d'or. Peut-être que l'écriture n'était pas assez lisible, ou alors la maladie ne comprend ni le yiddish ni l'hébreu. Moi je pense qu'un talisman doit être rédigé en plusieurs langues, parce que, après tout, on ne peut tout de même pas demander à une épidémie de connaître la langue sacrée !

Presque chaque jour, on voit passer dans notre rue une charrette noire, fermée comme une caisse. Son arrivée terrorise toutes les mères. Ce corbillard est conduit par Sander, ou plutôt, comme tout le monde l'appelle ici, Sander *Peïguère*[1]. Sander est toujours très pâle. Il a un nez plat et de grandes dents jaunes. Il est muet comme une carpe et lorsqu'on s'adresse à lui, il répond toujours par un signe de la tête, même s'il ne comprend pas. L'enterrement de Havélé nous a tous beaucoup déprimés. Sa mère, Tsipké Holtz, est

1. En yiddish populaire : cadavre, macchabée.

allée jusqu'à proférer de telles imprécations contre Dieu que je n'ose pas les répéter : En gros, elle a dit ceci :

« Tu n'es plus le Dieu d'Israël... Parce que s'il Te restait la moindre étincelle de miséricorde juive, Tu n'aurais pas pris une fleur aussi pure que mon Havélé. » Je pense qu'ils étaient nombreux à penser comme elle. J'en ai vu qui se sont pourtant bouché les oreilles. Surtout lorsqu'elle a crié vers le ciel : « Les cierges que j'offrais jusqu'ici à la synagogue, Tu n'en verras plus la couleur. Je préfère Te montrer mon cul... »

Je n'ai pu m'empêcher d'éclater de rire — ce qui m'a valu aussitôt une torgnole carabinée de Feldman le boulanger. « Voyou, sans-cœur... La douleur fait divaguer cette malheureuse, et tu rigoles ! » Mais je n'y peux rien... C'est plus fort que moi. Certains ont dit que de telles insanités ne feraient qu'attiser la colère de Dieu. La vue d' Havélé dans son linceul, couchée sur un brancard, était insupportable. Et lorsqu'on a fait glisser le corps dans un cercueil noir, tout le monde avait les larmes aux yeux.

Depuis l'épidémie de diphtérie, je pense tout le temps à la mort. Je me demande, par exemple, comment l'ange de la mort choisit sa victime. Il faut croire qu'il est capable d'entrer dans les maisons par le moindre trou de souris. J'ai donc bouché les ouvertures de mon dépôt d'œufs. Et pour tromper la mort, j'ai fabriqué une poupée de chiffon, que j'ai couchée sous la couverture. De cette façon, avant que l'ange de la mort ne réalise qu'il s'est fait avoir, j'aurai le temps de me sauver. Mais je ne peux pas boucher tous les trous de la baraque — il y en a trop. Je crois même qu'il y a plus de trous que de bois. Les plus grands sont sur le toit. Ça, c'est plutôt un avantage : l'ange de la mort risque de se casser une patte en voulant y grimper. Moi, je ne crains rien, parce que je suis le seul à connaître le moyen de monter sur le toit sans tomber. N'empêche que je voudrais bien dormir autre part, mais où ? Depuis la mort de Chimchone et le mariage de Zosa Klops, je n'ai personne. J'ai déjà dit que Zosa s'est mise à détester les Juifs — sans doute sous l'influence de Julian, son mari. Même moi, elle ne m'aime plus ; elle dit qu'en grandissant mon côté juif ressort de plus en plus. Je ne sais pas si je dois prendre ça pour un compliment ou une injure. Max m'a promis de revenir vite, mais pour l'instant je suis seul. Godel vient me voir, de temps en temps, mais ses visites ne durent que quelques minutes et c'est pour me faire une proposition, toujours la même.

« Tu sais que ton patron, Feldman, est très riche. Essaie de voir où il planque son fric — tu ne le regretteras pas. Je te promets qu'on vivra comme des pachas. »

Moi, je lui réponds à chaque fois qu'il n'en est pas question, parce que Feldman est très bon pour moi, même si, de temps en temps, il me flanque une baffe. Mais ça, c'est normal, tous les apprentis connaissent ça. On dit que ça fait partie du métier. Sa fille aînée, Beïlé, est particulièrement gentille avec moi. Elle est allée jusqu'à me proposer le mariage. Il est vrai qu'elle a dit ça en rigolant. Mais l'atmosphère est plutôt à la déprime, dans la boulangerie. La fille de Leïzer, l'ouvrier qui travaille au pétrin, est malade. Nous prions tous pour qu'elle guérisse et partageons son chagrin. La boulangerie a fait don de cierges à la synagogue et de petits pains à l'asile de vieillards. C'est notre façon de combattre la maladie. Mais on dirait qu'elle s'en balance, et elle continue à tuer. Hier, un autre enfant est mort. Je ne le connaissais pas, parce qu'il habitait dans la rue Dolna. Mais le plus tragique, c'est qu'il est mort deux jours avant sa *Bar-Mitzva*. Certains ont vu là un châtiment du ciel, parce que son père est communiste. Pire : antisémite. Tout ce qui est juif le gêne. A l'entendre, les Juifs devraient tous se convertir au christianisme pour être comme les autres. Chez lui, seule sa femme a gardé une étincelle de judaïsme et elle a exigé que son fils fasse sa *Bar-Mitzva*. Pour ce chabbat, on prévoit des prières spéciales, avec un sermon de Reb Yehezkel. La boulangerie de Feldman s'est engagée à fournir les pains et les gâteaux pour le buffet qui suivra l'office. Dans ce climat d'angoisse, les gens se serrent de plus en plus les coudes. Les notables de la ville ont également décidé d'organiser des prières sur les tombes des *tzadikim* et d'implorer leur intervention auprès de Dieu, pour qu'ils Lui disent : « Seigneur, nous avons déjà assez de misères sans cette épidémie de diphtérie. Et si ce n'est pas Toi, qui pourrait nous aider ? » Je compte aller aussi, avec tout le monde, prier sur les tombes des *tzadikim.* Mais avec une bonne provision de petits pains. Les autres gamins vendront là-bas des cierges. Ce genre de pèlerinage est toujours très bon pour les affaires.

Le départ a été reporté pour des raisons pas très claires. Godel prétend que c'est parce qu'on n'a pas encore trouvé le *tzadik* approprié, un qui aurait ses entrées chez le Créateur. Mais est-ce qu'il parle sérieusement ou est-ce qu'il se fout de moi ? Avec Godel, on ne sait jamais. On a également proposé autre chose pour chasser la maladie : marier un couple d'orphelins au cimetière, aux frais de la communauté. C'est un truc qui a fait ses preuves et qui cache une pensée profonde : montrer à la maladie que la vie est plus forte que la mort. Parce que le mariage, c'est pas autre chose que le commandement biblique de « croissez et multipliez ». C'est ce qu'a expliqué Bourek le tisserand, et je crois tout ce qu'il dit. Godel n'a pas l'intention de se joindre au pèlerinage. Parce que, dit-il, un pickpocket ne peut que se tourner les pouces dans un cimetière. A part ça, il ne croit pas aux *tzadikim*, et encore moins lorsqu'ils sont morts. Sur ce chapitre, il m'est difficile de discuter avec lui. Après tout, il est plus grand que moi et il sait des tas de choses. Par contre, moi je n'y connais rien, aux *tzadikim.* Ma mère m'a dit qu'un *tzadik* véritable ignore qu'il l'est. Et si lui-même ne le sait pas, comment pourrais-je le savoir, moi ?

Tout ça, c'est très compliqué. J'essaie de me rappeler si j'en ai rencontré un. Le seul qui pourrait peut-être mériter ce titre, c'est Hayim le Bossu. Qu'aurait-il pensé de cette épidémie et des moyens de la combattre ? On saura au moins ce qu'en pense Reb Yehezkel, puisque ce sera le thème de son sermon, à l'office de chabbat : « Quelle est la nature de cette maladie ? S'il s'agit d'un châtiment du ciel, quelle en est la cause, et comment la considérer ? »

Il y avait beaucoup de monde à l'office du chabbat — y compris quelques impies, dont deux communistes. Je ne sais pas ce que la diphtérie a à voir avec les communistes, mais certains disent que tout ça, c'est de leur faute. Parce que si la maladie nous vient de Dieu — chose indéniable — comment peut-on l'admettre sans croire à Celui qui l'envoie ? Le *schtibel*[1] était trop petit pour contenir tout le monde et de nombreux fidèles avaient dû rester dehors. La tête couverte de leur *talith*, certains se dandinaient en pleurant, d'autres criaient en implorant la clémence du ciel, d'autres encore priaient tout bas. Comme les visages étaient cachés, on aurait pu croire que les *talitoth* eux-mêmes étaient en prière. A côté de moi, j'ai pu entendre un dialogue se dérouler sous un *talith* bordé de fils d'or, entre le fidèle et Dieu : « Que veux-Tu, Seigneur ? demandait une voix pleurnicharde. Je suis prêt à tout pour que Tu laisses la vie à ma fille et à mon fils. Je Te promets d'envoyer mon gamin au *héder*. » Je ne sais pas ce que Dieu a répondu, mais j'ai entendu la suite : « ... Je m'engage à faire un don au *Talmud-Thora* et à l'orphelinat... Tu sais très bien que je travaille très dur pour gagner ma vie, mais je tiendrai ma promesse. » J'avais le sentiment que Dieu marchandait âprement, parce que le *talith* aux franges dorées cédait à la surenchère : « ... Bon, je ferai aussi réparer à mes frais le toit du *schtibel* et restaurer la façade. » Pendant

1. Sorte d'oratoire toujours très modeste où viennent prier et étudier les fidèles les plus orthodoxes.

quelques minutes, ce fut le silence. Je suppose que Dieu était en train de calculer mentalement si le marché lui convenait, compte tenu de la situation financière du fidèle, qu'Il doit connaître. Après deux bonnes minutes, la discussion sous le *talith* reprit de plus belle — et cette fois, le ton était véhément : « Qu'est-ce que Tu me veux à la fin ? Me pomper jusqu'au dernier sou ? Me réduire à la mendicité ? Mais puisque Tu insistes, j'irai jusqu'à financer les études et le couvert de deux talmudistes pendant cinq ans... » Je n'ai pas entendu la suite, car le *talith* a soudain disparu. Parfois, on voyait poindre sous les *talitoth* une paire de lunettes, une barbiche, ou un long nez, souvent boutonneux. Certains criaient à tue-tête un « Chema Israël » désespéré, suivi de la sonnerie du chofar. Les fidèles se dandinaient alors plus frénétiquement et les têtes descendaient jusqu'aux genoux. On aurait dit un champ de blé sous la houle. Quelques minutes après, le vent se calmait et les épis bordés de fils d'or retrouvaient leur posture verticale.

Comme prévu, après la prière, Reb Yehezkel a prononcé un sermon. Si je l'ai bien compris, le ciel nous aurait envoyé cette épidémie parce que certains Juifs n'ont pas respecté les commandements de la Thora, ni donné leur obole. Ici, sa voix gronda pour dire : « Et n'oubliez pas : la charité sauve de la mort. Les dons seront reçus ici, dimanche matin. Et, si Dieu veut, Il nous exaucera. »

Un office spécial a également eu lieu dans la grande synagogue, celle où viennent prier les riches. Il était très différent de celui du *schtibel*.

Là, l'assistance était très calme, plutôt froide, comme si les fidèles étaient parvenus à un arrangement avec Dieu au sujet de leurs oboles. La preuve, l'office a été bien plus court et ils se sont dispersés aussitôt. La prière du *schtibel* me semblait bien plus sincère. Aussi, ai-je décidé, après bien des hésitations, de faire passer l'argent de la grande synagogue dans le *schtibel*. Pour calmer ma conscience, je me suis dit : « Mais puisque cet argent, tu ne le prends pas pour toi... tu ne fais que le transférer dans une synagogue plus méritante et qui en a autrement besoin. » Le raisonnement tenait debout, mais je n'en avais pas moins peur. Parce que, qui peut se vanter de prévoir les lubies de Dieu ? J'ai longuement discuté avec Lui et je pense que je L'ai finalement convaincu de la pureté de mes intentions. Je n'ai eu aucune difficulté à forcer la fenêtre de la grande synagogue. Mais en la poussant, une des vitres s'est fendue et m'a blessé à la main. Résolu à aller jusqu'au bout, j'ai sauté à l'intérieur. En général, un tel saut ne me fait pas peur, mais cette fois je me suis presque foulé la cheville. J'ai été pris d'un soupçon : et si Dieu n'était plus tellement convaincu ! Ou peut-être qu'Il hésitait, Lui aussi, sur la question de savoir où l'argent était plus utile. L'office du *schtibel* m'avait appris qu'on pouvait marchander avec Dieu. Sur une table, il y avait six troncs pleins... « Ecoute, Seigneur, Lui ai-je dit mentalement, coupons la poire en deux : je me contenterai de trois troncs. Qu'est-ce que ça peut Te faire ? De toute façon, tout est à Toi. » Et là, j'ai eu la nette impression que Dieu me donnait son accord par un clin d'œil, en précisant, avec un sourire : Mais si tu te fais pincer, tu es seul responsable. Moi, je n'ai rien vu.

Bien entendu, j'ai tout de suite accepté. Malgré ce marché, la peur me serrait la poitrine. Sur l'appui d'une des fenêtres, plusieurs cierges agonisaient. Soudain, le rideau du tabernacle se souleva, comme sous l'effet d'un courant d'air. Pourtant, il n'y avait pas le moindre souffle. Les deux lions qui surmontent le tabernacle montrèrent les crocs et leurs têtes se mirent à bouger. L'un d'eux se dressa sur ses jarrets, comme pour me sauter dessus. La porte grinça et les flammes des cierges de la fenêtre firent jouer les ombres. Certaines ressemblaient à des chauves-souris battant des ailes. D'autres semblaient ramper lentement vers moi. Les battants de la fenêtre, que j'avais laissée ouverte, criaient sur leurs gonds. Le cœur battant à rompre et les bras chargés des troncs, j'ai sauté par la fenêtre, pour buter sur une pierre et m'étaler, la face par terre. Le sang me coulait du nez et ma cheville m'empêchait de courir. Heureusement, je n'ai rencontré personne sur mon chemin.

Cette nuit-là, je ne fermai pas l'œil. Dans le noir, je voyais le visage de ma mère me fixant d'un regard douloureux et courroucé à la fois, qui semblait dire : « Voleur. » Je me suis caché dans un coin, mais le visage était toujours là. Pour le fuir, je suis monté sur le toit, et c'est seulement alors que ma mère me laissa tranquille. Je crois bien qu'elle a eu peur de monter sur l'échelle.

Dès qu'il a fait jour, j'ai couru porter les troncs au *schtibel*. Malgré l'heure matinale, Reb Yehezkel était plongé dans l'étude d'un gros livre. Les yeux rouges et la voix fatiguée, il avait dû veiller toute la nuit.

— Bonjour, Reb Yehezkel, l'ai-je salué à voix basse. (Et en même temps, je pensais : Débarrassez-moi vite de ces troncs...)

— Ah ! c'est toi, Avrom Leib, qu'est-ce qui t'amène de si bon matin ?

— Je veux donner de l'argent.

— Très bien, Avrom Leib. Pose tout ça sur la table, près de l'assiette.

Reb Yehezkel chuchota encore quelque chose, sans que je puisse dire s'il s'adressait à moi ou à lui-même. Je ne sais pas s'il m'arrivera un jour de voler de l'argent — je ne veux pas le jurer. Mais ce qui est certain, c'est que plus jamais je ne toucherai au tronc d'une synagogue.

Pour l'instant, grâce aux trois troncs, la diphtérie m'a épargné. Par contre, elle a frappé Choulamith, la petite-fille de Wolf, le propriétaire. Depuis, Wolf a profondément changé. D'abord, il n'a plus ce regard arrogant que tout le monde lui connaissait. Il a même essayé de me parler lorsque je suis passé à côté de lui. Je ne lui ai pas répondu — je ne peux oublier le visage douloureux de Malka, lorsque sa raison a chaviré. D'ailleurs, je crois que je suis incapable de pardonner. Oh, je sais ce qu'on va me dire : ce n'est pas digne d'un bon Juif... Vois comme il souffre. C'est un être humain, après tout. Il a commis des erreurs ? Mais qui peut se vanter d'être irréprochable ? On peut bien me dire et répéter tout ça, moi, ça m'est égal — et je ne lui pardonnerai jamais.

Deux jours plus tard, sa petite-fille mourait.

— Tu vois, Avrom Leib, on ne peut pas lui graisser la patte, à l'ange de la mort, m'a dit Godel avec un drôle de sourire.

La maladie continue à frapper. A chaque nouveau décès, on se serre les coudes encore plus. Même les plus riches, ceux qui, en temps normal, ne se saluaient même pas, ont l'air de se rechercher avec des regards où se lisent à la fois la peur et l'espoir. Ce soir, une profonde tristesse s'est abattue sur tout le quartier. Trois enfants sont morts en une même nuit. Je note que l'ange de la mort travaille surtout la nuit. Peut-être parce que dans la journée, on pourrait le reconnaître de loin et s'enfuir. La nuit, personne ne le voit et il se faufile comme une ombre dans les maisons. C'est pour ça que je ne dors plus dans mon dépôt, mais dehors. Parce que dans le dépôt, il y a des tas de coins noirs où il pourrait se planquer. La plupart du temps, je dors sur le toit. S'il m'y cherche, je lui réserve quelques surprises. D'abord, j'ai cassé quelques barreaux de l'échelle. J'en ai fixé quelques autres par un seul petit clou. Et je plains celui qui y posera le pied. Ce qui me tracasse, c'est la tête qu'il peut avoir, l'ange de la mort. Comment le reconnaître, si par hasard je venais à le rencontrer ? Moi, je le vois sous les traits d'un bonhomme avec une barbe noire, pieds nus, pour qu'on n'entende pas ses pas, avec un grand sac où il fourre les âmes de ses victimes.

J'étais encore en train de l'imaginer, lorsque j'ai soudain senti mon sang se glacer. L'ange de la mort était en face de moi ! Je suis resté pétrifié sur place. Il était exactement comme je me l'étais imaginé : grand, une barbe noire, large d'épaules, pieds nus, avec une musette. Et le plus terrible, c'est qu'il souriait. « Il essaye de me la faire au charme, pour mieux me blouser me suis-je-dit. Mais il ne m'aura pas si facilement. Je me battrai, je mordrai, je grifferai... » Je me sentais une force animale. Mais si j'essayais de discuter, de lui expliquer qu'il fallait jouer le jeu, et non me tomber dessus comme ça, au dépourvu...

— D'abord, il faut que je tombe malade. Ensuite, que j'aie une forte fièvre, puis un mal de gorge et une inflammation, et après...

— De quoi parles-tu, mon petit ? m'interrompit l'ange de la mort.

— N'approchez pas, ou je griffe. Oh, je sais bien qui vous êtes ! Vous voulez me prendre en traître... mais je ne suis pas une fillette, moi. Je ne suis pas la petite-fille de Wolf. Ni Yankélé, que vous avez pris pendant la nuit. Je sais que vous êtes l'ange de la mort, ai-je hurlé de toutes mes forces. Essayez seulement d'approcher...

— Je suis qui ? demanda l'ange de la mort, qui paraissait très surpris.

— L'ange de la mort. On vous remet tout de suite, allez ! avec votre barbe noire, vos pieds nus et votre musette pour y mettre les âmes des enfants.

L'ange de la mort éclata d'un rire sonore et bienveillant, qui me plongea dans l'embarras.

— Non, mon petit. Je ne suis pas l'ange de la mort. On m'appelle Avrom. Avrom Ben Yossef. Et toi, comment t'appelles-tu ?

— Avrom Leib.

— Tu vois, nous avons presque le même nom. Tu crois

vraiment qu'avec un nom pareil, je pourrais faire du mal à un enfant juif ?

Tout ça dit d'un ton sympathique, et même chaleureux. Pourtant, lorsqu'il a voulu s'approcher, j'ai bondi en arrière. Tout en restant sur mes gardes, j'ai examiné son long manteau entièrement déteint, tout rapiécé, son pantalon qui ne valait guère mieux, ses pieds enveloppés dans des chiffons ficelés. Exactement comme moi. Je commençai à être rassuré. Un homme troussé de cette manière est bien des nôtres. Et surtout, me suis-je dit, l'ange de la mort ne peut être juif. C'est un boulot de goy. La preuve, c'est que jusqu'à présent, l'épidémie n'a tué que des enfants juifs.

Il me faut encore une preuve. S'il me la donne, je serai tout à fait rassuré.

— Ecartez votre barbe et montrez-moi votre col.

Avrom souleva sa barbe. Sur sa poitrine nue, il portait des *tzitzioth* — et pas la moindre trace de croix au cou.

J'ai ressenti une faiblesse soudaine et une sueur froide m'a couvert le front. Je devais être très pâle, car Avrom s'assit à côté de moi et me dit : « Assieds-toi, petit, et calme-toi. »

Vu de près, il était très différent. Même lorsque sa bouche riait, ses yeux restaient tristes. Son regard était d'une grande douceur, comme tourné vers l'intérieur. Je remarquai ses mains — je les sentais bien plus que je ne les voyais. Des mains qui n'avaient sûrement jamais fait de mal à personne. Elle laissaient une impression à la fois de force et de timidité. Il portait une calotte noire sur des cheveux bouclés. Pour la première fois de ma vie, je me sentais en sécurité avec un homme qui m'était inconnu quelques minutes plus tôt. Il me semblait le connaître depuis de longues années. Peut-être à cause de nos noms presque pareils. Ou peut-être nous sommes-nous rencontrés un jour lointain dont j'ai perdu le souvenir ? Malgré son expression sérieuse, le coin de la bouche ne parvenait pas à cacher un sourire. Mais son front le trahissait : dans ses plis, on lisait le souci, l'angoisse et la peur.

Je ne sais pas combien de temps nous sommes restés assis ensemble, à regarder le ciel. Les toits des maisons ressemblaient à des chapeaux d'ivrognes, posés crânement sur le côté. Un fil, fin comme une plume, s'était déroulé d'une des toitures.

— Alors, Avrom Leib, qu'en dis-tu, la vie est belle, non ?

Près de lui, même la maison grise au toit tordu semblait belle. J'ai ressenti soudain une angoisse familière. « Souviens-toi, Avrom Leib, me disait une voix connue, ne te livre pas, lui aussi disparaîtra un jour, comme les autres. Et tu te retrouveras seul. » Max n'a pas disparu, c'est vrai. Il est seulement parti pour un bout de temps, et avec lui ma haine des riches.

— Avrom, tu hais les riches ?

— Non, j'ai seulement pitié d'eux. Dieu les a comblés de biens et ils se sont enfermés avec. C'est pour ça qu'ils vivent dans la peur. Ils n'osent même pas se voir dans une glace.

— D'où viens-tu, Avrom, et où veux-tu loger ?

— Peut-être ici... Pas très loin.

— Avrom, et les goyim ? Moi, je les déteste et j'ai peur d'eux.

— La vérité, c'est qu'à moi aussi ils me font peur. Et la peur entraîne toujours la haine. La peur est fille de la passion et la passion nous vient de Satan. Seule la raison peut vaincre Satan. J'aimerais vivre en bons termes avec les goyim, mais eux ne le veulent pas ; ils ne nous laisseront jamais tranquilles. Nous autres Juifs, nous sentons autrement les choses, nous pensons autrement et notre vocation aussi est autre. En un mot, nous sommes différents. Et ça, on ne nous le pardonne pas. Mais il nous est interdit de haïr, si nous ne voulons pas devenir goyim nous-mêmes, que Dieu nous en garde ! En cédant à la haine, nous perdrions notre âme, et avec elle, tout ce qu'il y a de beau et de bon en nous.

Ces belles paroles ne changeaient rien et n'expliquaient rien. J'avais toujours aussi peur des goyim et je les détestais tout autant. Peut-être un peu moins Kasziek. Et Zosa Klops encore moins. Au début, je l'aimais beaucoup et elle aussi m'aimait bien. Mais depuis qu'elle est mariée à Julian, elle n'est plus la même. Je l'aime encore un peu, mais elle me fait déjà peur.

Avant de rencontrer Avrom, je rêvais d'un pays où ne vivraient que des Juifs et où je n'aurais pas peur de marcher seul dans la rue, parce que je n'y verrais pas le regard méchant des goyim.

— Avrom, malgré tout, je ne les aime pas.

— Dis-moi, Avrom Leib, si tu voyais un goy blessé, tu n'essayerais pas de l'aider ?

— Bien sûr que si. Mais je foutrais le camp tout de suite après.

— Et si tu as une miche de pain et que tu rencontres un goy qui a faim, tu ne lui en donnerais pas la moitié ?

— La moitié, non, mais je lui en donnerais un morceau... (Mais lequel ? ai-je aussitôt pensé. Pas le quignon, mon morceau préféré.) Ça dépend, si c'est du pain noir aux raisins secs, je ne lui en donnerais qu'une tranche. Mais si c'est du pain ordinaire, je pourrais lui en refiler un quart de miche.

— Tu me rassures... Pas de danger que tu deviennes goy.

Mais déjà ma vieille peur revenait : Avrom partira un jour, comme les autres, pour ne plus revenir. On dirait que tout ce qui est bon doit forcément disparaître.

— Avrom, tu peux habiter avec moi dans ma baraque, si tu veux...

— Non, Avrom Leib, je te remercie beaucoup, mais je construirai ma propre baraque. Tiens, je vois beaucoup de planches, tout autour. Assez pour faire quatre murs et un toit.

— Mais je pourrai venir te voir ?

— Autant que tu voudras.

— Alors, je t'aiderai à construire ta baraque.

— Merci, Avrom Leib.

Cette même nuit, on s'est mis à l'ouvrage. La bicoque s'appuyerait sur la clôture de la caserne des pompiers. Avrom a sorti de sa musette un marteau, des tenailles et des clous. Ses gestes rapides et sûrs prouvaient une solide expérience.

— Avrom, tu as toujours avec toi un marteau, des tenailles et des clous ?

— Oui... Mes outils sont ma maison, a-t-il répondu en riant.

— Tu as été menuisier ?

— Entre autres.

Les coups de marteau dans l'obscurité réveillèrent les voisins. D'abord, une des fenêtres encadra deux têtes un peu ahuries. Puis d'autres volets claquèrent, éclairant des visages surpris. Malgré l'obscurité, nous nous sentions encouragés par les regards. A l'exception de Zelta. Celle-là, elle ne manque jamais une occasion de gueuler et de se disputer.

— Qu'est-ce que c'est que ce boucan ! ? La journée ne vous suffit pas ?

— Vous devriez être contente. Ça vous fera un voisin de plus pour vous disputer.

— Prends garde que ta langue ne se noue... Dieu lui-même ne saura pas si tu parles par la bouche ou l'oreille.

Avrom s'est esclaffé de bon cœur, comme un enfant, et moi avec lui. Peu à peu, notre fou rire gagna les voisins à leurs fenêtres, ce qui fit enrager Zelta.

— Ça ne fait rien, les rassura Avrom, les imprécations et anathèmes n'ont pas d'adresse.

Le lendemain, nous avons travaillé toute la journée et, à la tombée de la nuit, la baraque d'Avrom était terminée, solidement adossée contre la clôture en pierre, avec son toit couvert de branchages. Une question n'avait pas cessé de m'obséder : d'où vient-il ? Je me demandais aussi où il dormirait, puisqu'il n'avait pas de lit. D'ailleurs, où l'aurait-il mis ? La « pièce » pouvait tout juste contenir une étagère tenant lieu aussi de table, sur laquelle il avait posé une boîte de fer où était fichée une bougie.

Le reste de l' « ameublement » consistait en un seau d'eau,

un gobelet de métal et un cabas en raphia tressé cachant une miche de pain et plusieurs oignons. À la fin, Avrom tira de sa musette un gros livre, qu'il posa sur l'étagère.

— Et maintenant, Avrom Leib, si tu veux me parler, c'est seulement le soir. J'ai besoin d'être seul.

Je me sentais très humilié. L'ingrat ! Je l'ai aidé à construire sa maison et maintenant qu'il n'a plus besoin de moi, il me chasse comme un malpropre. Avrom comprit mes sentiments et essaya de m'amadouer.

— Avrom Leib, ne sois pas vexé. Essaye de comprendre, il me faut être seul.

Quelques heures plus tard, j'ai raconté la chose à Godel.

— Tu te rends compte ? Je l'ai aidé à construire sa cabane, et au lieu de me remercier, il me montre la porte.

Je ne pouvais pas trouver mieux que Godel pour partager mes sentiments.

— Ils sont tous comme ça, tes *tzadikim*. Ils se croient meilleurs que nous. Je parie que cette nuit encore il amènera des putes dans sa baraque. Il faut se méfier d'eux. Combien a-t-il de lits dans sa bicoque ?

— Pas un seul. Il n'a pas de place.

Godel sembla réfléchir quelques minutes.

— Alors, il doit fabriquer de la fausse monnaie. T'en fais pas, ton Avrom, on va s'en occuper.

Godel a encore débité des tas de choses malveillantes sur Avrom. Comme s'il prenait un malin plaisir à le noircir à mes yeux. Le même soir, je ne suis pas allé le voir. Je n'avais pas encore avalé la pilule et je lui en voulais. De loin, entre les planches de la baraque, la petite flamme vacillante d'une bougie jetait une faible lumière. J'ai cédé à la curiosité et me suis approché jusqu'à l'ouverture carrée qui servait de fenêtre, fermée par un sac. Avrom se tenait devant l'étagère qui lui servait de table. Mais ce n'était pas le même Avrom, celui que je connaissais si bien maintenant. Il semblait regarder au loin, très loin. Effrayé, j'ai reculé sans faire de bruit et je me suis enfui.

L'apparition d'Avrom dans notre cour avait suscité des réactions passionnées et les langues allaient bon train. L'opinion la plus répandue disait qu'il avait été envoyé par Dieu pour combattre l'épidémie et qu'il était le Sauveur. Quant à moi, je me suis rangé à l'avis de Bourek le tisserand.

« ... Cet homme est un saint, c'est clair comme le jour », m'a-t-il dit. Il ne fallait donc pas le déranger. Mais les saints aussi doivent manger. Et Dvoïré la blanchisseuse, celle qui a perdu son fils, Yankélé, malgré sa brouille avec Dieu (et peut-être voulait-elle se faire pardonner les mots durs qu'elle avait eus pour Lui, ou peut-être craignait-elle que la maladie ne frappe un autre de ses quatre enfants), Dvoïré, donc, m'a accosté pour me dire :

— Dieu, c'est Dieu, mais un homme doit manger. Toi, Avrom Leib, tu passeras dans les maisons pour collecter de la nourriture. C'est toi qu'il connaît le mieux. Chacun donnera ce qu'il peut. Et surtout, arrange-toi pour qu'il ne se sente pas humilié.

— Ça fait deux jours qu'il n'est pas sorti de chez lui.

— Tu vois ! C'est bien ce que je disais : il est trop fier pour demander quoi que ce soit.

La plupart des voisins ont été de son avis.

A partir de ce jour, ma vie a complètement changé. Et d'abord, j'ai arrêté de travailler chez le boulanger Feldman pour me consacrer à la collecte de bouffe. Dvoïré m'a donné deux marmites, l'une pour le lait et l'autre pour les plats à base de viande.

J'ai mes entrées chez Wolf le proprio, qui a perdu sa petite-fille Choulamith ; et je peux commander chez lui tout ce que je veux pour Avrom. Les autres me donnent ce qu'ils peuvent. Certains se contentent de me donner quelques tranches de pain, d'autres du *tsimess* et de la carpe farcie. Les plus pauvres, des pommes de terre bouillies. Feldman me donne des petits pains au pavot et aux raisins secs, spécialement confectionnés pour Avrom. Depuis quelques jours, je ne vais plus chez les plus pauvres — ce que me donne Wolf et les petits pains de Feldman suffisent largement. Je suis tout de même le seul à connaître les goûts d'Avrom...

Et maintenant, je dois vous révéler un secret, un péché terrible que je commets chaque jour... J'espère que Dieu me pardonnera et comprendra. Je suis même sûr qu'Il se dira : « ... et alors, ça fait mal au ventre à quelqu'un si Avrom Leib mange à sa faim ? Et d'abord, cette bouffe, à qui la prend-il ? A ce rupin de Wolf ? Au boulanger Feldman ? Ils n'ont plus que les os et la peau, peut-être, les malheureux ! Et si Avrom se contente de pain et d'oignons, c'est son affaire ; chacun ses goûts. Alors, hein... ne venez pas me dire qu'Avrom Leib lui enlève le pain de la bouche. »

Avant l'arrivée d'Avrom, j'avais rêvé de *latkess* plusieurs nuits de suite. Et pas n'importe quels *latkess* — ceux que j'aime : avec des oignons frits dans la graisse d'oie. Et dans mon rêve, je proposais un marché à Dieu :

« Seigneur, que je Lui disais, je sais que Tu as assez d'ennuis comme ça. Mais je ne demande pas grand-chose. Je voudrais manger un jour des *latkess* à volonté... à m'en péter le ventre. En échange, je renonce au cacao et au chocolat, qui sont bien plus chers. Quelques *latkess*, qu'est-ce que c'est pour Toi ? » Et depuis que mon rêve s'est réalisé, j'ai recommencé à croire en Dieu. Lorsque je serai grand, je voudrais vivre avec des saints. Ou dans leur voisinage. C'est un moyen éprouvé pour manger à sa faim.

Hier, par exemple, j'ai raconté à la femme de Wolf le rupin — une femme très agréable qui s'appelle Lora. Elle a des yeux tristes et rêveurs, le teint pâle, des lèvres charnues et tristes, elles aussi ; peut-être à cause de la mort de sa petite-fille — donc, je lui ai raconté qu'Avrom avait son anniversaire et qu'il aimerait beaucoup une génoise aux cerises, avec de la crème au chocolat dessus. Je regrette seulement de lui avoir dit que c'était pour un anniversaire, parce que les anniversaires, il n'y en a qu'un par an. J'aurais pu tout aussi bien lui dire qu'il en mange un tous les chabbat. Au boulanger Feldman, j'ai dit qu'Avrom le bénit chaque jour, qu'il prie pour que l'épidémie ne touche pas sa maison, mais qu'il aimerait plus de graines de pavot et de raisins secs. Depuis, les petits pains qu'il lui envoie ont plus de raisins secs que de mie. Même chose pour les graines de pavot. J'ai pris la génoise dans ma baraque, j'ai étalé un sac, je me suis mis une serviette autour du cou — également taillée dans un sac — comme j'avais vu faire un jour dans un restaurant de rupins. Mais je ne suis pas allé plus loin dans l'imitation. Pour l'ordre des plats, par exemple, je peux manger le gâteau avec de l'oignon et des *latkess*, du jarret de veau en gélatine et du radis. De toute façon, tout ça se mélange dans le ventre.

A cette occasion, je me suis fait un ami, un petit chien noir comme le diable qui s'appelle Bourek. Il est très intelligent et pas du tout regardant pour ce qui est de l'ordre d'entrée des mets. Ainsi, il se fout pas mal de manger de la viande avec du fromage. Ce n'est qu'une bête et il n'a pas peur du châtiment du ciel. Bourek ne me quitte pas d'une semelle. Si je pouvais l'envoyer à ma place faire la collecte de la bouffe pour Avrom, je me prélasserais sur ma paillasse, comme un pacha. A mon avis, Avrom sait que je berne tout le monde, lui y compris. Parce que chaque soir, il me reçoit avec un sourire qui en dit long, lorsqu'on le connaît.

— Alors Avrom, on dirait que tu as un peu forci ces derniers temps. Ça ne fait rien... continue tes tournées. Un Juif doit avoir deux qualités : le courage, parce qu'il en faut pour vivre parmi les goyim, et l'intelligence ; et elles doivent aller de pair. Un Juif stupide, mollasson et lâche se laisse tenter par le monde chrétien. Et être goy, ce n'est pas très difficile ; ça ne demande pas beaucoup de cervelle.

Cette même nuit, j'ai eu une discussion intéressante avec Avrom. Plus exactement, je me suis contenté de l'écouter. Ce qui me plaît chez lui, c'est qu'il me parle d'égal à égal, et non comme à un gamin. Je pense que ce soir-là, j'ai compris le sens profond du mot juif — et j'ai été fier de l'être.

— Avrom Leib, m'a-t-il dit, nous vivons une époque de brimades, de persécutions et de meurtres. Nous sommes entourés d'un océan de haine. Seule la conscience de ce que nous représentons nous donne la force de tenir et de survivre. Nous leur avons inculqué la valeur suprême de l'homme : la morale, et le commandement divin : Tu ne tueras point. Et qu'en ont-ils fait ? des fleuves de sang et des pogromes. Avec la bénédiction des prêtres et du pape lui-même. Nous leur avons enseigné la miséricorde et l'amour, avec le commandement : Tu aimeras ton prochain comme toi-même ; et au nom même de ce précepte, ils tuent et massacrent sans pitié. Avrom Leib, je ne serai probablement plus là pour voir ça, mais toi tu connaîtras un jour un nouveau type de Juif, un Juif fier, fort, capable de rendre coup pour coup et œil pour œil.

J'avais l'impression que ce n'était plus à moi qu'il s'adressait ; il n'était plus ici, mais dans une autre époque, un futur lointain, connu de lui seul. Je suivais difficilement son monologue et il y avait des tas de mots que je ne comprenais pas. Mais j'ai senti qu'il me renvoyait une image de moi-même bien plus belle que celle qui m'était familière. Je pense que mon amitié avec Avrom m'aura donné trois choses que je n'oublierai plus : la fierté d'être juif, les *latkess* et la génoise aux amandes et à la crème au chocolat. Avrom a encore dit beaucoup de choses intéressantes, mais c'était trop pour ce soir. Et pour refaire surface, je me suis dit que je devrais commander au boulanger Feldman un plat de *chaulent* pour le chabbat d'Avrom.

Après un long silence, Avrom se tourna vers moi et me dit :

— Demain, je commence à m'occuper des malades. Tu veux peut-être venir avec moi ?

— Non.

— C'est très bien.

Je ne comprenais pas.

— Qu'est-ce qui est très bien ?

— Très bien, parce que tu ne mens pas.

Je me suis dit qu'avec Avrom je pouvais me permettre de dire la vérité. Si par exemple j'avais dis à Feldman que je ne voulais pas l'aider, Dieu seul sait ce que j'aurais écopé.

— Avrom, tu y crois, toi, qu'un mariage au cimetière peut chasser la maladie ?

— Un mariage est une bonne chose — c'est la fête. Mais un Juif vit des préceptes et des actions au quotidien, et non de fêtes seulement. Celui qui ne sait pas donner un sens aux jours profanes de la semaine, ne célébrera pas le chabbat.

Ce que venait de me dire Avrom me fit beaucoup réfléchir ; à tel point que je ne remarquai pas qu'Avrom n'était plus là. Je ne l'ai pas vu revenir non plus. Il faut croire qu'il est rentré au milieu de la nuit.

Sa première visite fut pour le fils de Naphtali, le copiste [1]. Son fils Sroulik était au lit avec une forte fièvre et on ignorait encore s'il s'agissait de la diphtérie ou d'une autre maladie. Sa visite fit beaucoup jaser. Mais c'est Feiguel, celle qu'on appelle la commère, qui en donna la meilleure version — d'autant plus crédible que lui faire dire un mot gentil sur quelqu'un est aussi difficile que d'obtenir d'une pierre de chanter des psaumes.

« D'abord, a raconté Feiguel, tout excitée, aux bonnes femmes de la cour, il a commencé par laver les draps, les serviettes et les habits du gamin. Ensuite, il a nettoyé la pièce

---

1. Ici, scribe qui fait profession de calligraphier sur parchemin les textes du Pentateuque, selon des règles très strictes.

comme pour Pessah. Il a baigné Sroulik, a lavé le plancher à grande eau. Et lorsqu'il a eu fini, vous ne le croirez pas, il s'est assis sur le lit et s'est mis à chanter des berceuses. Cet homme a la voix d'un ange, et non d'un simple mortel. Et après ça, tenez-vous bien, l'enfant a demandé à manger — il était guéri... Un miracle ! Je vous dis que cet homme est un saint... »

L'histoire a fait le tour de toutes les maisons. Avrom travaillait sans relâche, sans montrer le moindre signe de fatigue. Et dès qu'il rentrait chez lui, quelle que soit l'heure, il se mettait à prier jusqu'à l'aube. Des rumeurs colportèrent des détails sur son passé. Certains disaient qu'Avrom était un homme riche, qu'il avait laissé une femme et deux enfants et qu'il se consacrait au bien d'autrui. D'autres racontaient qu'il avait distribué toute sa fortune et qu'il parcourait le monde pour aider les pauvres. Enfin, d'autres encore affirmaient qu'il était un ancien malfaiteur bien connu qui faisait pénitence pour ses péchés. On est allé jusqu'à dire qu'il n'était même pas juif, mais un goy converti au judaïsme pour des raisons mystérieuses.

J'ai essayé plusieurs fois de le faire parler de son passé, mais je n'ai rien pu en tirer.

— Avrom Leib, m'a-t-il dit, les hommes sont d'incorrigibles curieux. Pourquoi veux-tu les imiter ?

Mais là où j'ai bien ri, c'est lorsque Havélé Poritz a voulu marier Avrom à Frouma, la fille de Moché Mayer. Je trouvais comique qu'on veuille déjà marier Frouma. Hier encore nous jouions ensemble à la marelle et aujourd'hui on veut la mener sous la *houpa* !... Pendant près d'une heure, Havélé lui a vanté les qualités et vertus de Frouma. Avrom se contentait de sourire en promettant d'y penser. Avrom répond toujours par un sourire. Je ne l'ai vu pleurer qu'une seule fois. C'est lorsqu'un des gamins qu'il a soignés est mort. Je ne connais pas son nom, il habitait loin de notre cour. Le visage baigné de larmes, il s'efforçait de consoler la mère : « Les pouvoirs des hommes sont limités. Mais il ne faut jamais s'avouer vaincu. »

Avec tous les voisins et de nombreux passants du cortège, nous avons suivi tous les deux la charrette noire. Avrom n'est pas entré au cimetière, parce qu'il est Cohen [1]. Tous pleuraient, mais son chagrin était visiblement le plus profond.

— Un jour nous saurons combattre la maladie, parce que nous en connaîtrons les causes. Lorsque j'ai étudié la médecine...

— Tu as été médecin aussi, Avrom ?

— Oui, Avrom Leib, mais seulement médecin du corps. Aujourd'hui, il me faut approfondir la médecine de l'âme.

Avrom est si différent de tous les hommes que j'ai connus jusqu'ici... Il y a en lui un mélange de force et de douceur. Un jour, je lui ai demandé la permission de l'accompagner dans une de ses visites auprès d'un malade, malgré le risque de contagion. Mais avec Avrom, j'étais certain qu'il ne pouvait rien m'arriver de mal.

Nous sommes allés chez Meirké, le fils de Reouven le bijoutier. Ils habitent à proximité de notre cour ; il suffit de traverser la rue. Pour entrer, il fallait passer par la boutique, une pièce encombrée de pendules et de chandeliers de Hanouka — c'était la première fois que j'en voyais de près. L'un d'eux me plaisait spécialement. Il était décoré de palmiers et s'appuyait sur un lion, dont le dos servait de support aux alvéoles réservées aux bougies. Tout ce que je voyais autour de moi me semblait si beau que je me suis dit que, plus tard, je serai bijoutier... Travailler l'or et l'argent me semblait le plus beau des métiers. Mais au lieu des têtes de lion, moi j'aurais certainement sculpté les bustes de gens que je connais ; ils pleureraient toujours, parce que les gouttes de

1. Il est interdit à un Cohen — originaire de la tribu des prêtres du Temple — d'entrer dans un cimetière, la mort étant considérée comme impure.

cire des bougies ressemblent à des larmes — ce qui serait d'un très bel effet. Ensuite, il nous a fallu passer par une courette encombrée de caisses et monter un escalier étroit sans rampe. La porte était ouverte à notre intention et une fumée épaisse s'échappait de la pièce. « Ce fourneau n'arrête pas de fumer », s'est excusée la maman de Meirké. A côté du lit du malade, il y avait une chaise occupée par des fioles de tous les formats et de toutes les couleurs. Hanna Léa, la mère du malade, nous a fait signe de nous asseoir.

— Comment va-t-il ? a demandé Avrom.

— Il a la fièvre, répondit-elle doucement. Puis, me fixant d'un air soucieux :

— Avrom Leib ne devrait peut-être pas s'approcher de Meirké...

— C'est lui qui a insisté pour venir.

Hanna Léa hocha la tête en signe d'accord. L'endroit était très décevant. J'avais toujours cru que l'appartement d'un bijoutier était tapissé d'argent et de bijoux, qu'il scintillait de tous les feux des pierres précieuses enchâssées dans les murs et les vitraux des fenêtres. Or, l'endroit était étroit, encombré de meubles lourds et sombres, sans palmiers ni lions sculptés. Les papiers peints étaient de couleur indéfinissable. Hanna Léa elle-même portait une robe qu'on aurait dit taillée dans le même papier peint, et son visage était brun comme les meubles. C'est ce teint foncé qui lui valait le surnom de Hanna la Tzigane. La seule chose qui me parut digne d'intérêt était une grande horloge dont le cadran était occupé au centre par une marionnette représentant un forgeron, frappant toutes les minutes sur son enclume.

Avrom s'approcha du malade, posa sa main sur son front et le fixa intensément. Le mal avait profondément marqué le visage de Meirké, dont la pâleur soulignait encore les cernes bleus des yeux. J'étais comme hypnotisé par les mains d'Avrom. Ses doigts se promenaient sur le visage de Meirké, sur le front, les joues, pour finalement s'immobiliser. Hanna se tenait en retrait. Dans ses yeux, on lisait à la fois la peur et l'espoir. Meirké respirait lourdement. Sous la couverture, sa poitrine montait et descendait rapidement. Les veines de son front se gonflaient et se dégonflaient, comme si là-bas aussi un forgeron frappait en cadence sur son enclume. Hanna Léa et moi suivions le combat entre Avrom et le forgeron logé dans les veines. Avrom avait fermé les yeux et murmurait quelque chose, comme s'il se parlait à lui-même. Je ne sais pas si le combat contre le forgeron dura une minute, une heure ou plus, car le temps s'était arrêté. Lentement, le visage de Meirké se calma, sa respiration se fit plus régulière et une légère roseur teinta ses joues. On aurait dit qu'il souriait. Ses parents et moi avons alors fixé Avrom avec une admiration mêlée d'une sorte de terreur sacrée.

— Alors, Meirké, pas vrai que tu te sens mieux ? lui demanda Avrom d'une voix très douce.

Meirké ouvrit les yeux et sourit.

— Allons, paresseux, il est temps d'aller au *héder*, tu ne crois pas ?

Avrom lui caressa le visage, la tête, les mains. La maladie était vaincue. C'est alors qu'Hanna Léa, brisée par la tension de l'attente, éclata en sanglots, en tremblant de tout son corps. Quant à son mari, Reouven, il était comme pétrifié ; seuls les yeux semblaient vivre pour exprimer une sorte d'adoration. Avrom s'assit soudain sur le rebord du lit, le visage baigné de sueur et blanc comme un linge. Le petit forgeron s'était logé dans son front et nous croyions entendre ses coups de marteau. Hanna Léa lui apporta un verre d'eau froide, qu'Avrom but avidement. Son combat contre la maladie l'avait épuisé.

— Votre fils guérira, Hanna Léa. Demain, il sera sur pied et tout ça ne sera plus qu'un mauvais souvenir.

Hanna Léa voulut lui offrir un morceau de gâteau, mais Avrom refusa gentiment. « Mais pourquoi ? » ai-je failli crier. Comme si la sainteté interdisait les bonnes choses... Refuser un si bon gâteau ! Décidément, je ne comprendrai jamais rien aux saints.

Avrom s'est rendu à deux autres adresses et moi je suis rentré dans ma baraque. Depuis qu'Avrom visite les malades à domicile, la femme de Wolf et le boulanger Feldman ont cessé de me donner à manger pour lui. « Puisqu'il mange dans les maisons qu'il visite », m'ont-ils expliqué. « Et il faut croire qu'on ne lésine pas sur la quantité. » Adieu *guéfilté fisch*, jarret de veau et *latkess*... Je ne les reverrais plus qu'en rêve.

Je ne croyais pas si bien dire, parce que ça fait deux nuits que je rêve de *latkess* aux petits oignons frits à la graisse d'oie. Et dans mon rêve, tout ce que je touche se transforme en *latkess* ou en gâteau à la crème chocolatée. Le réveil est toujours pénible. Je crois qu'il me faudra retourner travailler à la boulangerie de Feldman. Jamais je n'aurais cru qu'il était si facile de s'habituer aux bonnes choses et si difficile d'y renoncer. Avrom, je ne le vois presque plus. Il rentre chez lui en pleine nuit et, lorsque je me réveille, il n'est déjà plus là. Peu à peu, nous perdons le contact. J'espérais que le vendredi soir et le chabbat je pourrais le voir, et relancer ainsi la collecte des bons petits plats. Mais j'ai dû déchanter.

Depuis quelques jours, Avrom lave les planchers de l'hôpital juif de la rue Pomorska et fait la lessive de l'asile de vieillards. Ça fait plus de quarante-huit heures que je ne l'ai pas vu. Comme s'il s'était volatilisé. J'ai très peur qu'il ne revienne plus — si peur, que je suis prêt à tomber malade pour l'avoir à mon chevet. Je languis tellement de lui que j'ai décidé de l'attendre toute la nuit s'il le faut pour lui dire combien je l'aime. Très tard dans la nuit, j'ai entendu des pas, mais c'était Godel, les bras chargés de sandwiches de pain noir beurré avec saucisson. Comment a-t-il deviné que je mourais de faim ? En tout cas, je sais maintenant que c'est vraiment un ami. La preuve, c'est qu'il est le seul à y avoir pensé. Mais ses sandwiches me posaient un problème : il est interdit de manger du saucisson avec du beurre, tout le monde sait ça. Peut-être qu'avant de connaître Avrom j'y aurais attaché autant d'importance qu'à ma première chemise. Mais aujourd'hui, manger un sandwich saucisson-beurre me semblait une trahison envers Avrom.

— Sois pas con, Avrom Leib. Tu penses vraiment que cela lui importe à Dieu, ce que tu manges ? Il s'en fout comme de ses vieilles bottes. Que tu crèves la dalle, Il s'en bat l'œil, et tu trouves ça normal, toi ?

Il y avait du vrai là-dedans. Puisque tout nous vient de Lui, la faim aussi, ça Le concerne. Mais quelque chose s'est révolté dans ma tête : « Regarde Avrom, comme il vit modestement, et pourtant, il ne s'est jamais plaint — et je suis bien certain qu'il a eu faim plus souvent qu'à son tour. L'ennui, c'est qu'il est difficile de discuter avec un ventre affamé : « Tu ne vois pas que j'ai les boyaux vides comme des baudruches ! » me criait mon ventre. Et c'est normal, dans un sens. Parce que c'est tout de même lui, le ventre, qui s'occupe de la bouffe, et non pas la tête, qui, elle, ne sait que raisonner. D'autant plus que ça faisait deux jours que je n'avais pas mangé, sauf deux petits pains que j'ai piqués chez Feldman, lorsque je suis allé demander qu'il me rembauche. Quant à Schmil Grib, il est parti avec Max. Depuis, son restaurant est tenu par un vague cousin à lui, un rouquin au teint jaune, avec des yeux jaunes et une toute petite bouche. Lorsque je lui ai proposé mes services, il m'a répondu :

— Attends le retour de Schmil.

D'ailleurs, il est si antipathique que presque tous les habitués l'ont laissé tomber et le restaurant est toujours vide. Jusqu'à Zosa qui lui a rendu son tablier. Aujourd'hui, elle est enceinte et habite dans une rue de rupins. Lorsque je l'ai rencontrée un jour, elle m'a regardé comme si j'étais transparent. Je suis bien certain qu'elle m'a reconnu, puisqu'elle a froncé le nez, en me toisant de haut en bas d'un air méchant. Elle ressemblait vraiment à son mari, le Julian.

Pour en revenir aux sandwiches, Godel est revenu à la charge avec des arguments auxquels il m'était difficile de répondre :

— Arrête tes conneries... Colle-toi ça dans le tube et bon appétit ! A propos, ma mère t'envoie bien le bonjour et insiste pour que tu viennes la voir. Promis ?

Godel avait raison. Et c'est en mâchant lentement chaque bouchée que j'ai mangé ses sandwiches — exprès, pour faire rager Dieu. Puisqu'Il me prend par le ventre, sous la ceinture, pour ainsi dire, je peux bien lui rendre la monnaie de Sa pièce. Godel s'est assis à côté de moi, sous un arbre. Les ombres des branches agitées par le vent modifiaient sans cesse les traits de son visage. Parfois, elle lui faisaient pousser des cornes et lui allongeaient le nez, d'autres fois elles lui plantaient des dents de géant, ou lui élargissaient la bouche d'une oreille à l'autre. On aurait dit que quelqu'un lui fouettait rageusement la tête. Maintenant que j'avais le ventre plein, je sentais mon crâne vide. Une sorte de torpeur s'était lentement emparée de tout mon corps et menaçait la tête.

— Avrom Leib, tu seras soigné comme un coq en pâte, chez nous, tête de mule. Mon père n'est presque jamais à la maison et ma mère t'aime beaucoup. C'est une brave femme ; avec elle, tu ne manqueras de rien. Ton Avrom, il te laissera tomber sans crier gare et tu vas encore te retrouver seul. Chimchone est mort, Max s'est fait la valise et personne ne sait quant il reviendra. Ce qui est certain, c'est qu'il n'est pas parti chercher un *minyane*, ni à la chasse aux papillons. Il risque de se faire pincer et d'écoper quelques années de taule. Il travaille en grand et prend des risques. Tu ne le reverras peut-être jamais. Quant à Avrom, personne ne sait qui il est. C'est peut-être un ancien cambrioleur, ou un assassin ; ou encore un faussaire — qui sait ? Il prie beaucoup ? et alors ! ça ne veut rien dire. Tu m'as toi-même parlé de ce couple de culs-bénits, Aharon et Feigué, qui n'avaient que le nom de Dieu à la bouche. Et tu as vu, comme pourriture, il est difficile de trouver mieux.

J'avais la tête vide et les paroles de Godel y entraient comme dans du beurre, sans rencontrer de résistance. Pourtant, une voix me disait que tout ça n'était que mensonge. Mais elle était si basse que je l'entendais à peine.

— Tu prétends qu'Avrom est un saint ? Eh bien, on va le voir à l'œuvre.

— Comment ?

— Fais-moi confiance.

Godel est encore resté longtemps assis. Ses mots éteignaient dans ma tête les dernières lueurs qui y veillaient encore. Soudain, nous avons entendu des pas.

— Motus ! Je crois qu'il arrive. Planquons-nous.

Près de l'entrée de la cour, je reconnus la silhouette d'Avrom qui s'approchait lentement, un paquet sous le bras. J'ai voulu courir à sa rencontre, lui dire que je ne croyais pas un mot de ce que Godel me racontait. Mais Godel me retint fortement par la main et me souffla : « Je te promets une partie de rigolade dont tu te souviendras. N'aie pas peur, je ne lui ferai rien de mal. »

A en juger sa démarche, Avrom était fatigué et perdu dans ses pensées. Il entra dans sa cabane. Quelques minutes plus tard, une faible lueur filtra entre les planches. Et de l'intérieur, on entendit le chuchotement d'une prière, comme s'il cherchait à convaincre quelqu'un.

« Maintenant ! » souffla Godel en me tenant toujours la main. Il grimpa comme une ombre sur le mur de pierre, et moi derrière lui. Ainsi perchés, nous avons vu distinctement Avrom, à travers les branchages qui couvraient le toit ; il avait l'air d'expliquer quelque chose à quelqu'un d'invisible. Nous avons attendu quelques minutes. La minuscule bougie semblait éclairer la cabane de mille cierges — à tel point que j'ai pris peur. La calotte blanche sur la tête d'Avrom luisait comme une auréole. Hypnotisé par sa silhouette, je ne savais plus où j'étais ; comme si tout avait disparu autour de moi. C'est alors que j'ai entendu Godel prononcer d'une grosse voix de basse, comme très lointaine :

— Avrom, Avrom...

— Me voici, répondit l'auréole d'un ton si bouleversé que j'en ressentis des frissons dans tout le corps.

— Ecarte ta moustache pour me baiser le cul.

Avrom resta cloué sur place, pétrifié, les bras en l'air.

Godel sauta du mur et se mit à courir, et moi à sa suite.

Quelques minutes plus tard, il disparut dans la nuit, comme si la terre l'avait avalé. J'ai continué ma course le long du mur de pierre, poursuivi par cent mille chevaux. Le bruit de leur galop était si proche que je croyais entendre les cris rageurs des cavaliers. Les branches aux doigts crochus me fouettaient le visage comme pour m'agripper. Au-dessus de ma tête, des nuages noirs et épais comme du goudron gênaient ma fuite. Soudain, je suis tombé dans un grand trou qui me sembla sans fond. La chute lente, comme dans un rêve, dura une éternité. Puis ce furent les ténèbres. Et un silence de mort s'abattit sur le monde.

Je ne sais pas combien de temps je suis resté allongé dans le noir. Il m'a semblé voir, au loin, la lueur d'une bougie avancer vers moi. J'ai entendu des voix, puis des mots dont le sens était confus. Une des voix était celle d'Avrom. J'ai alors ressenti une paix profonde dans tout le corps.

« N'aie pas peur, Avrom Leib... » Les mots semblaient glisser dans la plaine de silence. Les mains d'Avrom se posèrent sur ma tête.

« Ça fait plusieurs jours qu'il est couché là », a dit quelqu'un. Je n'ai pas aimé cette voix. J'aurais voulu qu'elle disparaisse. J'ai essayé de me rappeler les derniers événements. Des images familières s'allumèrent dans mes yeux comme un flash : Godel et ses paroles empoisonnées, le mur de pierre, la bougie, l'auréole autour de la tête d'Avrom, et enfin cette voix basse de Godel. Et d'un seul coup, les larmes jaillirent. Et avec elles, tout ce que Godel m'avait fait avaler : ses paroles, les sandwiches, le saucisson, le beurre... Et le bloc de glace qui m'étouffait se mit à fondre dans ma poitrine.

— Avrom, ce n'est pas moi, je le jure... c'est Godel...

Je voulais lui expliquer que ce n'est pas moi qui avais voulu cela... que je l'aimais...

— Calme-toi, Avrom Leib, c'est très bien. Dans chacun de nous il y a un Godel qui sommeille.

Je n'ai rien compris à ce qui se passa ensuite. Avrom, le grand Avrom, si fort, Avrom qui sait tout, me baisait les mains et les pieds, en se parlant à lui-même :

— Avrom Leib, Dieu parfois parle par la bouche d'un enfant pur, lequel devient ainsi le porte-parole de la volonté divine. Mais il l'ignore. Lorsque vous m'avez interpellé « Avrom, Avrom », et que j'ai répondu : « Me voici », j'étais vraiment devant le Trône du Saint-béni-Soit-Il. Mais quand vous m'avez répondu : « Ecarte ta moustache pour me baiser le cul », j'ai compris que ma place était ici, parmi les hommes. Dieu n'a pas besoin de moi là-haut, mais seulement sur terre, parmi Ses créatures.

Le même jour, Avrom est parti aussi soudainement qu'il était venu dans notre cour — sans même me dire adieu. Il ne m'a laissé que ses mots, ces grands mots en gros caractères : *Ma place est ici. Parmi les hommes.*

DANS LA MÊME COLLECTION
« Présences du judaïsme »
DERNIERS PARUS

Grand format

Armand Abécassis, *Les Temps du partage, I, Les fêtes juives de Pessah à Tich'a Be'ab.*
Les Temps du partage, II, Les fêtes juives de Roch Hachana à Pourim.
Schlomo Deshen, *Les Gens du Mellah, la vie juive au Maroc à l'époque précoloniale.*
J. Eisenberg et B. Gross, *Le Testament de Moïse.*
Emil L. Fackenheim, *Judaïsme au présent.*
Benjamin Gross, *Le Messianisme juif.*
Que la lumière soit. « Nér Mitsva », *la flamme de la Mitsva au Maharal de Prague.*
Emmanuel Lévinas, *Difficile Liberté (4ᵉ éd.).*
David Malki, *Le Talmud et ses maîtres (rééd.).*
Jo Testyler, *Les Enfants de Slawkow, une jeunesse dans les camps nazis.*
Jean Vassal, *Les Églises, diaspora d'Israël ?*
Adin Steinsaltz, *Le Maître de prière. Six contes de rabbi Nahman de Braslav.*
Colloques des intellectuels juifs, *Le Temps désorienté.*
L'Idée d'humanité.

Petit format

Doris Bensimon, *Les Juifs dans le monde au tournant du XXIᵉ siècle.*
Jean Blot, *Albert Cohen ou Solal dans le siècle.*
Alain Boyer, *Théodore Herzl.*
Philippe E. Landau, *L'Opinion juive et l'affaire Dreyfus.*
Catherine Chalier, *Lévinas, l'utopie de l'humain.*
Gilbert Dahan, *La Polémique chrétienne contre le judaïsme au Moyen Age.*
Ernest Gugenheim, *Le Judaïsme dans la vie quotidienne.*
Mireille Hadas-Lebel, *L'Hébreu : trois mille ans d'histoire.*
Massada, histoire et symbole.
Béatrice Leroy, *Les Juifs dans l'Espagne chrétienne avant 1492.*
Henry Méchoulan, *Être juif à Amsterdam au temps de Spinoza.*
René Moulinas, *Les Juifs du Pape.*
Béatrice Philippe, *Les Juifs à Paris à la Belle Époque.*
Simon Schwarzfuchs, *Rachi de Troyes.*
Jacques Taïeb, *Être juif au Maghreb à la veille de la colonisation.*
Emanuela Trevisan-Semi, *Les Caraïtes.*
Pamela Vermes, *Martin Buber.*

La composition de cet ouvrage
a été réalisée par l'Imprimerie BUSSIÈRE,
l'impression et le brochage ont été effectués
sur presse CAMERON
dans les ateliers de Bussière Camedan Imprimeries,
à Saint-Amand-Montrond (Cher),
pour le compte des Éditions Albin Michel.

Achevé d'imprimer en décembre 1995.
N° d'édition : 14807. N° d'impression : 2705-1/2783.
Dépôt légal : janvier 1996.